Mères et filles

Sally Hepworth

Mères et filles

*Traduit de l'anglais (Australie)
par Julia Taylor*

ÉDITIONS FRANCE LOISIRS

Titre original : *The secrets of midwives*
publié par St. Martin's Press, New York

Ceci est une œuvre de fiction. Tous les personnages, les organisations et les événements dépeints ici sont soit le produit de l'imagination de l'auteur, soit utilisés fictivement.

Édition du Club France Loisirs,
avec l'autorisation des Éditions Belfond.

Éditions France Loisirs,
123, boulevard de Grenelle, Paris.
www.franceloisirs.com

Le Code de la propriété intellectuelle n'autorisant, aux termes des paragraphes 2 et 3 de l'article L. 122-5, d'une part, que les « copies ou reproductions strictement réservées à l'usage privé du copiste et non destinées à une utilisation collective » et, d'autre part, sous réserve du nom de l'auteur et de la source, que les « analyses et les courtes citations justifiées par le caractère critique, polémique, pédagogique, scientifique ou d'information », toute représentation ou reproduction intégrale ou partielle, faite sans le consentement de l'auteur ou de ses ayants droit ou ayants cause, est illicite (article L. 122-4). Cette représentation ou reproduction, par quelque procédé que ce soit, constituerait donc une contrefaçon sanctionnée par les articles L. 335-2 et suivants du Code de la propriété intellectuelle.

Vous pouvez consulter le site de l'auteur à l'adresse suivante :
www.sallyhepworthauthor.com

© Sally Hepworth 2015.

© Belfond 2015, un département place des éditeurs, pour la traduction française.

ISBN : 978-2-298-11139-2

*Pour les mères et les bébés partout,
surtout les miens*

1

Neva

On pourrait dire que j'étais née pour être sage-femme. Trois générations de femmes de ma famille avaient consacré leur vie à mettre au monde des bébés ; ce métier, je l'avais dans le sang. Pourtant, mon parcours n'avait pas forcément toujours été une évidence. Je n'étais pas comme ma mère – une hippie qui avait passé sa jeunesse à tresser des paniers et appréciait plus que toute autre chose ce qu'une vie nouvelle avait de magique et de précieux. Je n'étais pas comme ma grand-mère – une femme sage à l'esprit pratique, qui croyait au pouvoir des naissances naturelles. Je n'aimais même pas spécialement les bébés. Non, pour moi, la décision de devenir sage-femme n'avait rien à voir avec les bébés, et tout avec les mamans.

Sur le lit double, le corps d'Eleanor se courba en un C parfait. Je m'aventurai plus loin entre ses jambes et appuyai ma paume contre la tête du bébé. Le travail avait été rapide et douloureux, et j'avais décidé de ne prendre aucun risque. Les bébés d'Eleanor aimaient nous prendre par surprise. J'avais failli lâcher son premier fils, Arthur, lorsqu'il était sorti soudainement tandis qu'Eleanor se balançait sur un ballon d'accouchement.

Elle avait à peine eu le temps de gémir que la tête du bébé se présentait déjà, et nous avions toutes dû prendre nos places précipitamment. Son deuxième fils, Felix, était né dans un bassin d'accouchement, cinq minutes après que j'avais envoyé Susan, mon aide-soignante, en pause. Cette fois-ci, je serais prête.

— Vous y êtes presque, dis-je en repoussant une mèche de cheveux humides derrière l'oreille d'Eleanor. Votre bébé arrivera à la prochaine contraction.

Eleanor serra fort la main de son mari. Comme à son habitude, Frank avait été silencieux, muet d'admiration pour sa femme. Aucun père ne réagit de la même manière à un accouchement et son degré d'implication peut varier du tout au tout. Certains adoptent la même position que leur femme ou compagne, soufflent et poussent en même temps qu'elle, d'autres se concentrent tant sur telle ou telle petite tâche qu'on leur a assignée (faire marcher l'iPod ou s'assurer que le verre de glaçons soit rempli) qu'ils manquent de rater la naissance de leur enfant. J'avais un faible pour les pères comme Frank, conscients d'être sur le point d'assister à quelque chose d'extraordinaire.

La tête du bébé se tourna vers la droite et Eleanor se mit à gémir de plus en plus fort. Une décharge d'énergie traversa la pièce.

— Très bien, dis-je. Vous êtes prête ?

Eleanor baissa le menton sur sa poitrine. Susan se tenait à mes côtés tandis que je sortais les épaules, l'une après l'autre. Il ne restait plus que les jambes à l'intérieur.

— Eleanor, êtes-vous prête à attraper votre bébé ?

Les fils d'Eleanor étaient arrivés trop vite pour qu'elle ait pu le faire, alors j'étais heureuse qu'elle en ait enfin la chance. De toutes les manières d'accoucher, celle-ci était ma préférée. Après tout le travail accompli par la mère, il était légitime qu'elle mette de ses propres mains son bébé au monde.

Eleanor esquissa un petit sourire.

— Vraiment ?

— Vraiment, répondis-je. Quand vous voudrez.

Je fis un signe de tête à Susan qui tendait les mains, prête à attraper l'enfant s'il tombait. Mais je savais que sa mère ne le lâcherait pas. Depuis dix ans que je faisais naître des bébés, je n'avais jamais vu cela se produire. Eleanor tira à l'air libre un bébé aux cheveux noirs et le posa contre son cœur : rose, glissant et parfait. Il poussa un cri, fort et rassurant. De quoi satisfaire n'importe quelle sage-femme.

— Vous savez quoi ? dis-je. C'est une fille.

Eleanor se mit à pleurer et à rire en même temps.

— Une fille ! C'est une *fille*, Frank !

Une bonne taille, dix doigts et dix orteils. Eleanor serra dans ses bras son bébé, toujours relié à elle par le cordon ombilical, dans un équilibre parfait de tendresse et de protection. Frank se tenait à côté d'elle, l'émerveillement se lisait sur son visage. C'était un spectacle auquel j'assistais souvent, mais dont je ne me lassais pas. Sa femme venait de devenir encore plus incroyable à ses yeux, encore plus extraordinaire.

Susan lui fit signe qu'il était temps de couper le cordon et lui expliqua comment faire. En voyant l'expression de Frank, je ne pus m'empêcher de rire. Susan vivait à Rhode Island depuis ses dix-neuf ans, mais, même au bout de quarante ans, elle n'avait jamais perdu son accent écossais et les Américains avaient toujours autant de mal à la comprendre. Cela présentait néanmoins un avantage considérable, celui de faire d'elle la confidente idéale ; même si elle répétait vos secrets, personne ne les comprendrait. L'inconvénient, c'était que je passais beaucoup de temps à assurer la traduction.

— Coupez entre les deux pinces, murmurai-je.

Susan leva les yeux au ciel d'un air exaspéré et se retourna, mais au fond j'étais certaine qu'elle riait sous cape.

Une fois le placenta expulsé et après la première tétée du bébé, je m'occupai d'Eleanor, puis du bébé, et passai le relais à l'infirmière de nuit. Lorsque j'eus tout terminé, je restai un moment à la porte. La chambre était calme et tranquille, le bébé allongé sur la poitrine nue d'Eleanor pour un moment de contact peau à peau. Frank était à ses côtés, déjà endormi. Je ne pouvais m'empêcher de sourire en les voyant. Cette scène était la raison pour laquelle j'étais devenue sage-femme. Là résidait, pour moi, la véritable magie de la naissance. Même après le travail long, intense et difficile de leur compagne, c'étaient toujours les hommes qui s'endormaient les premiers.

— Je vous verrai tous demain, dis-je, malgré mon envie de rester.

Eleanor me fit coucou et Frank continua de ronfler. J'avais retiré mes gants et venais tout juste de sortir de la chambre quand une main se referma sur mon coude et me fit perdre l'équilibre.

— Salut, ma belle.

De l'autre côté du couloir, deux jeunes sages-femmes ricanaient. Je levai les yeux vers Patrick, qui me tenait par la taille, basculée en arrière dans une posture théâtrale.

— Très drôle. Aide-moi à me redresser.

Patrick, notre pédiatre consultant de l'hôpital St. Mary, dont dépendait notre maison de naissance, passait le plus clair de son temps avec nous à faire du charme aux infirmières et autres employées du centre. Je savais qu'il n'y avait pas de quoi être flattée par ce genre d'attention. Certes, il était jeune et beau, avec ses cheveux aussi décoiffés que s'il tombait du lit, mais il nous appelait toutes « ma belle ».

— Tes désirs sont des ordres, répondit-il en m'aidant à me redresser. Je suis content de tomber sur toi, j'ai justement une blague à te raconter.

— Je t'écoute.

— Combien faut-il de sages-femmes pour changer une ampoule ? Six. Une pour la changer, et cinq pour empêcher le gynécologue de s'en mêler, dit-il en souriant. Elle est bonne, tu ne trouves pas ?

Je ne pus retenir un sourire.

— Pas mauvaise.

Je m'éloignai et il me suivit.

— Au fait, Sean et moi allons boire un verre ce soir, dit-il. Tu veux venir ?

— Désolée, répondis-je. J'ai un rencard.

Patrick s'arrêta et ouvrit de grands yeux surpris, tant il était inhabituel que j'aie un rendez-vous galant.

— Je plaisante, évidemment. Je dois aller à Conanicut Island pour dîner avec Gran et Grace.

Son visage retrouva son expression habituelle.

— Oh. J'en conclus que ta relation avec ta mère ne s'est pas arrangée.

— Pourquoi *en conclus-tu* cela ?

— Tu l'appelles toujours Grace.

— C'est son prénom, répondis-je.

J'avais commencé à appeler ma mère par son prénom lorsque j'avais quatorze ans, le jour où j'avais assisté avec elle à ma première naissance. Je trouvais bizarre de l'appeler Maman. Depuis, cela me paraissait tout naturel de dire Grace.

— Tu es sûre que tu ne veux pas venir boire un verre ? dit-il d'un air boudeur. Cela fait des lustres que tu n'es pas sortie avec nous. Qu'est-ce qu'il y a ? Tu ne nous aimes plus, c'est ça ? On t'ennuie ?

J'eus un petit rire et ouvris la porte de la salle de pause.

— Quelque chose comme ça, oui, répondis-je.

— La prochaine fois, alors ? lança-t-il. Tu promets ?

— C'est promis, dis-je. Si tu me promets d'apprendre des blagues plus drôles.

J'étais à peu près certaine qu'il ne pourrait pas relever ce défi.

J'arrivai à Conanicut Island vers 19 h 50. La maison de Gran, un petit cottage à bardeaux comme on en trouve dans les villes de bord de mer, était perchée au sommet d'une colline verdoyante qui donnait sur une plage de cailloux. Elle vivait à la pointe sud de l'île, accessible seulement par une petite route, sur la fine bande de terre qui la reliait à Jamestown. Au cours de mon enfance, mes parents louaient une petite maison comme celle de Gran tous les étés, et nous passions plusieurs semaines pieds nus à nager dans la baie de Mackerel Cove, à jouer au cerf-volant et à randonner dans le parc national de Beavertail. Gran fut la première à s'y installer pour des « vacances permanentes », comme elle disait. Grace et Papa l'imitèrent quelques années plus tard. Ils vivaient désormais à cinq minutes de chez elle. Grace avait eu des scrupules à me laisser seule à Providence et en avait fait toute une histoire, alors que cela m'était bien égal. Il était évident que la voir s'éloigner m'arrangeait. Certes, elle pourrait moins facilement se mêler de ma vie, mais j'appréciais aussi d'avoir une excuse pour me rendre régulièrement à Conanicut Island. Quand je traversais le pont Jamestown-Verrazano, je me sentais instantanément plus calme et plus détendue.

Je sortis de voiture et gravis d'un pas rapide le petit chemin moussu. À peine eus-je franchi la porte donnant à l'arrière de la maison que je fus assaillie par des parfums d'ail et de citron.

Grace et Gran étaient assises à la table en bois de la salle à manger, en pleine conversation. Elles ne levèrent même pas la tête à mon entrée, ce qui prouvait à quel point elles étaient toutes deux devenues sourdes ; ces derniers temps, je n'avais pas vraiment le pas léger.

— Je suis là, annonçai-je.

Elles tournèrent la tête et sourirent en me voyant. Le visage de Grace s'illumina, mais c'était peut-être en raison de son rouge à lèvres orange et de sa robe aux couleurs psychédéliques. Quelque chose de vert (un haricot, peut-être ?) était logé entre ses dents de devant et elle avait les cheveux tout décoiffés par le vent. Sa frange tombait devant ses yeux. Elle me faisait penser à un chien de berger roux.

— Désolée pour le retard, dis-je.

— Les bébés arrivent quand ils veulent, Neva. Ils se fichent bien de tes projets pour le dîner, répondit Gran en souriant. Nous sommes bien placées pour le savoir.

Je les embrassai puis me laissai tomber sur la chaise en bout de table. Il restait un demi-poulet, ainsi que quelques pommes de terre et carottes et un plat de haricots verts. Une carafe d'eau glacée était posée au centre de la table dans laquelle flottaient quelques feuilles de menthe, probablement du jardin de Gran. Elle prit mon assiette et me servit.

— Lil se cache ? demandai-je.

Lil, la compagne de Gran avec laquelle elle vivait depuis plus de huit ans, était d'une timidité maladive et ne se joignait jamais à nous pour nos dîners mensuels. Lorsque Gran avait annoncé la vérité sur leur relation et, par la même occasion, son orientation sexuelle, Grace avait sauté de joie. Comme si elle avait espéré toute sa vie un tel scandale familial pour prouver à tout le monde à quel point elle était ouverte d'esprit. Pour ma part, j'avais la nette impression que les absences répétées de Lil étaient justement dues à ses démonstrations enthousiastes de tolérance (un jour, ma mère avait même fait référence à Gran et Lil comme à « ses deux mamans »).

— Tu la connais, répondit Gran avec un soupir.

— Tu sais, Neva, reprit Grace, Maman n'est pas la seule à pouvoir amener sa partenaire. Tu pourrais venir avec quelqu'un, toi aussi...

— Bonne idée, répondis-je en plantant ma fourchette dans un morceau de poulet. J'amènerai Papa la prochaine fois.

Grace grimaça, mais s'il y avait bien une chose que j'appréciais chez elle, c'était qu'elle était très facile à distraire.

— Bref, parlons de ton anniversaire. La dernière année de ta vingtaine ? Cela ne te fait pas bizarre ?

— Je ne sais pas, répondis-je en entamant un morceau de pomme de terre. Je...

— Je peux te dire que ça me fait tout drôle, m'interrompit Grace. Je me sens vieille. Je me souviens de ta naissance comme si c'était hier, poursuivit-elle d'une voix douce et mélancolique. Tu te rappelles le moment où on a posé les yeux sur elle pour la première fois, Maman ? Avec tes cheveux roux et ton teint de porcelaine, on pensait que tu serais actrice ou mannequin.

J'avalai ma bouchée avec difficulté.

— Tu n'es pas contente que je sois devenue sage-femme comme toi, Grace ?

— Contente ? Je suis la mère la plus fière de la terre, tu veux dire ! Bien sûr, je serais heureuse que tu acceptes de venir travailler avec moi pour procéder à des naissances à domicile, au lieu d'exercer dans un hôpital. Sans médecins prêts à intervenir à grand renfort de forceps, ni malades susceptibles de tousser sur ces précieux nouveau-nés...

— Il n'y a pas de médecins à la maison de naissance, Maman.

— Donner le jour dans le confort de son foyer, c'est tout simplement...

Magique, pensai-je. Je connaissais son discours par cœur, ce n'était pas la première fois que je l'entendais.

— Magique, conclut-elle avec un sourire. Oh ! J'ai failli oublier.

Elle attrapa son sac et en sortit un paquet plat emballé à la main.

— De la part de ton père et moi.
— Oh... vous n'auriez pas dû.
— Bien sûr que si. C'est ton anniversaire.

Gran et moi échangeâmes un regard furtif. Grace avait évidemment ignoré ma seule et unique demande : pas de cadeaux. C'était la seule chose que je voulais pour mon anniversaire. Je détestais recevoir des cadeaux ; devoir les ouvrir devant tout le monde me mettait extrêmement mal à l'aise. D'autant qu'avec Grace, il y avait une pression supplémentaire ; elle attendait de moi une réaction exubérante, comme si son cadeau était ce qui m'avait manqué depuis toujours. Un miracle que j'aie pu m'en passer pendant toutes ces années...

— Allez, insista-t-elle. Ouvre-le.

J'eus un soudain flash en me remémorant l'anniversaire de mes treize ans, la première fois depuis l'école primaire où j'avais accepté une fête d'anniversaire. Je ne sais toujours pas pourquoi j'avais cédé. Peut-être parce que j'avais mes règles pour la deuxième fois de ma vie – j'avais des crampes, je saignais et je portais une serviette hygiénique de la taille d'une planche de surf... Allez savoir. Grace n'avait pas caché sa déception quand j'avais insisté pour n'inviter que quatre de mes camarades d'école et elle avait eu littéralement le cœur brisé en m'entendant refuser catégoriquement toute forme de jeu, mais elle n'avait pas insisté. Avec le recul, je me dis que cela aurait dû me mettre la puce à l'oreille. Mes amies et moi venions juste de nous installer dans le salon quand Grace avait fait son apparition.

« Puis-je avoir votre attention, s'il vous plaît ? avait-elle annoncé. Comme vous le savez, aujourd'hui nous fêtons les treize ans de Neva, son entrée dans l'adolescence. »

Son sourire était si éclatant que je me souviens même m'être demandé si son visage n'allait pas se fissurer. Je ne voulais qu'une chose, qu'elle disparaisse en emportant avec elle les deux dernières minutes et la robe de velours rouge qu'elle avait enfilée pour l'occasion. Mais tout espoir se volatilisa aussi vite que les sourires de mes amies.

« Mon bébé n'est plus un bébé. Son corps change et se développe. Elle est en train de vivre l'éveil d'une force vitale qui apporte à toute femme la capacité de créer la vie. Vous ne le savez peut-être pas, mais le nom traditionnel des premières règles est "ménarche". »

La panique m'avait prise, comme si un essaim d'abeilles bourdonnait autour de mon cœur. Ce n'était plus Grace que je voulais voir disparaître, mais mon avenir. Je pensais au lundi suivant, à la honte de retourner à l'école et d'assumer mon nouveau statut de paria. Je pensais aux semaines qui suivraient, lorsqu'il faudrait bien que je continue d'y aller en feignant de ne pas entendre les murmures et les ricanements de mes camarades.

Mais Grace, totalement inconsciente du malaise qu'elle avait créé, continua sur sa lancée :

« Dans certaines cultures, la ménarche inspire des chants, des danses et des fêtes de toutes sortes. Au Maroc, les jeunes filles se voient offrir des vêtements et de l'argent. Les familles japonaises célèbrent la ménarche de leurs filles en mangeant du riz et des haricots rouges. Dans certaines régions d'Inde, les familles organisent une cérémonie en l'honneur de leurs filles parées de leurs plus beaux habits et bijoux pour l'occasion. Je sais que pour des jeunes filles comme vous, cela peut sembler gênant, voire honteux ou sale. Mais ça ne l'est pas. C'est la chose la plus sacrée au monde, il ne faut pas la cacher, mais la célébrer. Alors, en l'honneur de la ménarche de Neva, et peut-être de certaines d'entre vous aussi, je pensais qu'il serait amusant d'imiter les Indiens apaches d'Amérique du Nord, et... de danser, annonça-t-elle d'un air ravi. J'ai appris un chant et nous pourrions... »

Comment avais-je pu la laisser parler aussi longtemps ?

« Grace », l'interrompis-je une fois que j'eus retrouvé ma voix.

Elle ne se départit pas de son sourire.

« Qu'y a-t-il, ma chérie ?
— Une seule chose... arrête. »

J'avais parlé très doucement, mais je savais qu'elle m'avait entendue, parce que son sourire s'était soudain volatilisé. Un étau s'était refermé autour de mon cœur. Elle s'était certainement donné beaucoup de mal pour m'organiser cette fête, mais elle ne m'avait pas laissé le choix.

« Papa ! »

Notre maison était petite, je savais qu'il m'entendrait. Et quand il était entré, j'avais vu à son expression angoissée qu'il avait senti ma panique. Il avait parcouru la pièce du regard. Les visages horrifiés de mes amies. L'abondance de rouge partout : la robe de Grace, les ballons, les nouveaux coussins que j'avais à peine eu le temps de remarquer. Il avait pris ma mère par les épaules et l'avait guidée hors de la pièce, malgré ses protestations farouches et son étonnement sincère.

Mais ce soir-là dans la cuisine de Gran, avec Grace s'affairant autour de moi, je n'avais pas mon père pour m'aider. Je retournai le paquet entre mes mains ; il allait bien falloir que je l'ouvre. Je défis donc le scotch d'un côté.

— Ce n'est pas un puzzle, chérie. Tu n'as pas à l'éplucher comme une clémentine, il faut faire comme ça !

Grace se pencha pour attraper le paquet avec une telle vigueur qu'elle donna un grand coup de hanche dans la table. Les glaçons tintèrent dans la carafe d'eau, qui se balança pendant quelques secondes en équilibre instable avant de décider de se renverser. Le verre se brisa ; l'eau se répandit partout. Un parfum de menthe envahit la pièce. Je me levai d'un bond, mais il était trop tard, j'étais trempée.

Normalement, un incident de ce genre est suivi de pas mal de bruit. Les gens se rejettent la responsabilité de la bêtise, donnent des ordres, sortent un balai et des torchons. Mais là, le silence était assourdissant. Gran et Grace observaient bouche bée la courbe de mon ventre rond, impossible à dissimuler sous le haut trempé collé à ma peau. Pour une fois – peut-être la première de sa vie –, les mots manquaient à Grace.

— Oui, dis-je.

Je posai les mains sur mon ventre, comme pour le protéger de ce qui, je le savais, ne manquerait pas d'arriver.

— Je suis enceinte.

2

Grace

— Tu ne peux pas être enceinte, dis-je.

Mais comme je touchais le ventre rond et mouillé de Neva, cela ne faisait aucun doute. Sa grossesse était déjà bien avancée. Sa poitrine était ronde et pleine, et je savais qu'en dessous de sa blouse d'hôpital, elle était couverte de veines bleues et violettes.

— De combien... ?

— Trente semaines, répondit-elle en rougissant.

— Trente...

Je fermai les yeux en pressant mes paupières très fort, comme si cela pouvait rendre cette annonce moins choquante.

— *Trente* semaines ?

Ce n'était pas possible. Elle avait un teint frais et sans défaut et ne semblait pas faire de rétention d'eau. Ses poignets étaient très fins et elle n'avait pas de double menton. Mis à part son ventre arrondi, je ne détectais aucun signe apparent de sa grossesse, alors qu'elle avait déjà entamé le troisième trimestre. J'avais énormément de mal à le croire.

— Mais... et tes ovaires polykystiques !

— Ça ne veut pas dire que je ne peux pas tomber enceinte, répondit Neva. Juste que c'est un peu plus difficile.

Je le savais, bien sûr, mais c'était trop d'un seul coup. Ma fille était enceinte. J'étais sage-femme. Comment était-il possible que je n'aie rien remarqué ?

Un filet d'eau glacée continuait de couler de la table, formant une petite mare aux pieds de Neva. À sa façon de la regarder, on aurait dit qu'elle n'avait jamais vu d'eau avant.

— Ta table va être tachée, Gran, dit-elle d'une voix mal assurée. As-tu du papier absorbant ?

— Du papier absorbant ? répétai-je, hébétée.

— Je vais chercher le Sopalin, répondit Maman. Grace, emmène Neva dans le salon. Je prépare du thé.

Je suivis Neva dans le salon. Je voyais bien à présent qu'elle se dandinait en marchant et je me demandais comment j'avais pu ne pas m'en rendre compte plus tôt. Maladroitement, elle s'assit sur le canapé, et je m'installai à côté d'elle. Elle était pâle. Si pâle même, que sa peau était pratiquement translucide ; si pâle, que je voyais pratiquement le sang couler dans ses veines en dessous. Elle avait toujours eu la peau très pâle. Enfant, je devais la couvrir de la tête aux pieds en été, malgré mon désir instinctif de la laisser courir nue et libre. Mais à la voir ce jour-là, avec sa peau d'albâtre parfaite, sans une seule tache de rousseur, cela en avait valu la peine. Elle passa la main dans ses cheveux auburn relevés en queue-de-cheval, épais et brillants ; un autre signe de sa grossesse qui m'avait échappé.

— Je suis désolée, dit-elle après un long soupir. Je voulais te le dire plus tôt, mais il m'a fallu du temps pour me faire à l'idée. Je n'en ai encore parlé à personne, sauf à Susan, et seulement parce qu'elle s'occupe de mon suivi prénatal.

Je me contentai de hocher la tête, comme s'il était tout à fait normal de dissimuler sa grossesse pendant trente semaines. Même si, finalement, quand on connaissait Neva, cela n'avait rien d'étonnant. Un jour, alors qu'elle était en primaire, sa maîtresse m'avait attendue à l'entrée de l'école pour me demander pourquoi nous n'étions venus assister à aucune représentation de *Boucle d'Or*. Elle m'avait appris que Neva jouait l'un des trois ours. Quand je l'avais interrogée sur son silence, ma fille s'était contentée de répondre qu'elle avait prévu de m'en parler. Un jour…

— Je suis sûre que tu dois avoir des questions, dit Neva. Vas-y, je t'écoute.

Un nombre infini de possibilités défilèrent dans mon esprit. Pourquoi ne nous en avait-elle pas parlé avant ? Avait-elle été suivie correctement ? Envisageait-elle de donner naissance chez elle ? Étais-je la dernière à le savoir ? Mais une question me semblait plus importante que toutes les autres :

— Qui est le père ?

Quelque chose dans le visage de Neva attira mon attention. Comme si elle s'était fermée. Étrange. Ce n'était pourtant pas une question difficile. Et elle m'avait demandé elle-même de l'interroger. Elle sembla hésiter un moment puis baissa les yeux, refusant de croiser mon regard.

— Il n'y a pas de père.
— Tu veux dire… Tu ne sais pas qui est le père ?

— Non, répondit-elle lentement. Je veux dire que... J'éleverai cet enfant toute seule. Concrètement, il n'y a pas de père. Seulement moi.

Maman posa le plateau sur la table basse et je levai les yeux vers elle. Elle savait masquer ses émotions, contrairement à moi. Si elle avait entendu notre conversation, elle n'en laissa rien paraître. Je me retournai vers Neva.

— Je sais que cela doit vous faire un choc, dit-elle. Moi aussi, j'ai été surprise en l'apprenant. Surtout que...

— ... le bébé n'a pas de père ?

Je ne voulais pas avoir l'air de la critiquer, mais c'était plus fort que moi. J'aurais sans doute préféré qu'elle ignore l'identité du père du bébé. Je pris le temps de réfléchir. Comment était-il possible que ce bébé n'ait pas de père ? À moins que...

— As-tu eu recours à un donneur de sperme ?

— Non, répondit-elle. Pas un donneur de sperme. Mais si tu préfères penser à lui en ces termes, ce n'est pas un problème. Parce qu'il ne sera pas présent.

— Mais...

— C'est une excellente nouvelle, dit Maman en versant le thé. Qu'en penses-tu, ma chérie ?

Une lueur se ralluma dans le regard de Neva.

— Je ne sais pas trop... Je suis contente, bien sûr. Quoiqu'un peu triste de devoir élever cet enfant seule.

— Tu ne seras pas seule, ma chérie, dit Maman.

Elle me tendit une tasse de thé.

— Bien sûr que non, ajoutai-je. Le père aura peut-être envie d'être impliqué, une fois que tu lui auras dit. La vie réserve toujours des surprises. Et si ce n'est pas le cas, tant pis pour lui ! Ton père et moi ferons tout ce que nous pourrons pour t'aider.

— Merci, Grace, répondit Neva. Mais comme je l'ai dit…

Je posai ma tasse sur la table avec une vigueur telle que du thé se renversa dans la soucoupe.

— Neva. Tu n'as pas à faire tant de mystères, chérie. Franchement, je me fiche bien de savoir qui est le père. Ce bébé sera mon petit-enfant. Il ne connaîtra que de l'amour, même si son père refuse de faire partie de sa vie. Mais dis-nous au moins de qui il s'agit.

Les mâchoires de Neva se crispèrent. Elle croisa mon regard, et je lus dans ses yeux une certaine défiance. À son expression, je savais que le sujet était clos. Malgré la surprise et la frustration, une décharge d'adrénaline me parcourut, semblant démarrer dans mon sternum pour inonder tout mon corps, comme de la glace fondant sur une part de gâteau encore chaud. Neva ne faisait jamais ce genre de choses. Elle n'était pas fille à s'attirer des ennuis. Elle avait toujours été si bonne élève, si sérieuse quand elle était enfant que j'avais attendu son adolescence avec impatience, pensant qu'elle deviendrait enfin elle-même et marquerait le monde de son empreinte. Mais son adolescence était venue, puis repartie, et la suite s'était révélée pire encore. Elle avait travaillé dur au cours de ses études et nous avait loyalement suivies, Maman et moi, dans le choix de sa profession, où elle n'avait pas tardé à exceller et à nous éclipser, tant par son talent que par son succès. À présent, à vingt-neuf ans, Neva faisait enfin sa crise d'adolescence. Et, malgré mon désir de connaître l'identité du père de mon futur petit-enfant, cela me réjouissait.

— Je suis fatiguée, dit-elle. Nous en reparlerons demain, d'accord ?

Neva se leva maladroitement et tenta en vain de décoller la blouse de son ventre.

— Merci pour le dîner, ajouta-t-elle. Je vous appelle demain.

— Attends ! m'écriai-je en me levant d'un bond.

Je ne savais pas ce que j'allais dire, mais je ne pouvais pas la laisser partir ainsi.

— Tu... n'ouvres pas ton cadeau ?

Elle s'arrêta dans le hall d'entrée.

— Oh, euh... oui. Pardon.

Je filai dans la salle à manger et revins en lui tendant le paquet.

— C'est toi qui l'ouvres, cette fois-ci, dis-je en levant les mains en l'air. Sans intervention de ma part. Je te le promets.

Elle ouvrit prudemment la boîte et la retourna. Le cadre argenté glissa dans sa main.

Le cliché était ancien, il datait d'une époque où les photos étaient plus petites, les couleurs plus foncées et plus douces. Maman était assise sur une chaise en rotin dans le jardin, ses cheveux poivre et sel attachés en chignon sur sa nuque. Devant elle, j'étais agenouillée à côté de Neva, qui devait avoir quatre ou cinq ans tout au plus. J'avais relevé ma jupe devant mon visage pour me cacher, tandis que Neva – toujours sérieuse, même petite – lançait un regard exaspéré à sa grand-mère. J'étais tombée sur cette photo en feuilletant de vieux albums, et même si Neva avait insisté pour ne pas recevoir de cadeaux, j'avais décidé de faire une exception. Au bout d'une seconde ou deux, un sourire se dessina sur ses lèvres.

— Qui l'a prise ? demanda-t-elle en observant attentivement la photo.

— Ton père, probablement, répondis-je. Est-ce qu'elle te plaît ?

Je l'observai attentivement. Ses yeux, remarquai-je, étaient secs mais pleins d'émotion. Pour une fois, je ne m'étais peut-être pas trompée.

— Elle me plaît beaucoup, Grace, dit-elle. Et je suis désolée. Je sais que ça doit être un gros choc. Mais j'ai besoin d'un peu de temps, d'accord ?

Que pouvais-je répondre ? Si elle parlait du fait que ce bébé n'avait pas de père, alors oui, c'était très grave. Je n'avais jamais rien entendu d'aussi grave de toute ma vie.

— Pas de problème, ma chérie. Ce n'est rien, m'entendis-je répondre. Comme tu veux.

J'étais contente de voir la lumière allumée dans la chambre en me garant dans l'allée. Je ne réussirais jamais à dormir si je ne pouvais pas parler à quelqu'un des événements de la soirée. Je fermai la porte à clé derrière moi, retirai mes chaussures du bout du pied et filai dans la chambre. Mais, au moment où je tournais la poignée de la porte, la lumière s'éteignit.

Je traversai la chambre plongée dans l'obscurité pour aller allumer la lampe de chevet.

— Chéri ? dis-je d'une voix pressante. Réveille-toi. Tu ne croiras jamais ce qu'il s'est passé ce soir.

Robert poussa un petit grognement et garda les yeux fermés. Je le secouai.

— Rob. Il faut que je te parle.

Il marmonna quelque chose qui voulait dire « nous en parlerons demain matin » et se retourna de l'autre côté.

— Neva est enceinte, annonçai-je.

Il se tourna vers moi, les yeux soudain grands ouverts.

— *Quoi ?*

— Enceinte de sept mois. Et la seule raison pour laquelle Maman et moi l'avons appris, c'est parce qu'elle a renversé de l'eau sur sa blouse et qu'elle ne pouvait pas le cacher.

Je m'arrêtai là, attendant que Robert me consacre enfin toute son attention et me supplie de lui en dire plus. Ou du moins qu'il montre à quel point il était surpris. Mais ce n'était pas son genre. Ses réactions, comme ses mouvements, étaient toujours lents et mesurés. C'était l'une des choses que j'aimais chez lui... avant. À présent, cela me donnait envie de lui flanquer une bonne claque pour le secouer.

— Qui est le père ? demanda-t-il.

— Elle dit qu'il n'y en a pas.

Malgré ma frustration, j'éprouvais une certaine satisfaction à le répéter. Quand Robert se redressa et mit ses lunettes, je sus que j'avais réussi à capter son attention.

— Que diable veux-tu dire par là ? demanda-t-il.

— Je ne sais pas ce que ça signifie. Mais c'est ce qu'a dit Neva. Qu'il n'y a pas de père.

— Comme dans l'Immaculée Conception ?
— Qui sait ? En tout cas, elle refuse d'en parler. Et plus j'insistais…
— … Plus elle refusait d'en parler. Oui.
Il poussa un soupir et réfléchit quelques instants.
— Eh bien, il ne sert à rien de spéculer. Je l'appellerai demain matin pour découvrir la vérité, dit-il en retirant ses lunettes pour les poser sur sa table de nuit. Viens te coucher.

Il éteignit la lumière, me laissant dans l'obscurité. Je lui en voulais d'avoir insinué qu'un simple coup de fil de sa part suffirait à obtenir toutes les réponses à nos questions, même si une petite part de moi devait bien admettre qu'il avait sûrement raison. Neva se confiait souvent à son père. Parfois, j'avais même l'impression qu'elle le faisait juste pour me vexer. Mais à cet instant, j'espérais qu'elle dirait la vérité à Robert. Il fallait que je sache qui était le père de ce bébé. Et le plus tôt serait le mieux.

Je me déshabillai dans le noir. Même si j'avais bien trop d'énergie pour dormir, il n'y avait rien d'autre à faire, et l'expérience m'avait appris qu'une seule chose pourrait m'aider à me calmer à cette heure de la nuit. Je tirai les couvertures et me glissai dans le lit contre mon mari. Je me frottai contre lui, sa peau était chaude et rugueuse.

— Grace, protesta-t-il.

Je le fis taire d'un baiser et le forçai à rouler sur le dos.

— Tu n'as rien à faire, dis-je.

Je me mis à embrasser son torse et suivis la ligne de ses poils poivre et sel. Il avait pris une douche avant d'aller se coucher, sa peau avait l'odeur et le goût du savon. Cela ne fit qu'attiser mon désir. J'avais besoin d'intimité. Besoin que quelqu'un ait envie de moi. Robert avait sommeil, mais je savais me servir de mes talents pour le convaincre. J'étais descendue jusqu'à son nombril quand je sentis ses mains se refermer sur mes épaules.

— Je dois me lever tôt pour aller travailler demain matin, Grace. Et franchement, après la nouvelle que tu viens de m'apprendre, je n'ai pas vraiment la tête à ça, dit-il en m'attirant contre lui pour poser ma joue contre son torse. Tu devrais essayer de dormir. C'est la pleine lune, ce soir, il y a bien une femme enceinte qui va se mettre en travail. Il vaut mieux que tu te reposes avant que quelqu'un t'appelle.

Il avait parlé d'une voix posée et calme, totalement dénuée de désir. Le ton d'un maître parlant à son chien. *Fini de jouer pour ce soir, Fido.* Ce ton, je l'entendais de plus en plus souvent ces derniers temps. Une migraine fulgurante, son souffle qui se faisait soudain régulier lorsque je venais me coucher. Mais ce soir, c'était encore plus évident. Combien de soirées avais-je passées à mon club de lecture à écouter mes amies se plaindre que leur mari ne pensait qu'à une chose : le sexe, le sexe, et encore le sexe ? Et lorsqu'elles finissaient par céder, cela se terminait aussi vite que ça avait commencé, avec trois minutes de missionnaire, pas de préliminaires et surtout pas de fellation. Alors que moi, j'étais prête à offrir la totale à mon mari… Étais-je si repoussante ? Je me souvenais du temps où Robert me trouvait irrésistible. Nous étions même fiers de nous dire que nous étions un de ces couples qui avaient réussi à maintenir cette étincelle. Quand l'avions-nous perdue ? Que nous était-il arrivé ?

Je restai allongée dans ses bras aussi longtemps que je pus le supporter, probablement pas plus d'une minute, avant de murmurer :

— Je vais aller boire un verre d'eau.

Robert ne protesta pas, je ne m'attendais pas à ce qu'il le fasse. Le temps d'enfiler ma robe de chambre, il ronflait déjà. J'allai dans la cuisine, mais je n'avais pas soif. Les pensées se bousculaient dans mon esprit. Dehors, le vent soufflait si fort qu'il aurait pu soulever la maison et la jeter dans la baie de Mackerel Cove. Je m'assis sur le fauteuil bleu, mon carnet de croquis sur les genoux. Les minutes s'égrenèrent dans le silence. Je me pris la tête dans les mains.

Que se passait-il donc avec Neva ? Au bout du compte, il n'y avait que deux possibilités : soit Neva ne savait pas qui était le père du bébé, soit elle ne voulait pas me le dire. Quoi qu'il en soit, ce bébé n'aurait pas de père dans sa vie. Mon petit-enfant et moi aurions cela en commun.

Mon père avait été écrasé par un tracteur quand ma mère était enceinte de moi. J'avais toujours pensé qu'il s'agissait d'un accident tragique et rare, mais Maman n'avait jamais semblé trouver cela étonnant. « C'était ça, la vie à la campagne, disait-elle. Ce genre d'accident n'était pas rare ».

Maman avait tout fait pour remplir le rôle du père, en plus de celui de la mère, et elle avait été exemplaire, mais il avait toujours manqué quelque chose dans ma vie. J'avais un pincement au cœur chaque fois que je voyais un enfant dans les bras de son père, quand sa mère n'avait plus la force de le porter. Une petite fille embrassant son papa devant les portes de l'école. Un enfant demandant – et recevant – des billets du portefeuille de son père, donnés de bon cœur, avec des murmures complices et des « Ne le dis pas à ta mère ». Des surnoms affectueux, comme ma Princesse ou ma Puce. Toutes ces petites attentions et ces marques de générosité paternelles.

À l'âge de huit ans, j'avais passé une semaine de vacances avec mon amie Phyllis dans la maison de sa grand-mère. Le samedi soir, le père de Phyllis avait reçu de sa mère l'ordre de nous « fatiguer ». Nous, les enfants, l'avions suivi sur l'immense pelouse du jardin et nous étions mis en file indienne. À la façon dont le frère et la sœur de Phyllis avaient commencé à ricaner, il était clair qu'ils avaient déjà joué à ce jeu. Je ne voyais ni ballon ni frisbee, aussi, quand il avait crié : « C'est parti ! » j'étais restée immobile, alors que tous les autres s'étaient élancés en courant dans des directions opposées. La seconde suivante, je volais.

« Attrapée ! s'était écrié le père de Phyllis en me lançant haut dans les airs. C'était trop facile. Les enfants, que vais-je faire d'elle ? »

Phyllis était montée dans un arbre avec sa sœur et s'était assise sur une branche basse.

« Chatouille-la, Papa », avait-elle crié en riant.

Il m'avait plaquée au sol et regardée d'un air faussement sérieux.

« Je ne crois pas que Grace soit très chatouilleuse, avait-il dit. Pas vrai, Grace ?

— Si, avais-je répondu en riant déjà. Si, je suis très chatouilleuse. »

Il avait remué ses doigts en l'air, puis s'était mis à me chatouiller le ventre, les côtes, le cou. Un fou rire incontrôlable m'avait prise, si fort que j'en avais mal au ventre et croyais que j'allais exploser. J'avais roulé sur la pelouse jusqu'à ce que mon pyjama soit couvert de taches. Jamais je n'avais éprouvé un contentement aussi profond, auparavant. Jamais je n'en ai connu depuis.

Il avait fini par me relâcher et était parti à la poursuite des autres. Ils couraient en poussant des cris, escaladant des arbres ou se cachant dans des cavités autour de la maison. Je ne comprenais pas. Essayaient-ils d'échapper à ses chatouilles ? S'il s'était agi de mon père, je n'aurais pas bougé d'un pouce et me serais laissé faire.

Non, Neva ne se rendait pas compte de ce qu'elle faisait. Elle avait un père aimant. Il l'avait portée sur ses épaules, chatouillée, lui avait donné des surnoms affectueux. Elle aurait un grand-père pour ses enfants un jour et, si elle le voulait, quelqu'un pour la mener à l'autel le jour de son mariage.

Je savais ce qui allait manquer à ce bébé. Et je ne comptais pas rester les bras croisés.

3

Floss

Le même cauchemar hantait mes nuits depuis soixante ans. Il y avait eu différentes versions au fil des années, mais elles étaient toutes fondamentalement les mêmes. Je vais dans la chambre de mon bébé, ou chercher ma fille à l'école, et elle n'est pas là. Au début, je reste calme ; il doit y avoir une explication. Elle a roulé sous son lit. Elle se cache. C'est à quelqu'un d'autre d'aller la chercher. Mais j'ai déjà des sueurs froides et je sens mon cœur taper contre mes côtes. Je commence à paniquer. Je la cherche partout, dans sa chambre, sur le parking de l'école, dans l'espoir d'apercevoir une mèche de ses cheveux roux ou son visage couvert de taches de rousseur. Ce n'est pas son visage que je vois, mais un autre. Le visage qui est synonyme de la fin de la vie que j'ai connue. La fin de ma vie avec ma fille.

Je me redressai d'un coup dans le noir, mes doigts agrippant la couverture de toutes leurs forces. Lil était allongée à côté de moi, son corps doux et chaud formant un contraste saisissant avec mon rêve glaçant. Je me rallongeai et me forçai à ralentir mon souffle, à le calquer sur sa respiration lente et régulière – inspirer, expirer, inspirer, expirer – jusqu'à ce que mon cœur batte un peu moins vite. J'avais une impression de déjà-vu. Les situations n'étaient pas tout à fait les mêmes, mais les similarités étaient frappantes. Neva allait être une mère célibataire. Le père de son bébé était caché sous un voile de mystère. Et si elle le faisait pour les mêmes raisons que moi... ? Voilà ce qui me terrifiait.

Je devais me rendormir. Mais lorsque je fermai les yeux, je ne vis que des nuages gris et des mouettes. Sentis le vent dans mes cheveux et l'air marin dans mes poumons. J'étais de nouveau en 1954, sur le bateau pour l'Amérique. Tandis que je marchais sur le pont venteux, Grace, encore nouveau-né, leva les yeux de l'intérieur de mon manteau en laine, cherchant probablement un aperçu de la nouvelle vie qui nous attendait. Je continuai de faire le tour du pont, deux fois, trois fois, jusqu'à ce qu'enfin elle réussisse à s'endormir. J'attendis un peu, pour m'assurer qu'elle dormait profondément, avant de m'asseoir sur une chaise en plastique.

— Puis-je jeter un coup d'œil ?

Une femme qui devait avoir mon âge se tenait devant moi, tirant la main d'un jeune homme à côté d'elle. Elle se penchait pour apercevoir ce qui se cachait à l'intérieur de mon manteau. Les yeux de Grace bougeaient sous ses paupières, elle dormait à peine, et, à la vue de l'enthousiasme de la jeune femme, ma fierté de jeune mère fut flattée. J'entrouvris mon manteau.

— Oh, Danny, regarde ! Comme il est petit ! C'est un garçon ou une fille ?

— Une fille. Grace.

— Vous avez de la chance. Nous aimerions tant avoir un bébé, pas vrai, Danny ? Elle est adorable. Quel âge a-t-elle ?

— Deux semaines.

— Deux semaines ? Mais... vous ne devriez pas être encore à l'hôpital ?

J'ouvris la bouche pour lui répondre, mais je ne savais pas quoi dire.

— Eh bien, fit la femme, votre mari doit vraiment bien s'occuper de vous.

Ah oui, mon mari. Je n'en avais pas, bien sûr. Mais ma mère, incapable de me tourner complètement le dos, m'avait préparé une réponse toute faite à cette question.

— En fait, mon mari... est décédé. Il était fermier. Il a eu un accident.

— Oh non ! s'écria la jeune femme en se tournant vers son mari avec de grands yeux. Et vous allez élever ce bébé toute seule ?

— J'ai plus de chance que beaucoup de gens.

Encore une fois, la femme se tourna vers son mari, toujours sous le choc. Elle avait manifestement été gâtée par la vie – et l'amour.

— C'est très triste. Vous allez en Amérique toute seule ?

— Non, répondis-je en souriant et en serrant contre moi mon bébé roux. J'y vais avec ma fille.

J'avais dû réussir à me rendormir. Lorsque je me réveillai de nouveau, ce fut d'un coup. J'avais l'habitude de ces nuits de sommeil entrecoupé, dérivant entre rêve et réalité. Généralement, j'allais lire dans le bureau pour ne pas déranger Lil. Mais ce soir, je n'avais pas le choix. Parce que le téléphone sonnait.

Je me redressai et posai les pieds par terre. Dans le noir, je trouvai les chiffres rouges du réveil. Une heure du matin. Grace. Ce ne pouvait être que Grace.

Lil, qui avait dix ans de moins que moi et craignait toujours de recevoir des mauvaises nouvelles en plein milieu de la nuit, était déjà debout.

— J'y vais, Lil, dis-je. Je suis sûre que c'est Grace.

J'enfilai ma robe de chambre suspendue au pied du lit mais, dans l'entrée, Lil avait déjà décroché.

— Allô ? dit-elle.

Elle hocha la tête et me tendit le combiné.

— Grace, fit-elle simplement.

— Merci. Retourne te coucher.

Je lui frottai le bras lorsqu'elle passa devant moi. Pauvre Lil. Elle avait d'abord dû passer la soirée enfermée dans notre chambre à lire – c'était son choix, bien sûr. Mais en plus, elle était réveillée en plein milieu de la nuit. Je n'avais jamais rencontré quelqu'un d'aussi gentil et tolérant qu'elle, mais je me demandais parfois si Grace n'avait pas épuisé sa patience.

Lorsque je plaçai le combiné contre mon oreille, ma fille parlait déjà.

— Je sais, excuse-moi. Il est tard. C'est juste que... Je suis stupéfaite, abasourdie, horrifiée...

Je m'assis sur la chaise à côté de la table de l'entrée. Mon vieux corps était lourd comme un sac de pierres.

— Oui, ç'a été un vrai choc.
— Tu ne le savais pas non plus, hein ?
— Non, je ne savais pas.
— Comment se fait-il que je n'aie rien vu ? Je suis sa mère. Je suis sage-femme. Est-elle vraiment à trente semaines ? Elle n'a pas l'air d'être enceinte de trente semaines.

Je soupirai.

— Tu étais pareille quand tu étais enceinte. Cela se voyait à peine avant le huitième mois.
— Et pourquoi refuse-t-elle de nous dire qui est le père ? Elle ne te l'a pas dit ?
— Non.
— Je ne comprends pas. Je n'ai pas envie de la juger. J'ai peut-être été un peu choquée au début, mais j'aurais pu m'y faire. Pourquoi n'est-elle pas venue m'en parler... ou à toi ? Tu sais mieux que personne ce qu'elle ressent.
— Tu connais Neva, dis-je. Elle a besoin de temps. Elle changera d'avis.
— Peut-être. Peut-être pas, marmonna Grace. Mais c'est tellement frustrant ! Pourquoi ne se confie-t-elle pas à moi ? Peut-être que si j'étais plus comme toi...
— Elle ne m'a rien dit non plus, Grace.
— Non, c'est vrai, tu as raison, répondit-elle, un peu apaisée.
— Et Neva ne voudrait pas que tu changes, ajoutai-je. Elle t'aime.
— Peut-être, mais elle ne m'apprécie pas tellement. Mon mari non plus. Tu es ma mère, alors tu m'aimes, c'est biologique, dit-elle avant de marquer

une courte pause. Tu crois que mon père m'aurait aimée ?

J'hésitai. Bêtement, je ne m'étais pas attendue à ce que Grace fasse un parallèle entre le père absent de son petit-enfant et le sien. Bêtement, parce que je l'avais déjà fait moi-même.

— Je... oui. Bien sûr.

Un autre silence suivit, celui-là assez long pour me troubler.

— Est-ce que tu l'aimais, Maman ?

Grace m'avait posé des milliers de questions sur son père au cours de toutes ces années. La couleur de ses cheveux quand le soleil brillait. L'accent de sa région. S'il était grand, assez grand pour se cogner la tête au montant de la porte lorsqu'il portait un chapeau haut-de-forme. Elle aimait connaître les détails. La seule et unique image que j'avais de Bill, une photo de mariage, était complètement usée d'avoir passé tant de temps pliée dans la poche de Grace ou sous son oreiller. Mais cette question, elle ne me l'avait jamais posée avant.

— Oui, je l'ai aimé. Un jour.

Elle souffla, et j'entendis son soulagement. J'espérais que nous allions pouvoir passer à autre chose. Parce que quand Grace avait besoin de réponses, une seule ne lui suffisait pas. Et ce sujet de conversation en particulier, mieux valait ne pas l'aborder.

— Alors que me conseilles-tu de faire ? À propos de Neva.

— Ce n'est pas à moi de te le dire.

— Mais si tu étais à ma place ?

— Je ne le suis pas. Mais si tu me demandes ce que j'ai prévu de faire... J'ai prévu de la prendre au mot – d'accepter que son bébé n'a pas de père – et de la soutenir du mieux que je pourrai.

Je me demandais si Grace entendait vraiment ce que j'essayais de lui faire comprendre. Difficile à dire avec elle. Une minute, elle était nostalgique, et la suivante... Robert avait un jour décrit un rendez-vous avec elle comme un saut à l'élastique émotionnel. Grace avait éclaté de rire sur le coup, mais après y avoir réfléchi, elle l'avait mal pris, illustrant parfaitement ce qu'il venait de dire.

— Tu as raison. Comme d'habitude. Mais...

Grace semblait insatisfaite. Je l'imaginais, assise à côté du téléphone, se balançant d'avant en arrière comme elle le faisait quand elle était petite et qu'elle n'arrivait pas à comprendre quelque chose.

— Mais quoi ?

— Comment arrives-tu à le supporter ? Un secret comme celui-là ? Tu n'es pas dévorée de curiosité ?

Je faillis éclater de rire. Si seulement elle savait.

— Les secrets, c'est difficile, dis-je. Mais si respecter ce secret te permet d'avoir une relation harmonieuse avec ta fille, je pense que cela en vaut la peine.

4

Neva

Lorsque ma mère ne sait pas comment résoudre un problème, elle en parle à longueur de journée. « J'ai tel ou tel problème », voilà comment elle commence ; puis elle se lance sur ce qu'elle a en tête. Peu importe qui lui fait face : un inconnu, une patiente, mon père ou ma grand-mère, elle n'hésite pas à tout déballer, que ce soit personnel ou non. En général, elle a déjà décidé ce qu'elle veut faire. J'ai parfois l'impression que l'avis des autres ne compte pas, qu'elle aime juste s'écouter parler.

Quand j'avais douze ans, Papa avait eu une prime. Cela faisait des années qu'il me promettait que s'il en obtenait une un jour, nous partirions en vacances et que je pourrais choisir n'importe quelle destination.

« Alors, où veux-tu partir, Nev ? avait-il demandé. Disneyland ? Hawaï ?

— Je ne sais pas. Pourquoi pas... Seattle ? »

C'était le premier lieu qui m'était venu à l'esprit. Mais une fois que j'eus dit ce nom, j'avais été vraiment contente de mon choix. Je nous imaginais, tous les trois, nous promenant dans les allées du marché de Pike Place vêtus d'imperméables, entrant nous abriter dans un café pour boire une soupe aux palourdes pendant une averse.

« J'ai beaucoup aimé le film *Nuits blanches à…*

— Seattle ! s'était écriée Grace. Bien sûr, j'ai adoré ce film. Oh, cette scène où ils se retrouvent au sommet de l'Empire State Building et… attendez ! »

Elle avait plaqué la main sur sa bouche.

« New York ! C'est là que nous devrions aller. Ce serait chouette, non ?

— Grace, était intervenu mon père. C'est Neva qui décide.

— Euh… »

Prise de court, je n'avais pas su quoi faire.

« New York… oui, pourquoi pas…

— Réfléchis-y, avait dit Grace. Nous pourrions monter au sommet de l'Empire State Building, comme Meg Ryan et Tom Cruise…

— Tom Hanks.

— Et aller faire du patin à glace au Rockefeller Center !

— C'est le mois d'août, Grace, avait répondu Papa, les sourcils froncés.

— Et pique-niquer à Central Park ! »

Grace souriait jusqu'aux oreilles. Son enthousiasme était communicatif, et il m'avait gagnée, moi aussi.

« Non, attends une minute, avait dit Papa. C'est à Neva de choisir la destination, pas à toi.

— Elle a dit que ç'avait l'air d'être une bonne idée, avait rétorqué Grace d'un air boudeur.

— Peut-être, mais si elle veut aller à New York, je préférerais l'entendre de sa bouche, d'accord ? Sa bouche à elle. »

Deux têtes s'étaient tournées vers moi. Et, parce que c'était moi qu'ils regardaient et parce que aller à New York semblait vraiment être une bonne idée, j'avais hoché la tête. Mais quelques jours plus tard, alors que Grace avait déjà réservé les billets, je m'étais rendu compte que je n'avais pas vraiment envie d'aller à New York. Je souhaitais vraiment aller à Seattle. Mais il était trop tard.

Je me tournais et me retournais dans mon lit, pour essayer de trouver une position confortable, mais en vain. Mon ventre était lourd, mais ce n'était pas la seule chose qui me pesait. Je n'avais pas voulu que cela se passe ainsi. Logiquement, je savais que les gens finiraient bien par se rendre compte que j'étais enceinte. Mais une partie de moi se disait que tant que je parviendrais à garder mon secret, je conserverais le contrôle de la situation.

Sachant qu'il me serait impossible de me rendormir, j'allai dans la cuisine. J'avais envie de lait chaud avec de la cannelle et du miel, mais, étant donné que je n'avais ni cannelle ni miel, je devrais me contenter de lait chaud. J'attendais que ma tasse chauffe dans le micro-ondes lorsqu'une ombre apparut sur le sol à côté de la mienne.

— Bon sang, il est impossible de dormir dans cette maison !

Le son de cette voix me fit sourire.

— Tu n'as pas ton propre appartement, Patrick ?
— Tu m'as donné un double de tes clés !
— En cas d'urgence. Il y a trois ans.

Je sortis ma tasse et me tournai vers lui. Trois ans plus tôt, Patrick venait tout juste de divorcer et passait la plupart de ses soirées à noyer ses regrets dans les bars du centre-ville, bien plus proches de mon appartement dans le quartier de College Hill que de la maison d'East Greenwich dans laquelle il avait vécu avec sa femme. Il ne m'avait jamais raconté les détails de leur séparation, et je ne l'avais jamais questionné. Ce n'était pas la peine. Patrick était un type bien, un excellent médecin, mais lorsqu'il était question de femmes, il ne savait pas se contrôler. Après plusieurs semaines à me lever en plein milieu de la nuit pour lui ouvrir la porte – ou la fenêtre, lorsqu'il montait par l'escalier de secours – les soirs où il avait trop bu pour rentrer chez lui, j'avais finalement cédé et lui avais donné un double de mes clés. Je pensais que quand Karolina serait retournée en Allemagne, il passerait plus de temps chez lui, ou qu'il vendrait la maison pour s'acheter un appartement en ville. Mais trois ans avaient passé et je le trouvais encore régulièrement assoupi sur mon canapé, ronflant après une soirée arrosée ou avant une garde matinale à l'hôpital. Le plus bizarre dans tout ça, c'était que je trouvais cela... je ne sais pas comment dire... étrangement normal.

— Pour un médecin respecté et bien payé, tu pourrais quand même t'offrir une chambre d'hôtel, ou au moins te trouver une petite amie dans le coin... Quoi ?

Il observait fixement mon ventre et je baissai les yeux en étouffant un juron. Mon pyjama faisait paraître mon ventre encore plus gros qu'il ne l'était. Je n'avais qu'une seule option : lui dire la vérité. J'avais décidé de la lui dire un jour de toute façon, et, maintenant je ne pouvais plus la cacher. J'aurais pu aussi bien lui crier : *Hé, regarde ! Il y a une vie qui grandit à l'intérieur de moi !*

— Tu es enceinte, dit-il sur le ton du constat.
— Oui, répondis-je.

Pour une fois, Patrick le beau parleur était bouche bée.

— Qui... Qui est le père ?

Je poussai un soupir.

— Eh bien, je ne sais pas comment te le dire, mais... c'est toi.
— Moi ? répéta-t-il d'un air impassible.
— Oui.
— Tu es sûre ?
— À cent pour cent.

Il se laissa tomber sur la chaise dans le coin. Je le regardai, sans rien dire, prendre une boîte d'allumettes sur la table et la retourner entre ses doigts.

— C'est bizarre, vu que nous n'avons jamais couché ensemble.
— Ah, c'est vrai ! m'exclamai-je avec un rire forcé. Alors, non, tu n'es pas le père. Pftt ! Tu dois être soulagé.

Patrick m'observait sérieusement.

— Je n'arrive pas à croire que tu plaisantes à ce sujet. Qui est-ce, Nev ?

Moi non plus, je n'arrivais pas à croire que j'étais en train de plaisanter. Qu'est-ce qui n'allait pas chez moi ? Je pouvais lui dire la vérité. Patrick n'était pas Grace. Il n'allait pas me faire subir un interrogatoire ou exiger des réponses que je ne voulais pas donner. Et l'idée de me défaire

d'une partie de ce fardeau était tentante. Très tentante. Cependant, quelque chose me retenait.
— Ce bébé est... le mien.
— Et... ?
— Juste le mien.
Je finis ma tasse et me retournai pour la rincer.
— L'as-tu dit à ta mère ? demanda-t-il.
Je hochai la tête, toujours dos à lui. Patrick n'avait jamais rencontré ma mère, mais je lui avais suffisamment parlé d'elle pour qu'il imagine sa réaction. Je posai la main sur mon ventre. *Ce ne sera pas comme ça entre nous, bébé. Je te le jure.*
— Qui d'autre est au courant ? demanda-t-il.
— Gran. Toi. Susan. C'est tout. Même si je vais avoir du mal à le cacher maintenant.
— Pas Eloise ?
— Non.
Eloise, ma colocataire, aurait pourtant été un choix évident. Elle était gentille, attentive, fiable. Mais elle avait rencontré Teddy, son adorable petit ami avec lequel elle passait le plus clair de son temps, peu de temps après avoir emménagé chez moi, et nous n'étions jamais vraiment devenues amies. Cela ne me dérangeait pas. J'avais plus ou moins abandonné l'idée d'avoir des amies au début de l'adolescence, lorsque je m'étais rendu compte que l'amitié entre filles était pratiquement une religion. Tu ne t'assiéras pas à côté de quelqu'un d'autre à la cantine. Tu insisteras pour porter ma veste préférée, avant de t'énerver parce que tu as renversé du soda dessus sans le faire exprès. Tu n'adresseras pas la parole à quiconque est actuellement en froid avec le groupe. À l'inverse, passer du temps avec

un groupe de garçons était comme enfiler un vieux jean : confortable, prévisible et sans prétention. Et Patrick me donnait toujours cette impression.

Je posai ma tasse à l'envers sur le rebord de l'évier et, comme je n'avais rien d'autre à faire, je pris mon courage à deux mains et me tournai vers lui. Patrick se tenait si près de moi que mon ventre touchait presque le sien.

— Et tu as traversé tout ça toute seule ? demanda-t-il.

Je relevai la tête mais ne parvins pas à soutenir son regard. Il poussa un soupir et m'attira dans ses bras contre son torse chaud.

— Oh, Nev.

Je ne pris pas la peine de protester. Patrick était trop fort pour que je le repousse et de plus, je ne voulais pas qu'il voie la larme que je n'avais pas réussi à ravaler et qui coulait le long de ma joue. Notre amitié avait toujours plutôt été faite de rires que de larmes. C'était le rire qui nous avait rapprochés, cinq ans plus tôt, au bar The Hip, où nous avions depuis pris nos habitudes. Ce soir-là, c'était la soirée quiz. Susan et moi venions de terminer un accouchement vaginal de jumeaux à la maison de naissance et cela nous semblait une bonne excuse pour sortir boire un verre et nous amuser un peu. Nous avions à peine commandé un pichet de bière quand Patrick et Sean, un gynécologue que j'avais rencontré au bloc opératoire, étaient venus se joindre à nous.

« Alors ? avait demandé Sean en tirant une chaise pour s'asseoir à côté de moi. On fait équipe tous les quatre ? »

Sean était plein d'assurance, et même un peu prétentieux. J'avais éprouvé le désir irrépressible de lui dire *Non merci, désolée, notre table est complète*, mais j'avais reconnu Patrick derrière lui. Je le connaissais, lui aussi, de l'hôpital, et je l'appréciais. C'était un type bien. Le genre de médecin qui aimait aider ses patients et prenait toujours son temps pour les écouter, même quand sa garde était terminée depuis longtemps.

« Pas de problème, avais-je répondu tandis que Susan hochait la tête. Pourquoi pas ?
— Never, c'est ça ? avait demandé Sean.
— Neva, débile, s'était exclamé Patrick avec un coup de coude.
— Neva ? avait répété Sean en se servant un verre de notre bière. Pas commun, comme nom. »

Je trouvais son attitude plus amusante qu'horripilante.

« Moins commun que Never ?
— Je ne sais pas, avait continué Sean, imperturbable. Hé, je suis obstétricien, j'ai tout entendu. »

J'avais éclaté de rire, mais m'étais aussitôt ravisée en voyant l'expression amusée de Patrick.

« Tu n'es pas fan des prénoms bizarres, Sean ? C'est drôle, vu ton deuxième nom. »

Intriguées, Susan et moi nous étions retournées vers Sean, qui pâlissait visiblement.

« Attends une secon...
— Tiffany », avait annoncé Patrick fièrement.

Du coin de l'œil, j'avais vu Susan se plaquer la main sur la bouche pour s'empêcher d'éclater de rire. Le fou rire n'était pas loin de me gagner, moi aussi.

« C'était le nom de jeune fille de ma mère », avait marmonné Sean.

Nous ne pûmes nous retenir plus longtemps. Du moins, je ne le pus pas. À côté de moi, Patrick était plié en deux et Susan riait aux larmes. Sean essayait de se défendre, mais tout ce qu'il disait ne faisait qu'accroître notre hilarité.

Je ne me souvenais pas de la dernière fois où j'avais autant ri. Patrick avait admis que son deuxième prénom était Basil, comme le basilic. Susan avait avoué qu'un de ses oncles s'appelait Esther. Mais rien ne battait Tiffany. Sean avait beau être la prétention incarnée, il avait quelque chose de… sympathique. Tout particulièrement quand il nous parlait de Laura, la caissière texane du supermarché à côté de chez lui. Il avait avoué, gêné, qu'il payait toujours avec de gros billets pour le simple plaisir de l'entendre compter la monnaie dans son accent traînant du Sud. Il avait prévu d'insister jusqu'à ce qu'elle cède et accepte enfin de devenir sa femme. Patrick lui avait dit qu'il n'avait aucune chance. Pas quand elle aurait découvert son deuxième nom.

Nous ne formions pas une mauvaise équipe, tous les quatre, mis à part les disputes occasionnelles pour savoir qui avait la bonne réponse à un problème, ce qui n'avait rien d'étonnant, avec Sean parmi nous. Mais Patrick était toujours d'accord avec moi et prenait systématiquement mon parti, même quand j'avais tort. Il tirait ma queue-de-cheval d'un air taquin, et même si je le repoussais à chaque fois, je me surprenais à espérer qu'il recommencerait.

Lorsque l'animateur avait annoncé que nous avions gagné, Patrick m'avait soulevée dans ses bras et fait tourner en l'air. Mes jambes avaient renversé une chaise et cogné la table. J'avais entendu un verre se briser. J'ignore si Patrick ne l'avait pas remarqué ou si, comme moi, il s'en fichait complètement.

Mais soudain, il m'avait reposée par terre.
« Karolina.
— Te voilà ! » s'était-elle écriée.

La jolie blonde s'était arrêtée à côté de Patrick. Discrètement, il avait fait un pas en arrière pour s'éloigner de moi.

« Karolina, je te présente Neva », avait-il dit.

Il avait émis un petit rire, mais ce n'était pas celui que j'avais entendu toute la soirée. Ce rire-là était plus gêné, plus nerveux.

« Neva est sage-femme à la maison de naissance.
— Ravie de vous rencontrer », avais-je dit.

Au même moment, j'avais senti quelqu'un m'attraper par le bras. C'était Sean.

« On va chercher notre prix ? »

J'avais hoché la tête, sans rien dire. Tandis que Sean et moi nous dirigions vers la scène, il avait murmuré à mon oreille :

« Ne perds pas ton temps avec Patrick. Il flirte avec tout le monde. C'est plus fort que lui.
— Qui est cette fille ? » avais-je demandé sans réfléchir.

J'avais reconnu immédiatement l'expression de Sean. Il avait pitié de moi.

« Sa fiancée. »

La suite s'était révélée moins difficile que je ne le pensais. Au fil du temps et à mesure que mes souvenirs de la soirée commençaient à se brouiller, je parvenais de mieux en mieux à me trouver dans la même pièce que Patrick sans avoir à inventer une excuse pour sortir. Et au bout d'un certain temps, je m'étais rendu compte que c'était mieux ainsi. Patrick n'aurait pas fait un bon petit ami. Et d'après ce que j'avais compris, il était encore pire comme mari. Mais en tant qu'ami, il n'était pas mal. Pas mal du tout. Je me laissai aller dans ses bras.

— Oh, pardon !

Patrick et moi sursautâmes et nous écartâmes l'un de l'autre au son de la voix d'Eloise. Elle se tenait dans l'ouverture de la porte, vêtue de sa chemise de nuit, les yeux gonflés de sommeil et les cheveux en bataille.

— Désolée. J'étais juste venue me chercher un verre d'eau. Oh !

Elle observait fixement mon ventre.

— Oui, dis-je. Je suis enceinte.

Elle croisa mon regard et baissa de nouveau les yeux vers mon ventre.

— Mais... tu es très enceinte.

Je hochai la tête. Sous ses yeux – et ceux de Patrick –, mon ventre me paraissait deux fois plus gros qu'il ne l'était, et mon secret, deux fois plus ridicule.

— Est-ce que tu... as envie de parler ? demanda-t-elle. Je pourrais faire du café.

Je fis non de la tête. Je savais que le moment était venu de m'expliquer, mais je n'étais pas sûre d'y parvenir.

— Désolée, mais... je suis très fatiguée. Si on en discutait demain ?

Sans attendre de réponse, je me faufilai entre eux et allai me réfugier dans la salle de bains. Elle était encore pleine de la buée de ma douche et elle sentait le parfum de fraise du bain moussant d'Eloise. Je me laissai tomber sur le carrelage. J'entendais les vibrations de la voix grave de Patrick lui parlant de ma révélation. J'enveloppai mon ventre de mes bras. Bien d'autres personnes en parleraient bientôt.

Mais j'y survivrais.

J'avais survécu jusque-là. À chaque fois que j'avais volé une blouse plus grande à la maison de naissance. À chaque fois que j'avais inventé une excuse pour ne pas aller boire un verre après le boulot. Même la fois où j'avais dit à Anne, la réceptionniste, que j'avais une infection urinaire pour expliquer la fréquence de mes visites aux toilettes. Oui, j'avais déjà survécu à tout cela. Et cela en valait la peine.

Je serrai mon ventre un peu plus fort et un petit poing ou un petit pied me donna un coup dans les côtes. Je crois que mon bébé essayait de me réconforter.

5

Grace

Je tirai un tabouret à côté du lit.

— Je vais prendre votre tension, Gillian. Pourriez-vous remonter votre manche ?

C'était le lendemain de l'annonce de Neva, et j'étais encore sous le choc. Neva était enceinte. De trente semaines. Elle avait refusé de révéler l'identité du père. Heureusement, j'avais eu des rendez-vous prénatals toute la journée pour m'occuper l'esprit et me changer les idées. Gillian était ma dernière patiente de la journée. Et dès que nous en aurions terminé, je pourrais enfin tirer tout cela au clair.

Gillian remonta la manche de sa chemise jusqu'à l'épaule. Je glissai le brassard sur le haut de son bras et pris la pompe.

— Alors, comment vous sentez-vous ?

— Bien. Excitée. Heureuse.

— Vous avez raison, dis-je. Cette expérience va changer votre vie.

Gillian souriait et je me demandai si elle était la même femme que celle que j'avais vue entrer timidement dans mon bureau sept mois plus tôt, tremblant à la simple mention du mot « accouchement ». Au cours de notre première consultation, elle m'avait dit que pour son premier enfant, elle avait voulu un accouchement actif, avec un minimum d'intervention médicale à l'hôpital. Elle voulait allaiter son bébé le plus tôt possible après sa naissance et le garder auprès d'elle jour et nuit. Mais le travail de Gillian avait été long et rude. La dilatation ne s'était pas faite aussi rapidement que les médecins l'auraient souhaité. Au bout de douze heures, ils avaient percé la poche des eaux et au bout de dix-sept heures, ils lui avaient donné des médicaments pour accélérer le travail. Les contractions étaient devenues si fortes, si douloureuses, que Gillian avait fini par accepter une péridurale. Elle s'était retrouvée allongée sur le dos, incapable de bouger, sous perfusion et entourée de machines. Et même si le bébé n'était pas en détresse, le médecin avait pratiqué une épisiotomie « de routine » avant de sortir le bébé au forceps et de le placer dans les bras d'une infirmière. La petite fille avait passé sa première nuit à la nursery de l'hôpital parce que, après la péridurale, les infirmières ne croyaient pas Gillian capable de s'en occuper seule.

J'avais eu de la peine pour elle en l'entendant me raconter son expérience, mais elle n'était malheureusement pas la première à qui c'était arrivé. Au lieu d'aider les parturientes à accoucher en respectant leur choix, le système hospitalier fournissait des médicaments contre la douleur. Au lieu de favoriser la patience, il fournissait des pilules pour accélérer le travail. Au lieu de donner aux femmes la force de traverser cette épreuve et d'en ressortir plus fortes, il les déstabilisait et leur ôtait la capacité de donner naissance naturellement. « Préparez-vous, avais-je annoncé à Gillian lors de notre première consultation, nous allons vous rendre le contrôle.

— Si seulement je vous avais connue plus tôt, avait dit Gillian. J'avais entendu parler des accouchements à domicile, mais j'avais peur que ce soit dangereux.

— Avez-vous toujours peur ?

— Pas du tout. D'ailleurs, j'ai plus confiance en votre capacité à gérer cette naissance qu'en celle des médecins qui m'ont fait accoucher de ma fille. Et je sais que, si jamais il y a un problème, nous ne sommes qu'à onze minutes de l'hôpital de Newport.

— Tout à fait », avais-je dit.

C'était drôle... quand j'entendais des patientes parler ainsi, je me sentais justifiée dans ma démarche. Par rapport au processus de la naissance à domicile, mais aussi par rapport à moi-même.

« Et maintenant que j'ai vu la pièce où je vais accoucher, je me sens prête, avait-elle poursuivi. Le linge de lit, les oreillers, le bassin de naissance, les brûleurs d'huile... c'est exactement ce que j'espérais. Et j'adore votre sculpture. »

Gillian regardait ma nouvelle création, une sculpture en argile représentant une femme à trois têtes avec un ventre rond. Elle était censée représenter le lien entre la mère et son enfant, mais, comme cela arrivait la plupart du temps, une autre idée s'y ajoutait. Une troisième tête était apparue, couverte d'une barbe naissante et avec un gros nez. Le père. J'étais contente du résultat.

« Je suis heureuse qu'elle vous plaise.

— Est-ce que beaucoup de femmes utilisent votre chambre ?

— Certaines. La plupart de mes patientes veulent donner naissance chez elles, mais beaucoup n'ont pas suffisamment de place. Et plusieurs habitent trop loin pour que je me rende à leur domicile. »

Je notai la tension de Gillian, puis lui ôtai le brassard qui se dégonfla aussitôt.

« Votre tension est bonne. Si vous voulez bien vous allonger, je vais mesurer votre ventre pour voir comment grandit votre bébé. »

Je tenais le bras de Gillian, portant un peu de son poids pour l'aider à s'allonger. À côté du lit, sur une table basse, était posée une photo de Neva le jour de sa remise de diplôme.

« Je parie que c'est votre fille, dit Gillian.

— Oui, répondis-je en souriant. À sa remise de diplôme. »

J'aimais cette photo de Neva. Contrairement à son habitude, elle était souriante, même si on voyait bien qu'elle était un peu gênée de poser.

— Elle est sage-femme aussi, c'est ça ?

— Oui, mais pas n'importe quelle sage-femme ! C'est l'une des meilleures de la région.

Je trouvai la tête du bébé bas dans le pelvis et déjà engagée et y plaçai la pointe du centimètre.

— Et elle est enceinte, elle aussi. De son premier enfant.

— Félicitations, dit Gillian. Allez-vous donner naissance à son bébé ?

Mon sourire disparut. Je tendis le centimètre le long du ventre de Gillian jusqu'aux fesses du bébé, juste en dessous des côtes de sa mère.

— Eh bien, Neva travaille dans une maison de naissance à Providence, alors elle accouchera probablement là-bas.

— Oh, répondit Gillian d'un air gêné. J'ai entendu dire beaucoup de bien des maisons de naissance.

Je poussai un soupir.

— Ce n'est sans doute pas la pire possibilité du monde. Les naissances y sont moins médicalisées qu'à l'hôpital, c'est déjà ça. Mais celle où Neva travaille est justement rattachée à un hôpital ! On n'y a pas la même intimité qu'en accouchant dans son propre foyer. Des obstétriciens et des pédiatres errent dans les couloirs, prêts à intervenir à la première occasion.

— Je ne voyais pas les choses comme ça, dit Gillian. Espérons que votre fille n'aura aucune complication et qu'elle pourra accoucher naturellement à la maison de naissance. Avec un peu de chance, elle n'aura même pas besoin de voir un médecin.

— Ou ses forceps... Je l'espère aussi. De toute façon, nous ne devrions pas parler de ma fille. Revenons-en à vous. J'ai hâte de rencontrer votre sœur. Est-ce qu'elle prévoit toujours de m'assister pour l'accouchement ?

— Si cela ne vous dérange pas. Elle a presque terminé ses études de sage-femme et j'aimerais beaucoup l'avoir auprès de moi.

— Si ça me dérange ? Au contraire, cela m'épargne de devoir chercher quelqu'un pour me seconder. Et je pense aussi qu'il est très important d'avoir des femmes de sa famille auprès de soi quand on accouche.

Je ne pus m'empêcher de repenser à Neva, et mon cœur se brisa.

— C'est ainsi que se passaient les accouchements dans le temps, continuai-je. Les femmes de la communauté – les mères, les grand-mères, les sœurs, les tantes – se rassemblaient pour soutenir la mère pendant le travail. On parlait des « affaires secrètes des femmes ». Je trouve que ça manque, de nos jours. Maintenant que les pères sont présents pour l'accouchement – ce qui est une bonne chose, ne vous méprenez pas –, nous avons perdu cet esprit de camaraderie féminine. Quand votre sœur doit-elle arriver ?

Je vérifiai les mesures par rapport à celles de la semaine précédente. Le bébé avait bien grandi.

— Huit jours avant la date prévue, répondit Gillian en caressant son ventre. Espérons que le bébé pourra attendre jusque-là.

Je l'aidai à se redresser.

— Seules cinq pour cent des mères accouchent à la date du terme, et pour la plupart des premières grossesses, elles accouchent plus tard. Mais ne vous en faites pas. Au pire des cas, nous trouverons quelqu'un d'autre pour nous assister. Tout ira bien.

Je terminai la consultation de Gillian et la raccompagnai à la porte. Dès qu'elle fut partie, mes pensées retournèrent immédiatement à Neva. Pourquoi agissait-elle ainsi ? Pourquoi me repoussait-elle systématiquement ? Petite, déjà, Neva avait toujours fait les choses à sa manière. J'avais prévu de pratiquer le sommeil partagé, l'allaitement et le portage le plus longtemps possible, mais Neva en avait décidé autrement dès le début de sa vie. Pendant les trois premières semaines, elle se mettait à hurler dès que je l'attachais contre moi et un jour, Robert avait réussi à faire cesser ses pleurs en la mettant dans son lit à elle. Lorsqu'elle avait six mois, elle avait soudain refusé l'allaitement et décidé qu'elle préférait boire dans une tasse, aussi, après deux semaines à tirer mon lait, j'avais fini par céder et acheter du lait maternisé, qui semblait bien mieux lui convenir. Maman m'assurait qu'avec le temps, nous deviendrions plus proches. Je m'accrochais à cet espoir comme à un canot de survie. Mais Neva avait désormais vingt-neuf ans, elle était enceinte, et rien n'avait changé. Si nous n'étions pas proches maintenant, quel espoir avions-nous de le devenir un jour ?

Quelque chose clochait. Cacher sa grossesse jusqu'au septième mois, garder l'identité du père secrète, cela n'avait aucun sens. Certes, je comprenais pourquoi Neva ne s'était pas confiée à moi – peut-être avait-elle peur que j'exige un accouchement à domicile ou que j'aie une réaction qui la gêne –, mais pourquoi choisir de cacher également son état à Robert ?

Une idée me vint en tête avant que j'aie pu la refouler. J'avais beau essayer de m'en débarrasser, rien n'y faisait. Il fallait que je voie ma fille.

Je me rendis à Providence le plus vite possible. La circulation n'était pas mauvaise et j'y arrivai en quarante minutes environ. Anne était à la réception de la maison de naissance. Ses cheveux gris étaient striés de violet et sa peau était bronzée. Elle rentrait de vacances dans une destination glamour comme les Alpes suisses ou les îles grecques, je ne m'en souvenais plus. Avec son gilet assorti à ses mèches, elle ressemblait à un grain de raisin.

— Salut, Anne. Comment vas-tu, ma belle ?

Anne m'adressa un grand sourire, ses dents blanches formant un contraste saisissant dans cet océan de violet.

— Grace. Tu as enfin décidé de venir nous donner un coup de main ? Crois-moi, cela nous serait utile.

— Je vais y réfléchir, répondis-je, même si je n'en pensais pas un mot.

J'étais allée les aider une ou deux fois lorsqu'il leur manquait une sage-femme, mais uniquement dans l'espoir de pouvoir pratiquer un accouchement avec Neva. Les deux fois, on m'avait assignée à une autre sage-femme. Probablement à la demande de ma fille.

— Neva est dans le coin ?

— Elle est arrivée il y a une heure à peu près, mais elle a dû aller à l'hôpital. Une de ses patientes y a été transférée pour une césarienne. Elle doit être en train de se changer pour aller au bloc, mais tu parviendras peut-être à la rattraper, si tu as de la chance.

Je m'étais déjà retournée en direction de la porte quand j'eus une idée.

— Oh, Anne ? Est-ce que cela te dérangerait si je photocopiais les notes de l'un de mes accouchements ici ? J'ai une nouvelle stagiaire et je voudrais lui parler de ce cas de dystocie des épaules sur lequel j'ai travaillé. Le nom de la mère était Kena Roach.

Le téléphone sonna et Anne me fit signe de passer derrière le bureau.

— Sers-toi, mais remets les originaux en place.

Elle décrocha le téléphone d'une main, et de l'autre elle ouvrit le premier tiroir de son bureau pour en sortir une petite clé.

— Tiens. Maison de naissance St. Mary. Anne à l'appareil.

Le cœur battant, je passai derrière le bureau et gagnai la salle des archives. J'approchai du meuble à tiroirs où était rangé le dossier de Kena et, après avoir jeté un coup d'œil par-dessus mon épaule, je continuai à marcher jusqu'à celui d'à côté, sur lequel était marqué « Dossiers en cours ». La serrure était un peu coincée et je dus remuer la clé un bon moment pour parvenir à l'ouvrir. Puis j'ouvris le tiroir du haut. Mon cœur manqua un battement. Avant de perdre mon courage, je parcourus les noms classés sous la lettre B.

BALL, EMILY.

BARRY, LISA.

BEAUMONT, ISABELLE.

BRADLEY, NEVA.

Je dus me retenir de crier de joie. Exactement ce qu'il me fallait. Je sortis le dossier et l'ouvris. La première page était le document que je cherchais.

Patiente : Bradley, Neva
Date des dernières règles : Incertaine (SOPK)
Date prévue d'accouchement : 31 décembre 2012
Antécédents médicaux : Syndrome d'ovaires polykystiques. Règles irrégulières depuis plus de trois ans. Date des dernières règles inconnue.

Je survolai du regard le reste de la page jusqu'à arriver à ce qui m'intéressait.

Nom du père :

L'adrénaline quitta mon corps comme le vent abandonne une voile. À quoi m'attendais-je ? À trouver le nom du père du bébé de Neva écrit là ? Peut-être. Ou alors à tomber sur autre chose, un indice ? Comme « Père inconnu », ou quelque chose comme ça. Mais rien ? Cela soutenait la théorie ridicule de Neva selon laquelle son bébé n'avait pas de père.
Ce que je refusais d'accepter.
Anne était toujours au téléphone lorsque je déposai la clé sur son bureau en partant. J'avais décidé d'aller à l'hôpital. Si je ne pouvais obtenir de réponse de son dossier, j'en obtiendrais une directement de la bouche de Neva.
Je la trouvai à la maternité en train de lire des dossiers médicaux. À côté d'elle se tenait l'obstétricien. Avec sa blouse blanche, on ne pouvait pas se tromper. Je l'aurais de toute façon reconnu immédiatement à son air important, qu'il arborait comme un badge. Neva était penchée vers lui et l'écoutait avec une telle attention qu'elle sursauta quand je lui parlai.
— Grace, bonjour, dit-elle en me regardant comme une Martienne venant d'atterrir à la maternité. Que... que fais-tu ici ?
Le médecin nous observait intensément. Il était presque beau – bronzé, avec des dents blanches étincelantes –, mais son nez était un peu trop

gros, ses yeux, un peu trop petits. Et il était grand, très grand.

— Je vous laisse, Neva, dit-il.

Elle hocha la tête sans me quitter du regard.

— J'arrive, docteur.

L'injustice de cette situation me faisait bouillir de rage. Lui, l'arrogant obstétricien, était « docteur », alors que ma fille, une simple sage-femme, n'avait droit qu'à « Neva ». Elle attendit qu'il se soit éloigné pour me parler.

— Grace, je suis désolée, mais je n'ai pas le temps de parler. Une de mes patientes est sur le point d'entrer au bloc pour une césarienne.

— En a-t-elle vraiment besoin ou ce médecin l'a-t-il forcée ? demandai-je, furieuse.

Je savais que je n'aurais pas dû dire cela, pourtant je n'avais pas pu m'en empêcher.

Neva ne répondit rien mais, à sa réaction, je vis que je l'avais blessée.

— Oublie ce que je viens de dire, ajoutai-je en secouant la tête. Est-ce qu'on peut parler pendant que tu te déshabilles ?

— Que je me change, tu veux dire ? répondit-elle, un petit sourire au coin des lèvres. Bon, d'accord. Mais je n'ai qu'une minute.

Je la suivis dans un vestiaire et m'assis sur le banc au centre de la pièce. Elle se déshabilla et, une fois en sous-vêtements, se mit à fouiller dans une pile de blouses chirurgicales dans des sachets en plastique, essayant d'en trouver une à sa taille. En voyant son ventre rond, je me demandai encore une fois comment j'avais pu ne pas me rendre compte qu'elle était enceinte.

— Alors ? Que puis-je faire pour toi ?

Elle enfila un pantalon large qu'elle noua à la taille.

— Voilà, c'est à propos du père de ton bébé, dis-je sans chercher à tourner autour du pot. Je veux te faire savoir qu'à mes yeux, rien n'est ta faute. Ni celle du bébé. Nous l'aimerons inconditionnellement, et toi aussi. Et ce n'est pas parce que tu es enceinte que tu ne dois pas porter plainte. D'ailleurs, l'ADN du bébé pourra sûrement prouver...

Neva leva la main pour m'interrompre.

— Que veux-tu dire ? Je ne comprends pas de quoi tu parles...

— Tu as été violée. N'est-ce pas ?

Je scrutai le visage de ma fille pour jauger sa réaction. Elle ferma les yeux, ce qui m'effraya. Soit j'avais raison, soit elle s'efforçait de rester calme.

— Chérie, tu peux me le dire. J'ai raison, pas vrai ?

— Non, Maman, répondit-elle en articulant lentement. Je n'ai pas été violée.

— Tu es sûre ?

Je continuai d'observer attentivement l'expression de son visage.

— Oui, j'en suis sûre et certaine, dit-elle. Écoute, il faut vraiment que j'aille me préparer pour l'opération.

— D'accord, c'était juste... Si tu n'as pas été violée, alors...

Je ne comprenais pas. Si elle n'avait pas été violée, pourquoi tenait-elle absolument à ce que personne ne sache qui était le père ? À moins que...

— Il est marié !
— Mon Dieu !

Je restai sur les talons de Neva tandis qu'elle sortait du vestiaire.

— C'est ça, hein ? Il est marié. Tu veux le protéger. Parce qu'il a une famille ?

Lorsque Neva se tourna vers moi, je vis que je l'avais poussée à bout.

— Non, ce n'est pas ça.
— Alors *quoi* ?

J'avais dû crier, car plusieurs personnes s'arrêtèrent pour nous dévisager. Neva me prit par le bras et m'entraîna vers l'ascenseur. Ses ongles me rentraient dans la peau.

— Rentre à la maison. Je t'appellerai plus tard, je te le promets.
— Mais...

Neva jeta un coup d'œil par-dessus son épaule et je suivis son regard. L'obstétricien, le Dr Cleary, selon son badge, se tenait un peu à l'écart.

— Est-ce que tout va bien ? demanda-t-il.
— Oui, merci, répondit Neva.

Elle n'était peut-être pas du genre à se confier à moi, mais il y a des choses qu'une mère remarque dès le premier coup d'œil. Il y avait quelque chose entre eux, l'attirance était palpable. Neva et ce médecin étaient ensemble, cela ne faisait aucun doute.

Je cherchai sa main gauche du regard, mais, déjà, Neva me poussait dans l'ascenseur, dont les portes venaient de s'ouvrir. Lorsqu'elles se refermèrent, je m'effondrai contre le mur du fond. Je comprenais enfin pourquoi Neva ne voulait pas me dire qui était le père de son bébé. Qui détestais-je plus que personne au monde, y compris les inspecteurs des impôts ?

Les gynécologues-obstétriciens.

6

Floss

Le lendemain de l'annonce de Neva, j'étais inquiète. Je n'avais pas beaucoup dormi, et mes rares épisodes de sommeil avaient été peuplés de rêves angoissants. J'avais rêvé du père de Grace. Je me versai ma quatrième tasse de café de la journée et allai dans le salon. Il faisait beau et chaud et, par la fenêtre, je vis un couple de touristes portant un kayak se diriger vers la crique de Hull Cove. Habituellement, une image comme celle-ci aurait suffi à me détendre et à me rappeler quelle chance j'avais. Mais pas ce jour-là.

Lil lisait un livre dans un fauteuil. Je m'assis avec une telle lourdeur qu'elle leva la tête.

— Laisse-moi deviner, dit-elle. Grace ?

Lil n'aimait pas se mêler de ma relation avec ma fille, mais je savais qu'elle la trouvait bizarre. Elle n'avait aucune idée du souci constant que constituait la maternité et je sentais bien qu'elle trouvait Grace un peu trop codépendante et exubérante. Ce qu'elle était peut-être. Mais elle ne la comprenait pas aussi bien que moi. Plus important encore, elle ne comprenait pas les circonstances qui avaient fait d'elle ce qu'elle était.

— Non, répondis-je en allongeant mes jambes sur le divan. Enfin, pas directement.

Lil posa son livre, m'invitant à parler. Mais j'hésitais. Je lui avais bien sûr appris que Neva était enceinte et que son bébé n'avait apparemment pas de père. Mais je ne lui avais pas parlé de la blessure que cela avait rouvert en moi. Je n'avais jamais parlé à Lil du père de Grace ; elle avait compris qu'il était décédé et ne m'avait jamais posé de questions à son sujet. Désormais, une part de moi-même voulait en parler, mais après toutes mes années de solitude, le concept de père me paraissait au mieux étranger, au pire, effrayant.

— Je ne dis pas que je serai capable de t'aider, dit-elle, lisant mes pensées. Mais je peux écouter.

— C'est très gentil de ta part, répondis-je. Ne t'en fais pas. Il n'y a rien d'autre que ce que j'ai connu toute ma vie. Les histoires de fille, de petite-fille...

— Ah, soupira Lil en rouvrant son livre. Si tu le dis.

— Tout va bien, Lil ? demandai-je en la voyant observer fixement son livre.

— Bien, très bien.

Le visage de Lil, tourné vers le bas, semblait calme, tranquille. Le mien, j'en étais certaine, ne l'était pas. Même si elle ne me l'avait jamais dit, elle pensait, je le savais, que je devais prendre un peu de distance par rapport à ma famille. Dans des circonstances normales, je lui aurais probablement donné raison. Mais le problème de Grace n'avait rien à voir avec ses préoccupations habituelles, l'organisation des parents d'élèves, le statut des sages-femmes ou une dispute avec Robert. C'était quelque chose que j'avais créé moi-même, tant d'années auparavant, lorsque Bill McGrady était entré dans ma vie et l'avait changée à tout jamais.

Watford, Angleterre.
1953

Dans la salle enfumée du pub Heathcote Arms, je tentais tant bien que mal de masquer mon ennui. Il y avait eu un mariage en ville, ce qui, pour toutes les femmes célibataires de Watford, signifiait une seule chose : la présence de bons partis. Je me trouvais en compagnie d'Elizabeth et Evie, qui comme moi étaient venues de Londres suivre leur formation de sage-femme à Watford. Nous logions toutes à la pension des infirmières (la « retraite des vierges », comme nous l'avions surnommée). Sœur Eileen exigeait que nous soyons rentrées pour 22 h 30 dernier délai, mais comme nous savions qu'elle se couchait tous les soirs à 21 h 30, nous ne nous en faisions pas.

Evie et Elizabeth s'étaient mises sur leur trente et un et avaient fait tourner plus d'une tête en arrivant, mais jusque-là, personne ne nous avait offert un verre. Cela devait être ma faute. Elizabeth et Evie étaient toutes deux considérées comme de très belles femmes, avec toutefois suffisamment d'imperfections pour faire croire aux jeunes hommes qu'ils avaient une chance avec elles. Quant à moi, ma mère avait un jour déclaré que j'avais un beau visage. Pour le reste, mon derrière était large plutôt qu'arrondi et mes cheveux étaient si raides que toute tentative pour les boucler se soldait par des larmes de frustration. Force m'était de l'admettre, j'étais la cause de notre manque de succès auprès de la gent masculine.

La salle continuait de se remplir et la tête commençait à me tourner lorsque soudain la porte s'ouvrit à la volée et une bourrasque d'air frais entra, ainsi que deux jeunes hommes. Toutes les têtes se tournèrent pour les regarder. Malgré la fumée, je vis que l'un d'eux était grand et mince, avec un front large et des cheveux bruns hirsutes. Un type aux cheveux roux se tenait à ses côtés. Ensemble, ils firent le tour de la pièce, et, une fois certains que tout le monde les avait remarqués, ils se dirigèrent vers notre table.

« Mesdames, pourrions-nous vous offrir un verre ? »

À ma surprise, je me rendis compte que le plus beau et le plus grand des deux me regardait droit dans les yeux et semblait s'adresser directement à moi. Cela m'étonna tant que je me trouvai bien incapable de formuler une réponse. Il me sourit, et je remarquai son regard perçant.

« Excusez-moi, je suis impoli. Je vous présente mon pote, Robbie, dit-il en montrant du doigt le type rouquin au visage couvert de taches de rousseur à sa droite. Et moi, c'est Bill, Bill McGrady. »

Evie et Elizabeth l'observaient, tête levée vers lui, émerveillées comme si Jésus-Christ lui-même s'était tenu devant nous.

« Moi, c'est Floss, dis-je, retrouvant enfin ma voix. Voici Evie, et voici Elizabeth. »

Bill fit mine de soulever un chapeau qu'il ne portait pas.

« Ravi de vous rencontrer. »

Ses yeux restaient fixés sur moi. Je savais que j'aurais dû détourner le regard, mais je n'y parvenais pas. Intérieurement, je maudissais les dieux. Depuis mon arrivée à Watford, je m'étais convaincue que les hommes ne m'intéressaient pas. J'avais le sentiment tenace que peut-être, il en allait différemment des femmes. Et, comme si cela n'était pas suffisamment troublant, voilà que je le rencontrais, lui !

« Je veux bien un verre, répondit Elizabeth, me sortant de ma transe. Un panaché, s'il vous plaît. Evie, tu veux la même chose ? »

Evie se contenta de hocher la tête.

« Et pour toi, Floss ? » demanda Elizabeth.

Parfois, quand elle se penchait tout près de moi comme elle le faisait à présent, j'éprouvais le désir presque irrépressible d'embrasser sa bouche rose et parfaite. Mais ce jour-là, c'étaient d'autres lèvres qui me tentaient, celles de Bill McGrady.

« Rien pour moi, merci.

— Allez, Floss », dit Bill.

Son sourire en coin et sa manière de me regarder comme si personne d'autre n'existait étaient étonnamment... flatteurs.

« D'accord », dis-je.

Je me sentais rougir et découvris, embarrassée, que je ne pouvais rien faire pour empêcher mes joues de s'empourprer.

« Un verre de sherry, alors. »

Lorsque Bill se tourna pour parler à Robbie, Elizabeth se pencha et me murmura à l'oreille :

« Vas-y. Il est à toi. Jette-toi à l'eau.

— Non, non, répondis-je en baissant la tête. Vas-y, toi.

— C'est toi qu'il regardait, Floss.

— Non. De toute façon, il n'est pas mon genre.

— Lui, M. Marlon Brando ? Pas ton genre ? »

J'insistai : non, il n'était pas mon genre, et Elizabeth finit par céder avec un soupir résigné.

« Bon, comme tu veux », fit-elle.

Elle attendit que je lui confirme encore par un hochement de tête avant de se lever d'un bond. Lorsque je la vis poser la main sur l'épaule de Bill, mon cœur se serra.

« Et si je vous donnais un coup de main pour aller chercher les verres ? »

Je regardai Bill guider Elizabeth jusqu'au bar, sa main à quelques centimètres du creux de son dos, sans la toucher, alors que la plupart des hommes auraient été ravis d'utiliser l'excuse d'un bar bondé pour le faire. Son attitude me surprit. Il semblait être un parfait gentleman.

Lorsqu'ils arrivèrent au bar, Bill regarda en arrière par-dessus son épaule, dans ma direction. Je détournai les yeux, mais il m'avait vue l'observer, et je m'empressai de me joindre à la conversation entre Evie et Robbie. Quand j'osai enfin lancer un regard vers lui, il était tourné vers Elizabeth. Dans sa robe ceinturée vert émeraude, elle était particulièrement jolie, et je voyais bien, à l'expression de Bill, qu'il l'avait aussi remarqué. Ses longs cheveux auburn étaient lâchés et bouclés, et elle parvenait à avoir l'air à la fois réservée et provocante. Elle souriait et parlait de façon animée avec de grands gestes. Peut-être lui racontait-elle l'histoire de la jeune vierge qui était arrivée à la clinique prénatale convaincue de porter en elle le prochain fils du Seigneur. Quoi qu'elle soit en train de lui dire, Bill était clairement sous le charme. Et le bref instant que nous avions partagé était déjà oublié. Par lui, en tout cas.

Bill et Elizabeth se marièrent six mois plus tard.

Ce fut un mariage en petit comité. Personne n'avait beaucoup d'argent à l'époque – la guerre avait appauvri les riches et achevé les pauvres. La famille de Bill n'avait jamais roulé sur l'or. Quant aux parents d'Elizabeth, qui se prenaient pour des gens de la haute société, ils avaient déjà marié leurs quatre filles aînées, et il ne leur restait plus grand-chose. En tant que demoiselle d'honneur, j'avais été la première à marcher le long de l'allée vers l'autel. J'avais souri aux invités, au sol, aux fleurs, mais j'avais été incapable de croiser le regard de Bill. Cependant, une fois arrivée à l'autel, je ne pus m'empêcher de lui jeter un coup d'œil. Comme je m'en doutais, il me regardait. Il paraissait détendu, son sourire illuminait tout son visage, jusqu'à ses yeux, et il n'avait pas l'air nerveux du jeune homme prêt à faire le grand saut. Celui qui se tenait devant moi ne doutait pas.

C'était Elizabeth qui avait passé la matinée précédant son mariage dans un état de stress permanent; tendue, au bord des larmes et silencieuse. Mais lorsqu'elle apparut à la porte de l'église, toute trace de nervosité avait disparu. Tout en elle étincelait : ses yeux, son sourire, les bijoux ornant le peigne dans ses cheveux. Elle avait décidé de laisser ses cheveux lâchés, une décision de dernière minute qui lui avait valu une dispute avec sa mère, laquelle soutenait que c'était trop « commun », mais Elizabeth n'avait pas cédé, et plus personne ne pouvait contester sa décision désormais. Avec ses jolies boucles flottant sur les manches courtes de sa robe de mariée, elle avait l'air aussi épanouie et délicate que les pivoines de son bouquet.

Elizabeth et Bill avaient prévu de passer leur nuit de noces dans l'hôtel de la ville, avant de s'installer chez Bill, à Kings Langley. Selon Elizabeth, c'était un modeste petit cottage, mais cela ne lui faisait rien. Bill manquait peut-être d'argent, mais il ne manquait pas de charme. Le charme, nous nous accordions toutes sur ce point, il en avait à revendre.

« Je veux tous vous remercier d'être venus ce soir, avait-il dit en commençant son discours. Un homme comme moi ne peut que se sentir flatté par la présence de personnes distinguées telles que vous, et plus encore d'être accueilli dans une famille comme celle des O'Halloran. Mais le plus flatteur dans tout cela, avait-il poursuivi en souriant à Elizabeth, est de me tenir ici, marié à cette sublime créature. Je ne prétendrai pas être autre chose que ce que je suis, le fils d'un fermier qui a passé des années aux champs. Elizabeth mérite beaucoup mieux. Mais je promets de m'efforcer, tous les jours de ma vie, de me rendre digne d'elle. »

L'assemblée entière ne put s'empêcher de s'exclamer : « Quel jeune homme extraordinaire ! Comme Elizabeth a de la chance ! » De nombreux invités étaient en pleurs. Je pleurais aussi, mais peut-être pour une tout autre raison.

Ce fut ensuite le moment de la première valse des époux. Puis tout le monde se mit à danser : parents, enfants, beaux-parents, demoiselles d'honneur. Bill et Elizabeth virevoltaient sur la piste, les yeux dans les yeux. Evie et son nouveau prétendant, Jack, étaient serrés l'un contre l'autre comme deux aimants. Pendant ce temps, prenant mes devoirs de demoiselle d'honneur très à cœur, je repoudrais régulièrement le nez d'Elizabeth, j'empêchais ses tantes de se quereller comme elles en avaient l'habitude, je dansais avec le témoin de Bill, puis, alors que la fête touchait à sa fin, j'aidai les parents d'Elizabeth à ranger. Tandis que je déposais les derniers cadeaux dans la voiture du père de la mariée, je sentis deux doigts me tapoter l'épaule avec impatience.

« Le marié n'a donc pas droit à une danse avec la demoiselle d'honneur ? »

Je fermai le coffre d'un coup sec et me retournai. Bill avait le regard vitreux, les trois premiers boutons de sa chemise étaient ouverts et son nœud papillon défait. Il me souriait d'un air malicieux.

« Je ne le vois pas sur mon carnet de bal, malheureusement, répondis-je en faisant semblant de consulter une page imaginaire. »

Il se rapprocha de moi et je sentis le parfum de l'œillet au revers de sa veste. Il feignit de regarder mon pseudo-carnet.

« Tu es sûre ? Je crois pourtant le voir, dit-il en pointant du doigt une ligne invisible. Juste là.

— Tu dois avoir des hallucinations. Elizabeth est sur le point de lancer son bouquet, nous ferions mieux de rentrer.

— Espères-tu l'attraper ? demanda-t-il.

— Non. C'est Evie qui doit l'attraper ce soir.

— Pourquoi pas toi ? »

Je baissai la tête. J'avais peur de le regarder dans les yeux et de ne jamais réussir à détourner le regard.

« Eh bien, elle et Jack se fréquentent depuis plusieurs mois et je... je n'ai pas de petit ami.

— Alors, et cette danse ? »

Je tournai la tête d'un côté et de l'autre. Quelques invités étaient dehors en train de se dire au revoir.

« Je ne crois pas que ce soit une bonne idée. »

Bill ouvrit les bras dans la position de la valse. Il prit ma main droite dans sa main gauche et les pointa toutes deux vers le ciel.

« Bill, dis-je. Nous devrions vraiment retourner auprès d'Elizabeth. »

J'entendis un moteur démarrer et vis que les invités qui se saluaient une minute plus tôt étaient partis. Bill regarda la voiture s'éloigner puis se tourna vers moi en remuant les sourcils d'un air aguicheur.

« Enfin seuls... »

Il m'attira plus près de lui. Nos ventres se touchaient. Mon cœur se mit à battre plus vite, j'ignorais si c'était une bonne ou une mauvaise chose.

« Elizabeth a été le centre de l'attention toute la journée, murmura-t-il à mon oreille tout en baissant légèrement la main droite. Alors que seule comme tu es, tu as bien besoin que quelqu'un s'occupe un peu de toi. »

7

Neva

Le jour où j'ai décidé de devenir sage-femme était un mercredi. J'avais quatorze ans. Après l'école, mon professeur m'avait donné un morceau de papier sur lequel était notée l'adresse à laquelle Grace avait été appelée pour un accouchement. Cela se produisait de temps en temps, lorsqu'une patiente habitait suffisamment près de l'école pour que j'y aille à pied. Il me fallut une vingtaine de minutes pour m'y rendre et, une fois là-bas, je trouvai une feuille pliée en deux coincée entre la porte et le seuil. L'écriture était celle de Grace.

La porte est ouverte. Nous sommes dans la chambre du fond.

« C'est moi », criai-je en entrant.

Je restai dans le vestibule, attendant que Grace me réponde. Je savais que quelques minutes plus tard elle viendrait me dire comment le travail progressait, et soit elle me donnerait de l'argent pour rentrer en taxi, soit elle me dirait d'appeler Papa pour lui demander de passer me chercher en rentrant du travail. Mais pas ce jour-là. La porte de la chambre s'ouvrit et elle apparut, le visage pâle et les traits tirés.

« Neva ! Dieu merci. Viens vite. »

Je restai immobile, prise de court.

« Quoi ?

— Mon assistante est malade, elle a dû rentrer chez elle. Agnes est dilatée de neuf centimètres, j'ai besoin de quelqu'un pour m'aider tout de suite. »

Plus jeune, j'avais souvent été présente dans la pièce pendant les accouchements des patientes de Grace. Il m'était arrivé de tendre une serviette ou de tenir la main de la parturiente. Il m'était aussi arrivé de murmurer des mots d'encouragement. Mais ma mère avait toujours eu une assistante à ses côtés, une personne expérimentée.

« Je ne peux pas, dis-je.

— Bien sûr que si. »

Elle retourna dans la chambre et, malgré mes réserves, je laissai tomber mon cartable et la suivis lentement.

Agnes était assise au bord du lit, vêtue d'une chemise de nuit en coton crème. Ses coudes posés sur ses genoux, elle se balançait d'avant en arrière en gémissant. Son mari était assis à côté d'elle et lui frottait le dos.

« C'est ma fille, dit Grace. Elle a assisté à plus de naissances que vous n'avez eu de dîners chauds. »

Je n'en étais pas certaine. Cet homme avait au moins trente ans et j'avais assisté à une vingtaine de naissances, cinquante si l'on comptait celles que j'avais entendues de ma chambre sans les voir. À moins qu'il ne mange ses dîners froids, les statistiques de Grace étaient fausses.

« Quel âge a-t-elle ? » demanda-t-il.

J'ouvris la bouche pour répondre, mais Grace me devança.

« Seize ans. Et nous n'avons pas vraiment le choix, Jeremy. Mon aide-soignante a dû s'absenter. Nous avons de la chance d'avoir quelqu'un d'expérimenté avec nous pour nous aider. À moins que vous ne préfériez faire transférer Agnes à l'hôpital ?

— Non. »

Agnes avait parlé d'un ton très ferme.

« Chérie…, dit Jeremy en lui caressant la jambe.

— Non, je ne veux pas aller à l'hôpital. Je ne suis pas malade, et mon bébé ne l'est pas non plus. Pourquoi devrions-nous aller à l'hôpital ? Je veux que mon bébé naisse ici, chez lui, pas dans une chambre d'hôpital glauque et stérile, entouré par des inconnus portant des masques chirurgicaux. »

La voix d'Agnes ne laissait pas de place au doute. Je voyais bien que Grace essayait de ne pas avoir l'air satisfaite, mais elle n'y parvenait pas.

« Très bien, dit-elle. C'est décidé. Neva, je dois me préparer, peux-tu rester ici avec Agnes ? »

Elle avait tourné les talons avant de me laisser le temps de répondre.

Une autre contraction s'empara d'Agnes et elle se plia en deux. Elle se trouvait manifestement à un stade avancé du travail, mais j'avais entendu pire. J'attendis que la contraction se termine avant de parler.

« Je m'appelle Neva », dis-je, malgré mon embarras.

Je m'agenouillais devant la femme pour lui faire face et compris qu'elle ne se trouvait peut-être pas dans la meilleure position pour cette phase du travail.

« Vous sentez-vous à l'aise comme ça ? »

Elle se redressa en position assise. Je fus surprise, après la virulence de sa déclaration, de voir ses yeux pleins de larmes.

« Je suis épuisée.

— Je sais », dis-je, même si c'était un mensonge.

À quatorze ans, je ne pouvais pas imaginer ce qu'elle ressentait. Je ne savais rien de la douleur du travail. J'essayais de penser à ce que Grace dirait à cette femme, mais toutes les possibilités me paraissaient trop farfelues. *Vous êtes une guerrière* était l'une des phrases qu'elle répétait le plus souvent. *Pensez à votre précieux petit ange, sur le point de voler de ses propres ailes.* Rien de tout cela ne me ressemblait.

« Aimeriez-vous essayer de vous lever ? » proposai-je.

S'il y avait une chose que ma mère m'avait apprise et qui était basée sur la science, c'était le pouvoir de la gravité.

« Votre mari et moi vous soutiendrons et vous pourrez vous cramponner à l'un de nous deux pendant les contractions. »

Je devais avoir dit ce qu'il fallait au bon moment, parce qu'elle parut contente de se lever et me dit que c'était plus facile à supporter. Bizarrement, Agnes choisit de s'agripper à moi plutôt qu'à son mari pendant ses contractions, mais j'attribuai sa décision à ma taille. Sa tête était posée sur mon épaule, et rapidement, nous trouvâmes le bon rythme ; nous marchions dans la pièce entre les contractions et dansions lentement quand les douleurs venaient. À chaque contraction, son visage se fermait, mais elle restait déterminée. Elle écoutait tous mes conseils et les suivait à la lettre.

« Chut, tout va bien, lui dis-je en me balançant doucement d'avant en arrière pour l'aider pendant une contraction. Tout va bien. »

La vérité, c'était qu'elle m'impressionnait. Je ne partageais peut-être pas le dédain qu'éprouvait ma mère pour les médecins et les hôpitaux, mais je ne pouvais qu'admirer la détermination de cette femme à aller jusqu'au bout de sa décision d'accoucher naturellement et chez elle. Elle vivait une véritable épreuve. Tandis que je me balançais lentement avec elle, d'avant en arrière, un sentiment imprévu s'empara de moi. L'impression de faire partie intégrante de quelque chose de plus grand et de plus important que moi.

« Vous êtes formidable, Agnes, dis-je d'une voix que je ne reconnaissais pas. Vous y arrivez. Vous pouvez le faire. Bientôt, la douleur aura disparu et vous aurez fait quelque chose d'extraordinaire. Je suis extrêmement fière de vous. »

Il était bizarre pour une adolescente à peine sortie de l'enfance de dire cela à une femme d'une vingtaine ou d'une trentaine d'années. Mais c'était sorti tout seul et plus étrange, cela sembla l'aider. Elle ouvrit les yeux et hocha la tête. Elle me croyait !

Le temps que Grace revienne, Agnes avait envie de pousser.

« On dirait que vous êtes prête, Agnes, dit Grace. Nous allons vous mettre en position. »

À ma grande surprise, Agnes se tourna vers moi.

« Est-ce mieux d'être debout pour accoucher aussi ? me demanda-t-elle.

— Il n'y a pas de bonne ou de mauvaise position. À vous de choisir celle dans laquelle vous vous sentez le mieux », répondis-je sans réfléchir.

Je savais que Grace me regardait, mais je ne quittais pas Agnes des yeux.

« C'est votre décision, ajoutai-je.

— Je crois que j'aimerais être accroupie », répondit-elle après avoir réfléchi quelques instants.

Une fois qu'Agnes se fut accroupie au bout du lit avec son mari d'un côté et moi de l'autre, Grace leva les yeux vers moi.

« Vas-y.

— Vraiment ? » demandai-je dans un murmure.

Grace hocha la tête. Si elle avait des doutes ou des raisons de s'inquiéter, elle ne le montra pas. Cela me donna encore plus confiance en moi. J'hésitai et essayai de réfléchir à ce que j'allais dire. Mais lorsque Agnes se mit à gémir, les mots sortirent tous seuls.

« Essayez de souffler pendant que vous poussez, dis-je en m'agenouillant à côté de Grace aux pieds d'Agnes. Nous ne voulons pas que le bébé sorte trop vite, cela pourrait causer une déchirure. »

Agnes fit ce que je lui disais. Grace se décala, tandis que le bébé émergeait. Je continuai de guider Agnes, prononçant des paroles de soutien qui avaient manifestement été enfouies profondément dans mon inconscient. Et quand le bébé glissa dans mes bras, je sus. Les femmes étaient bien des guerrières. Je voulais en être une, moi aussi.

Erin était allongée sur la table d'opération, agrippant de toutes ses forces la main de son mari. Elle leva vers moi des yeux immenses et paniqués.

— Que se passe-t-il ?

Je lançai un regard au-dessus du champ. Sean avait le front plissé, tendu, concentré. À côté de lui se tenait Marion, une infirmière cancanière d'un certain âge qui m'avait inspiré de l'antipathie dès l'instant où je l'avais rencontrée, un tuyau d'aspiration à la main. Patrick, dans un coin du bloc opératoire, chuchotait avec Leila, une infirmière pédiatrique, qui l'écoutait en ricanant. Tout le monde vaquait à ses occupations et l'atmosphère détendue me disait que tout allait bien. Mais je savais que les patientes aimaient l'entendre dire de la bouche du médecin.

— Est-ce que tout va bien, docteur Cleary ? demandai-je à Sean.

— Nous allons sortir ce petit en une minute, répondit-il. Le rythme cardiaque s'est stabilisé.

Je serrai la main d'Erin dans la mienne et souris à son mari, Angus.

— Vous avez entendu ? Vous êtes entre de bonnes mains.

— De très bonnes mains, répéta Marion. Le Dr Cleary est l'un des meilleurs médecins du pays.

Marion jeta un coup d'œil à Sean, souriant d'avance. Mais lorsque Sean garda la tête baissée, son sourire disparut. Marion aimait se mettre les médecins dans la poche, même si c'était seulement pour donner aux autres l'impression qu'elle jouissait de plus d'influence qu'elle n'en avait réellement. Elle ne comprenait pas que Sean ne rentre pas dans son jeu, d'autant qu'il aimait être admiré. Ce qu'elle ignorait, c'était sa personnalité attachée au secret et son mépris pour les ragots, plus grand encore que son besoin de se faire booster l'ego. C'était l'une des nombreuses qualités que j'aimais en lui.

Sur la table d'opération, Erin commençait à pleurer.

— C'est juste un peu de déception, s'excusa-t-elle.

Je m'accroupis à côté d'elle. Les deux sœurs aînées d'Erin avaient accouché à la maison de naissance. De toutes mes patientes, elles avaient sans doute été les plus touchées par cette expérience. Les deux sœurs s'étaient extasiées sur le pouvoir transformateur d'une naissance naturelle et sur la force que cela leur avait donnée. Je savais qu'Erin avait espéré éprouver le même sentiment de force surhumaine ce jour-là, et j'allais m'assurer qu'elle vive la même chose, quoi qu'il arrive.

— Je sais. Mais le Dr Cleary a dit que tout s'annonçait bien. Nous avons la chance d'avoir accès à l'expertise des médecins lorsqu'il y a des complications. Le plus important, c'est que votre bébé soit en bonne santé.

Une larme tomba sur la table.

— Mais pourquoi y a-t-il des complications ? Qu'est-ce que j'ai fait ?

J'éprouvai une pointe de ressentiment envers ma mère et son amère diatribe sur les médecins et les hôpitaux. Et j'avais beau défendre avec ferveur les naissances naturelles lorsqu'elles étaient possibles, le plus important me semblait toujours de faire ce qui était le plus sûr pour la mère et le bébé. Certaines femmes choisissaient d'avoir une césarienne, d'autres en avaient besoin pour la santé de leur enfant ou la leur propre. Effrayer les gens avec des statistiques faisait selon moi plus de mal que de bien.

— Je vais vous dire un petit secret, d'accord ? dis-je à voix basse. Cette sensation de force surhumaine dont parlent les femmes n'a rien à voir avec la manière dont sort le bébé. C'est ce qui arrive à toute mère, *Elle* devient surhumaine à la naissance de son bébé. *Vous* vous apprêtez à devenir surhumaine. Comme si des bras et des jambes supplémentaires allaient vous pousser pour vous occuper de votre bébé. Vous aurez aussi un deuxième cœur pour abriter tout l'amour que vous allez ressentir.

Erin m'observait attentivement.

— À la seconde où vous verrez votre bébé, vous vous ficherez bien de savoir s'il est sorti par votre ventre ou par votre nez. Vous éprouverez la même chose. Attendez, vous verrez.

Cela, j'en étais absolument certaine.

— Un accouchement par le nez, hein ? répéta Sean d'une voix forte et contemplative de l'autre côté du champ. Est-ce ce que vous faites, vous, les sages-femmes, dans votre maison de naissance ? J'ai toujours su que vous aviez des méthodes peu orthodoxes.

Erin esquissa un petit sourire. Une autre chose que j'appréciais chez Sean, c'était sa capacité de savoir quand et comment détendre l'atmosphère.

— C'est parti, dit-il au moment même où un minuscule cri retentissait à l'intérieur du champ.

Les yeux d'Erin s'écarquillèrent et un petit visage apparut au-dessus du tissu.

— Non ! Déjà ?

— C'est un garçon ! annonça Sean avec un plaisir qui aurait été difficile à feindre. Il avait le cordon enroulé autour du ventre, c'est tout. Il va bien.

— Un garçon ! s'écria Erin. Tu as entendu ça, Angus ? C'est un garçon.

Je me levai et jetai un coup d'œil au-dessus du champ. Sean passa le bébé à Patrick, qui le transporta jusqu'à la couveuse chauffante.

— Il est d'une bonne taille, dis-je. Il a l'air en parfaite santé. Le pédiatre et les infirmières vont l'ausculter, mais je m'assurerai qu'ils fassent vite. Nous voulons qu'il soit dans vos bras le plus vite possible.

— Oliver, répondit Erin. Il s'appelle Oliver.

Je hochai la tête.

— Je vous ramène Oliver le plus vite possible.

Leila, l'infirmière pédiatrique, frottait le nouveau-né avec une serviette chaude, tandis que Patrick s'occupait de l'aspiration. Le bébé rosissait de manière tout à fait satisfaisante.

— Il semble aller bien, dis-je.

— Oui, dit Patrick. Il va très bien.

— Cela ne vous donne pas envie de devenir papa, docteur Johnson ? demanda Marion en souriant. Ma fille Josie a à peu près votre âge, vous savez.

Je jetai un coup d'œil à Patrick, mais détournai rapidement la tête. Que m'arrivait-il ? Pourquoi devenais-je soudain possessive à son égard ? Le fait qu'il dormait sur mon canapé une fois de temps en temps ne voulait pas dire qu'il m'appartenait.

— Si c'est votre fille, Maz, répondit Patrick, alors elle est sûrement trop bien pour un vaurien comme moi.

— Beaucoup trop bien pour lui, répéta Sean.

— Elle pourrait faire pire, bien sûr, reprit Patrick quelques instants plus tard. Heureusement pour elle, Sean est déjà pris.

Les deux hommes avaient un sourire dans la voix, mais leurs paroles n'étaient pas dénuées de vérité. Je ne comprenais toujours pas comment deux si bons amis pouvaient avoir un tel esprit de compétition.

— Alors, dit Patrick au bébé, voyons comment tu te portes, petit gars.

Tout comme Sean, le plaisir que son travail lui procurait était évident. Tandis qu'il examinait Oliver, testait ses réflexes et faisait bouger ses hanches, il ne cessait de discuter, expliquant au bébé ce qu'il allait faire avant de passer à l'acte. Il parlait d'une voix naturelle, comme s'il discutait avec un ami autour d'une bière dans un bar. Leila ne le quittait pas des yeux. Je devais bien avouer qu'il y avait quelque chose de sexy à voir un homme aussi à l'aise avec un bébé.

— Dis donc, Neva, il paraît que nous devons te féliciter.

Je levai la tête avant de comprendre ce que Marion était en train de dire et ne parvins pas à masquer à temps mon expression horrifiée.

— Pour le bébé, je veux dire, ajouta-t-elle.

Je baissai vite la tête, feignant d'être absorbée par ce que je faisais : vérifier la fontanelle du bébé.

— Oh, merci.

— Et c'est pour bientôt, paraît-il, poursuivit-elle. Tu dois être impatiente.

— Euh, oui...

Je pris mon air le plus désinvolte pour parcourir la salle du regard et évaluer les réactions de mes collègues. Patrick semblait mal à l'aise et Leila ouvrait de grands yeux surpris. Sean était immobile, les mains toujours plongées dans l'abdomen d'Erin. Il leva la tête vers ce qu'il pouvait voir de mon ventre.

— Neva, tu es enceinte ?

— Oui, répondis-je sans le regarder.

Je tendis les mains vers Patrick.

— Le bébé, s'il te plaît.

J'avais dû m'exprimer d'un ton autoritaire parce que, au lieu d'insister pour effectuer un ou deux tests supplémentaires sur le bébé comme il en avait l'habitude, Patrick l'emmaillota dans un lange et me le donna. Je traversai la pièce pour ramener Oliver auprès de sa mère.

— Désolée si j'ai été trop curieuse, dit Marion sur un ton qui signifiait le contraire. Eloise me l'a dit ce matin. Ce n'était pas un secret, j'espère ? Parce que je ne voudrais pas penser que...

— Et *moi*, je ne voudrais pas penser que vous n'êtes pas attentive à ce que vous faites, intervint Sean d'une voix grave et tranchante qui imposa le silence immédiat. Parce que, comme vous le voyez, je suis encore en train de recoudre la patiente. Et il me faut une compresse.

— Oui, docteur, répondit Marion, les joues rouges.

Elle s'affaira, tête baissée. Je voyais bien qu'elle était mécontente. J'avais presque pitié pour Sean. Ignorer ses tentatives de se faire mousser auprès de lui n'était rien, comparé à une réprimande en public. Elle le lui ferait payer.

Je me concentrai de mon mieux sur ma tâche, pressant le visage du bébé contre la joue de sa mère, lui faisant sentir son souffle et sa peau. Avec un peu de chance, elle pourrait commencer à allaiter dès qu'elle serait passée en salle de réveil. C'était sur elle que je devais me concentrer.

— Pour quand est-ce prévu, Neva ? me demanda Sean après une ou deux minutes de silence.

Sa voix avait perdu son autorité ; d'ailleurs, il n'avait pas parlé très fort.

— Pour le 31 décembre, répondis-je en croisant son regard au-dessus du champ.

— Un bébé du nouvel an, souligna-t-il.

Il soutint mon regard pendant un long moment avant de reprendre son travail.

— Un véritable miracle, ajouta-t-il.

— Oui, dis-je. C'en est vraiment un.

Je fourrai ma blouse et mon pantalon d'hôpital dans le panier à linge déjà débordant et gagnai l'ascenseur d'un pas lourd. Une fois terminées toutes mes tâches urgentes, le poids familier de la fatigue s'abattait sur moi et m'ancrait au sol comme des bottes en ciment. Je devais encore passer à la maison de naissance avant de rentrer, pour m'assurer qu'aucune de mes patientes n'était en travail. S'il n'en était rien, je ferais une petite sieste dans l'une des chambres. Il me fallait moins de dix minutes pour rentrer chez moi à pied, mais même cela me semblait trop.

Je m'appuyai contre le mur en attendant l'ascenseur. Au bout du couloir, Patrick était entouré d'une cour de trois jeunes étudiantes infirmières qui l'écoutaient en prenant des notes et en riant de temps en temps. Même s'il avait suffisamment de conscience professionnelle pour ne jamais aller trop loin avec une étudiante, on voyait aisément que Patrick aimait être au centre de leur attention. Marion se trouvait au bureau des infirmières, chuchotant d'un air furieux et jetant des regards pardessus son épaule. En temps normal, elle aurait été en train de répandre des ragots sur ma grossesse mais grâce à la réprimande de Sean au bloc opératoire, il était plus probable qu'elle disait du mal de lui. Je ne pus m'empêcher de lui en être reconnaissante.

Je fermai les yeux.

— Devrais-je mal prendre cette fuite ?

J'ouvris les paupières. Sean était debout devant moi dans sa tenue d'hôpital : blouse bleue, coiffe bleue et surchaussures en plastique bleues. Mon premier instinct fut de fuir. Localiser la première porte de sortie et courir dans sa direction aussi vite que mes jambes accepteraient de me porter. Mais même si j'avais eu l'énergie de mettre ce projet à exécution, je savais que je devrais tôt ou tard lui faire face.

— Non, tu devrais être soulagé.

— Comptais-tu me le dire ?

— En fait, j'attendais que tu le devines. Pour quelqu'un d'observateur, et un obstétricien en plus, j'aurais cru...
— Neva...
Quelque chose dans son ton me fit hésiter.
— Oui ?
— Es-tu certaine de ne pas t'être trompée de date ?
— Oui.
— Est-ce tout ce que tu as à me dire ? Oui ?
Je faillis lui répondre que oui, c'était tout ce que j'avais à lui dire, mais il m'entraîna dans un coin.
— En es-tu bien certaine ? Parce que si tu t'es trompée de quelques semaines, alors...
Je l'interrompis avant qu'il ne puisse aller plus loin.
— C'est bon. J'en suis sûre.
Je posai une main sur sa poitrine, en partie pour le calmer, en partie pour le repousser doucement. Il m'observa sérieusement pendant quelques secondes de plus, et sa tension tomba comme se dégonfle un ballon de baudruche.
— Bon sang, Neva. Je ne sais pas ce que j'aurais fait si... enfin, je suis content que...
— Moi aussi.
Je laissai Sean savourer un instant son soulagement. J'aurais aimé partager sa joie.
— Alors ? demanda-t-il au bout d'un moment. De qui est le bébé ?
— De moi.
— Ça, j'avais bien compris. Mais de qui d'autre ? rétorqua-t-il avec un petit rire nerveux.

J'en avais déjà assez de répéter sans cesse la même chose, et cela ne faisait même pas vingt-quatre heures que mon état était officiel. J'aurais dû faire imprimer des brochures avec les questions les plus fréquemment posées à distribuer à tout un chacun. Voilà qui devrait satisfaire votre curiosité, aurais-je dit. Et il y a une adresse mail au bas de la page si vous avez d'autres interrogations. C'est questions@grossessedeneva.com. Hélas, je n'avais pas fait imprimer de flyers.

— De personne d'autre. Rien que de moi.

Il leva un sourcil d'un air surpris et baissa la tête, résigné.

— Le père ne fera pas partie de notre vie, d'accord ?

— Je vois, répondit Sean. Je suis désolé de l'entendre.

Désolé, il en avait bien l'air. Il se mit à marmonner maladroitement, comme le font les hommes lorsqu'ils sont mal à l'aise. Ce qui renforça évidemment sa gêne.

— S'il y a quoi que ce soit que je puisse faire...

Je montrai du doigt son alliance, qu'il portait sur une chaîne autour de son cou pendant les opérations.

— Je ne pense pas que ce soit une très bonne idée, et toi ?

L'un de nous deux devait bien finir par mentionner Laura. Sean avait réussi à épouser la caissière texane, comme il l'avait prévu. Avec ses cheveux blonds peroxydés et frisés et ses hanches aussi larges que sa poitrine était imposante, elle était loin d'être une beauté classique, mais elle avait un joli visage, un air sympathique et un bon caractère. Une femme qui, dix ans après avoir épousé un gynécologue-obstétricien, ne pouvait s'empêcher de verser une larme lorsqu'il lui racontait la naissance d'un bébé. Pas le genre que l'on trahissait facilement.

— Probablement pas.
— Comment va Laura ?
— Bien, répondit-il rapidement. Merci.
— Sa tumeur a encore rétréci ?
Il hocha la tête.
— Ils disent maintenant qu'elle a la taille d'un petit pois.

Neuf mois plus tôt, elle avait la taille d'une balle de base-ball. Tout avait commencé par des maux de tête. Sean avait donné à Laura deux aspirines avant de partir travailler un matin et lorsqu'il était rentré, le soir, elle avait la migraine. Trois jours plus tard, elle était aveugle d'un œil. Grâce aux relations de Sean à l'hôpital St. Mary, Laura avait pu passer un scanner le jour même. Le pronostic n'était pas bon. Mais, d'après Sean, Laura aimait prouver qu'elle avait raison et que les autres avaient tort.

— Elle pense que c'est grâce à sa cure de thé vert. Elle adore me dire que les médecins sont des ignorants, dit Sean en riant et en secouant la tête. À mon avis, il est plus probable que ce soit grâce à l'opération, la chimio et les rayons. Mais je veux bien lui dire que c'est le thé, si ça lui fait plaisir.

— Je suis contente qu'elle aille mieux, dis-je.
— Oui, répondit Sean en regardant le plafond. Oui, moi aussi.

Je ne savais pas du tout quoi dire d'autre. *Dis bonjour à Laura ? Contente que tu sois soulagé ? Que tu te sois tiré d'affaire ?*

Il n'y avait pas de bonne manière de terminer cette conversation, mieux valait l'abréger rapidement.

— Eh bien..., dis-je d'une voix hésitante. Je te verrai plus tard.

Comme j'attendais que les portes de l'ascenseur se referment, je vis Patrick au bout du couloir. Il était toujours entouré de jeunes et jolies infirmières, qui buvaient chacune de ses paroles, mais son regard était fixé sur moi.

8

Grace

D'habitude, lorsque je conduisais le long de la route de Beavertail qui relie le nord et le sud de Conanicut Island, je me sentais en paix. Avec Mackerel Beach à ma gauche et Sheffield Cove à ma droite, il pouvait difficilement en être autrement. À cette période de l'année, les plages étaient bondées de nageurs et de plongeurs. Les windsurfers filaient sur l'eau verte et brillante de la baie et les bateaux clapotaient tranquillement. Mais cette fois, tandis que j'effectuais le court trajet qui me ramenait à la maison après un accouchement, je ne me sentais pas en paix. Mon esprit était trop encombré pour que je puisse même penser à la petite fille en parfaite santé que j'avais mise au monde à peine trois heures plus tôt.

Le mystère entourant la grossesse de Neva me rendait folle. J'avais toujours détesté les secrets, mais celui-ci allait finir par avoir ma peau. Je n'avais cessé de ressasser ce qui s'était passé depuis, et j'étais encore en train de le faire lorsque je me garai sur la pelouse devant notre maison en pierre et ardoise face à la mer, à côté de la voiture de Robert. Bizarre. Il n'était même pas 17 h 30 ; Robert ne rentrait jamais aussi tôt.

Mon téléphone se mit à vibrer alors que je me dirigeais vers la porte. Je le sortis de mon sac à main et le coinçai contre mon épaule.

— Allô ?

— Oh, euh... Bonjour Grace, c'est Jane. Est-ce que je te dérange ?

Jane. Je fis un rapide calcul mental. Elle ne devait pas accoucher avant un mois.

— Pas du tout, Jane. Est-ce que ça va, ma belle ?

— Oui, je crois, mais... Je voulais juste vérifier... J'ai eu très soif ces derniers temps. Au point de boire cinq litres d'eau aujourd'hui. Je sais que je dois être un peu paranoïaque, mais je voulais vérifier que c'était normal. Je veux dire... mon bébé n'est pas déshydraté, ou quelque chose comme ça, j'espère ?

Jane Harris avait vingt-deux ans et attendait son premier enfant. Elle était d'une nature très anxieuse et m'appelait quasiment tous les jours, pour une raison ou pour une autre. Un jour, elle avait mangé par erreur du fromage non pasteurisé. Un autre, elle avait pris une fuite urinaire pour la perte des eaux. Mais j'étais toujours contente de répondre à ses coups de fil. Jane avait perdu sa mère des suites d'un cancer peu de temps avant de tomber enceinte et j'aimais à penser que j'étais devenue pour elle une sorte de mère de substitution.

Je fouillai dans mon sac à la recherche de mes clés.

— Absolument pas. Il est tout à fait normal d'avoir d'intenses sensations de soif au cours du troisième trimestre. Ton corps a généré quarante pour cent de sang supplémentaire pour nourrir et oxygéner le bébé, tout ce sang en plus demande beaucoup d'eau.

Je trouvai ma clé et l'introduisis dans la serrure, mais lorsque je tournai, je la trouvai déjà déverrouillée.

— Ah, d'accord, Jimmy m'a dit que j'étais bête de m'en faire pour ça. Je suis désolée de t'avoir dérangée, Grace.

— Est-ce que j'ai l'air d'avoir été dérangée ? Appelle-moi quand tu veux. Je suis là pour ça.

Je raccrochai et ouvris la porte. Un parfum réconfortant m'accueillit. Quelqu'un était en train de cuisiner, mais qui ? Robert n'avait pas préparé un vrai repas depuis trente ans, se contentant de sandwiches au fromage et de nouilles chinoises instantanées lorsque j'étais obligée de m'absenter pour un accouchement. Je me dirigeai vers la cuisine d'un pas hésitant quand il apparut soudain.

— Salut, dit-il.

Il souriait, comme si sa présence à la maison à une heure pareille n'avait rien d'anormal.

— Bonne journée ?

Je le regardai sans rien dire. Il avait un verre de vin rouge à la main, mon tablier à fleurs était noué autour de sa taille et derrière lui, de la vapeur s'élevait de la cuisinière.

— Est-ce que tout va bien, Rob ?

— Oui, répondit-il en riant.

— Alors… que fais-tu ici ?

— Un homme ne peut pas faire une surprise à sa femme ?

— Si, il peut, dis-je, mais il le fait rarement.

Il me tendit le verre de vin et m'embrassa sur la joue. Je ne comprenais toujours pas.

— Sérieusement ? Tu cuisines ?

— Je réchauffe, admit-il. Des boulettes de viande de chez Isabella. Pour me faire pardonner ces dernières semaines.

— Semaines ? répétai-je.

— Mois ? corrigea Robert d'un air contrit.

— Plutôt années…

Il tenta de me faire rire avec un petit coup de coude dans les côtes ; cela marcha.

— Veux-tu m'expliquer ?

— Encore des licenciements. J'ai perdu la moitié de mon équipe aujourd'hui.

— Oh non, m'écriai-je en plaquant la main sur ma joue.

— Et ce n'est pas fini. Tous nos projets sont suspendus pour le moment. Nous avons dû baisser toutes nos marges pour essayer d'attirer de nouveaux clients. Nous allons devoir délocaliser des emplois.

Côte à côte, nous allâmes dans la cuisine, où une casserole de pâtes était sur le point de déborder. J'éteignis le feu et me tournai vers Robert. Sous les rides et les cheveux poivre et sel, je voyais encore le beau garçon que j'avais épousé. Je voyais aussi Neva en lui. Les pommettes hautes et marquées, les grands yeux en amande et le nez droit.

— Et ton poste ? Il n'est pas menacé ?

Robert tenta de séparer une poignée de spaghettis trop cuits qui s'étaient collés les uns aux autres.

— Les finances sont aussi une source de dépenses, alors si. Mais étant donné que c'est moi qui m'occupe des calculs pour les primes de licenciement, je suis tranquille pour ce mois-ci.

— Ne t'inquiète pas. Quoi qu'il arrive, tout ira bien, répondis-je. Nous sommes ensemble et en bonne santé, c'est ça le principal.

— Oui, c'est le plus important, admit-il avec un sourire fatigué.

— Au moins, mon travail ne sera jamais affecté par la récession, dis-je. Les gens feront toujours des bébés. Si c'était mieux payé, je te conseillerais même de quitter ton boulot et de passer tes journées à jouer au golf.

— Ne t'inquiète pas pour le golf et continue de faire ce que tu fais.

Robert continua de touiller les pâtes, comme si elles allaient se décoller par magie. Mais j'avais des doutes.

— Et si on les jetait à la poubelle et qu'on recommençait ?

Robert sourit.

— Que ferais-je sans toi ?

Nous remîmes une casserole sur le feu, cette fois pour des fusilli, et bientôt la maison s'emplit des parfums de pâtes et de basilic de la cuisine italienne. Tandis que j'étais à la manœuvre, Robert ne cessait de me tourner autour, proposant d'ajouter du sel ou de touiller. Je lui intimai l'ordre de me laisser tranquille, mais en vain, et lui donnai une petite tape sur la main quand il tenta de goûter les pâtes. J'étais aux anges.

— J'ai parlé à Neva aujourd'hui, annonça Robert quelques minutes plus tard.

Le ton prudent sur lequel il avait prononcé cette phrase montrait qu'il avait attendu le bon moment pour aborder le sujet.

— Ah oui ? répondis-je en continuant de remuer les pâtes, les sens en alerte. Qu'a-t-elle dit ?

— Elle voulait te demander de l'excuser de n'avoir pas eu de temps à te consacrer à l'hôpital.

Je tapai la cuillère sur le bord de la casserole pour l'égoutter.

— A-t-elle dit autre chose ?

— Pas au sujet du père du bébé, non.

J'aurais dû m'en douter. Je ne pus néanmoins m'empêcher d'être déçue.

— Mais elle vient dîner.

Un cri de joie s'éleva de ma poitrine.

— Ce soir ? C'est vrai ?

— Oui. Mais je tiens à ce que nous passions un bon moment. Pas question que tu l'interroges pendant toute la soirée.

— Pourtant, ce serait l'occasion parfaite pour...

Je laissai ma phrase en suspens en voyant l'expression de Robert et levai les yeux au ciel.

— Bon. De toute façon, je sais qui est le père.

— Elle te l'a dit ?

— Non. Je l'ai deviné.

— Je vois, répondit Robert d'un air inquiet.

— Tu ne veux pas savoir de qui il s'agit ? m'exclamai-je sans lui laisser le temps de répondre. C'est un obstétricien avec qui elle travaille, le Dr Cleary. Il est grand, plutôt beau et concentre en lui toute l'arrogance d'un bataillon de médecins. Rob ? Tu as entendu ?

— Mmm mmm.

— Dès que je les ai vus ensemble, je l'ai su. Il y a quelque chose entre eux, c'est évident. Et c'est logique. Neva ne voudrait pas me le dire, si elle attendait un bébé d'un obstétricien, non ?

— Je n'en suis pas certain.

J'attendais que Robert ajoute quelque chose, mais il resta silencieux.

— Tu penses que j'ai tort, c'est ça ?

— Pas nécessairement. Je me demande si ton dédain pour le monde médical suffit à expliquer la réaction de Neva.

— Tu as raison. Notre fille n'aurait jamais inventé un tel mensonge rien que pour moi.

— Ce n'est pas ce que je veux dire. Je pense juste qu'il doit y avoir autre chose. Neva n'en aurait pas fait toute une histoire si elle avait eu le choix.

— Tu ne crois pas que...

— Quoi ?

— Je ne sais pas... qu'il n'y a vraiment pas de père ?

Robert toussa, puis se couvrit rapidement la bouche de sa main.

— Non. Je ne le crois pas. Même s'il était médicalement possible de tomber enceinte sans père, penses-tu vraiment que Neva serait la première à utiliser cette technologie ?

— Je dois envisager toutes les possibilités. Elle est sage-femme. Et si elle avait participé à une expérience ?

— Grace, tu n'es pas sérieuse.
Je me forçai à sourire.
— Je l'étais. Mais tu as raison, c'est bête.
Robert vint à mes côtés.
— Tu sais que tu me fais rire ? dit-il en éteignant le feu sous les pâtes et la sauce. Et si nous laissions tout ça au chaud, hein ?
Il y avait dans son regard une petite lueur que je n'y avais pas vue depuis un bon moment.
— Mais Neva...
— Elle n'arrivera pas avant au moins trois quarts d'heure...
Je n'hésitai qu'une demi-seconde.
Nous pourrions toujours refaire des pâtes, après tout.

Quinze minutes plus tard, j'étais allongée, à moitié nue, dans les bras de mon mari. Nous avions fait l'amour sans conviction ni imagination, mais je m'efforçai de ne pas montrer ma déception. Robert faisait des efforts. Il avait préparé le dîner. Il avait invité Neva. Il m'avait fait des avances pour la première fois depuis Dieu sait quand. Et vu l'horrible période qu'il traversait au travail, le moins que je pouvais faire était de prétendre avoir eu du plaisir.

Dans un coin de la pièce séchait une grande toile, appuyée contre le mur. Un mélange de rouges, de bleus et de violets ; un tableau abstrait, en théorie, mais en théorie seulement. Il était si évident qu'il représentait un vagin que je rougis en le regardant. L'avais-je laissé là pour faire passer un message à Robert ? *Regarde-moi, je suis une femme qui a des besoins. Fais-moi l'amour avant que j'explose.* En étais-je vraiment arrivée là ?

Avant notre mariage, le sexe avait été notre point fort. Certes, je ne tenais pas le mariage pour responsable de cet essoufflement. Il changeait les choses, mais pas de la manière que je croyais. Je n'avais jamais envisagé de me marier, j'avais toujours pensé que ce n'était pas mon genre, qu'il s'agissait d'un rituel stupide, réservé à ceux qui cherchaient une sécurité matérielle. Je craignais de me sentir prise au piège. Il n'en avait rien été. Avec son nom de famille, Robert m'avait donné un sentiment d'invincibilité. Il avait chassé mes faiblesses, il était le parfait yin complétant mon yang. J'avais toujours excellé en matière d'anecdotes, mais avant ma rencontre avec Robert, elles tombaient souvent à plat quand mes interlocuteurs demandaient des « preuves » pour corroborer mes propos ou, pire, des « études ». Robert venait souvent apporter ces preuves, faisant taire tous mes détracteurs de son ton calme et autoritaire à la fois. Et plus tard, une fois allongés dans les bras l'un de l'autre sur le canapé, le sol de la cuisine ou n'importe où ailleurs, nous passions le reste de la soirée à boire du vin en nous émerveillant sur le couple parfait que nous formions.

Le jour où j'étais tombée enceinte de Neva avait marqué le début d'une phase particulière de notre vie sexuelle. Je nous avais imposé l'abstinence pendant le premier trimestre, de peur de faire une fausse couche, et même si Robert n'avait pas protesté, les choses avaient commencé à changer. Sans cette intimité, je remarquais que mon mari se montrait moins affectueux avec moi, moins enclin à partager ses pensées les plus intimes. Une fois la « période de danger » terminée, nous avions recommencé à faire l'amour, mais ç'avait été différent et tenait plus d'une libération nécessaire que d'un partage intime. Et plus mon ventre grossissait, moins Robert faisait d'efforts. Je pensais que nous retrouverions ce que nous avions perdu après la naissance de Neva, mais ce n'avait pas été le cas.

Robert rattrapait sa paresse dans la chambre à coucher par l'attention qu'il portait à sa fille. Il l'adorait. Je pensais qu'il l'aimerait, bien sûr, mais n'ayant jamais eu de père, je ne disposais d'aucun point de comparaison. Neva lui rendait bien son amour. Je le voyais à la manière dont elle se calmait dès qu'il la prenait dans ses bras, à celle dont son visage s'illuminait dès qu'il entrait dans la pièce ; je ne m'y étais pas attendue. Malheureusement, durant cette période, le sexe se trouva relégué plusieurs degrés plus bas sur notre échelle d'importance. Ce n'était tout simplement plus une priorité.

Quand Neva quitta la maison, je compris que nous étions devenus un couple comme les autres, du genre qui ne remarquait même plus qu'il n'avait pas fait l'amour depuis longtemps et qui décidait, entre deux verres de vin, de s'atteler à la tâche. La fréquence était acceptable, et il m'arrivait encore d'avoir un orgasme de temps à autre ; aussi quand je me plaignais à mes amies, elles levaient les yeux au ciel et disaient qu'elles auraient aimé avoir mes problèmes. Et puis, en dehors de la chambre à coucher, il nous arrivait encore de rire ensemble. Nous dormions dans les bras l'un de l'autre et nous tenions même parfois la main dans la rue. Nous fêtions nos anniversaires de mariage et Robert faisait toujours un effort pour m'écrire un mot gentil et attentionné sur la carte. Je m'étais demandé un nombre incalculable de fois si cela suffisait, et j'étais arrivée à la conclusion que oui. Mais sans Neva et au vu de ma mère heureuse en couple avec Lil, le sexe remontait sur mon échelle de priorités. J'aurais donc dû me réjouir que Robert me fasse des avances, même si l'acte en lui-même avait été médiocre. Alors pourquoi me semblait-il avoir pris une claque en pleine figure ?

— Nous devrions peut-être finir de préparer le dîner, suggéra Robert après une ou deux minutes de câlins postcoïtaux.

Je me redressai, revigorée par l'idée que notre fille était en chemin.

— Oui, répondis-je. Neva ne va pas tarder.

Je me levai, et j'étais en train d'enfiler ma robe lorsque la sonnette retentit.

— Oh, la voilà !

Robert courut ouvrir la porte et je me hâtai d'aller dans la cuisine. Les pâtes étaient ratées, encore une fois ; je les jetai donc à la poubelle et refis chauffer de l'eau. Notre troisième essai de la soirée. Tandis que j'attendais que l'eau bouille, j'observai mon reflet dans le four à micro-ondes. Un peu décoiffée, peut-être, mais pas plus que d'habitude.

Je touillais les boulettes de viande quand Robert et Neva apparurent. Elle me fit même le plaisir de m'embrasser sur la joue.

— Salut, Grace.
— Quelle bonne surprise que tu aies trouvé le temps de venir dîner, répondis-je.
— Je peux t'aider ?
— Non, non. Assieds-toi et détends-toi.

Mais lorsque je relevai la tête, Neva et Robert se dirigeaient vers la salle à manger. Je les regardai par le passe-plats dans le mur séparant les deux pièces, Neva souriante, le bras de Robert passé affectueusement autour de ses épaules. Cela m'énerva plus que je n'aurais su le dire.

— Du vin rouge, Robert ? criai-je.

Il s'arrêta en pleine conversation.

— Oui, s'il te plaît.
— Et toi, Neva ?

Elle se tourna à demi vers moi, mais ses yeux restèrent fermement fixés sur son père.

— Du jus de fruits, s'il te plaît. Merci, Grace.

Je continuai de les observer en versant les boissons. Ils étaient détendus, à l'aise. Robert n'avait plus du tout l'air de s'inquiéter pour son travail et Neva ne paraissait pas éprouver le moindre embarras quant à l'absence de père pour son bébé. Lorsqu'ils parlaient, c'était comme si chacun se tenait devant un miroir reflétant son image : ils se grattaient la même oreille, croisaient les jambes de la même manière. C'était une habitude que j'avais toujours trouvée touchante. J'aurais dû me réjouir, franchement, que Neva ait trouvé en son père une âme sœur. Mais ce jour-là, je ne sais pas pourquoi, cela me blessait.

Lorsque le dîner fut prêt, je posai leurs assiettes devant eux et pris place en bout de table. Ils parlaient de politique, d'économie ou de quelque chose comme ça. J'étais bien décidée à couper court à leur conversation.

— Très bien, dis-je. La politique, ça suffit. Parle-nous plutôt de ton travail, Neva. Des naissances intéressantes, aujourd'hui ?

Neva et Robert échangèrent un regard.

— Quoi ? demandai-je.

— Tu ne veux pas parler de notre nouveau sénateur, Grace ? demanda Robert. M. Hang Seng ?

— Pitié, non.

— Et que penses-tu du nouveau leader de l'opposition, Grace ? ajouta Neva. Mme Dow Jones ?

— Dow ? Quel horrible prénom !

Je plantai ma fourchette dans mes pâtes. J'espérais pouvoir détourner la conversation sur les prénoms, puis, avec un peu de chance, sur le père du bébé. Mais lorsque je levai la tête, Neva et Robert ricanaient.

— Quoi ? *Quoi ?*

Soudain, une ampoule s'alluma dans mon esprit. Ils se moquaient de moi.

— Vous n'étiez pas en train de parler politique, dis-je lentement. N'est-ce pas ?

Neva et Robert riaient ouvertement désormais. Mon mari arrêta en voyant le regard noir que je lui lançais.

— Pardon, Grace. Excuse-moi.

Neva se reprit aussi.

— Oui, pardon, Grace.

— Bon, je préfère ça, répondis-je.

Neva et Robert baissèrent la tête. Mais l'atmosphère, un instant plus tôt heureuse et joviale, avait tourné au vinaigre. Cela n'aurait pas dû me surprendre. J'avais un don pour saboter la bonne humeur de Neva.

— Je dois avouer que je suis soulagée, dis-je au bout d'un moment pour combler le silence et tenter d'alléger l'atmosphère. Dow Bradley, ce n'est vraiment pas beau.

Je n'avais pas eu l'intention d'être drôle, mais je remarquai que les coins de la bouche de Robert commençaient à se relever. Neva aussi essayait de se retenir. Ils éclatèrent de rire et, même si je savais que c'était à mes dépens, je fis de même. Je n'avais jamais su me retenir. Même le plus petit ricanement, surtout dans les moments les plus gênants, suffisait à me donner le fou rire. Et j'avais beau tenter de me contrôler, fermer la bouche et bloquer la mâchoire, rien n'y faisait.

Avec un sourire forcé, je décidai de tout faire pour que l'atmosphère reste détendue. La soirée commençait juste, et avec un peu de chance et beaucoup de rires, nous découvririons peut-être enfin l'identité du père du bébé.

— Alors, dis-je en prenant les couverts de service. Qui veut des boulettes de viande ?

9

Floss

Devant moi s'étalait un océan de visages impatients. Je n'avais encore jamais eu tant de monde à une session. Pour la plupart des formateurs, c'était un fait rare pour la troisième semaine d'un cycle de cours de six semaines, mais pour moi, cela se passait souvent ainsi. Les gens appréciaient mes cours et décidaient souvent d'inviter une amie, une parente ou une grand-mère. Pas mal, pour la plus vieille intervenante du centre communautaire de Jamestown, qui avait vingt-cinq ans de plus que le plus ancien de tous les autres.

— Bienvenue, tout le monde. Nous en sommes déjà à la troisième semaine de notre cours sur l'accouchement naturel. Nous avons déjà parlé du suivi et des soins prénatals, du cycle d'intervention et des techniques pour gérer la douleur sans médicaments. Ce soir, ma petite-fille, Neva Bradley, va vous parler de l'accouchement dans une maison de naissance.

Neva se trouvait au deuxième rang de l'auditorium. Cela faisait deux semaines qu'elle avait annoncé sa grossesse et nous n'avions toujours pas eu l'occasion d'en parler vraiment. J'espérais qu'elle se présenterait ce soir-là. À côté de Neva était posé un panier en osier débordant d'objets. Sur le dessus, je voyais un pelvis et des poupons en plastique. Neva était intervenue plusieurs fois dans mes cours, et ses visites suscitaient toujours des critiques élogieuses dans les fiches d'évaluation.

— Mais d'abord, dis-je, je vois de nouveaux visages ce soir, alors laissez-moi me présenter. Je m'appelle Florence Higgins, Floss, pour faire court. Je suis à la retraite, mais j'ai exercé la profession de sage-femme pendant plus de quarante ans, d'abord dans mon Angleterre natale, puis ici, à Rhode Island. J'ai mis au monde des bébés chez eux, dans des maisons de naissance, des hôpitaux... Aujourd'hui, j'ai quatre-vingt-trois ans et je suis heureuse d'illustrer le cliché « Ceux qui sont trop vieux enseignent ».

Quelques rires s'élevèrent dans l'assistance.

— Neva est une infirmière-sage-femme diplômée. Elle travaille à la maison de naissance de l'hôpital St. Mary, à Providence. Elle sera donc en mesure de répondre à vos questions. Alors, sans plus attendre, je vous demande de bien vouloir l'accueillir.

Je m'assis dans un coin de la pièce. C'était toujours un plaisir d'assister aux cours de Neva. Comme sa mère, lorsqu'elle parlait du métier de sage-femme, elle s'illuminait de l'intérieur. Ce cours ne dérogea pas à la règle. En quelques minutes, Neva avait réussi à capter l'attention de son auditoire qui l'écoutait en riant et participait à ses démonstrations.

Certains faisaient passer le bébé en plastique à travers la réplique de pelvis. Des hommes testaient le costume de femme enceinte, plus lourd à l'avant, conçu pour leur permettre de partager les sensations des femmes. Quand Neva eut terminé, je ne pouvais qu'être enthousiaste. Et, à en juger par l'expression des visages dans la salle, tout le monde éprouvait la même chose.

Après le cours, quelques personnes restèrent pour poser des questions à Neva. Les gens semblaient sincèrement intéressés par l'idée d'accoucher dans une maison de naissance et beaucoup avaient des interrogations à ce sujet. Tandis que ma petite-fille leur répondait, je rangeais la salle. J'avais pratiquement terminé lorsqu'un futur père dont la femme était en train de parler à Neva vint m'aider.

— Ma femme et moi essayions de deviner l'origine de votre accent, dit-il en souriant. J'ai parié sur le Yorkshire.

Son accent à lui, remarquai-je, venait du nord de l'Angleterre.

— De l'île de Man, répondis-je. Mais j'ai effectué ma formation de sage-femme à Watford et Watford Rural.

Neva et la femme de l'homme qui me parlait vinrent se joindre à nous.

— L'île de Man ! annonça-t-il à son épouse, qui claqua des doigts comme si elle s'en voulait de ne pas l'avoir deviné. Mais vous avez travaillé à l'hôpital rural de Watford ? Mon grand-père vivait à Abbots Langley. Il était fermier.

— Le mari de ma grand-mère aussi, répondit Neva. Le monde est petit.

— Ah oui ? s'écria l'homme comme s'il venait de découvrir que nous étions de la même famille. À Abbots Langley ?

— Euh non, à Kings Langley.
— Kings Langley ? répéta-t-il en se frappant la cuisse. Mais c'est juste à côté de là où il vivait. J'ai pratiquement grandi là-bas. Il avait une exploitation laitière.
— C'est vrai ? répondis-je en bâillant, espérant que cela mettrait un terme à cette conversation.
En vain.
— Quel type de ferme possédait votre mari ? demanda-t-il.
— Oh... une ferme normale. Quelques vaches, quelques chevaux.
— Pas plus que ça ?
— Non.
Neva me lança un regard curieux.
— Je croyais que c'était une ferme de bétail. C'est ce que m'a dit Maman.
— Ah... Oui, peut-être. C'est l'âge, ma mémoire n'est plus ce qu'elle était, dis-je en souriant, jouant à la vieille toupie.
Le couple accepta mon explication, mais Neva, je ne crois pas. Ils partirent et nous nous assîmes sur les chaises pliantes. Neva regardait fixement le panier devant elle. L'animation dont elle avait fait preuve pendant le cours avait disparu et laissé place à la fatigue.
Je tendis la main et lui touchai le ventre.
— Comment te sens-tu, ma chérie ?
— Pas trop mal, répondit-elle sans lever les yeux. Mieux que Maman, je pense.
— C'est probablement vrai, dis-je en souriant.
— Elle ne veut pas que mon bébé grandisse comme elle. Sans père.

— Est-ce ce qu'elle t'a dit ? demandai-je.
— C'est ce qu'elle pense, je le sais. Cela me pousse à m'interroger sur ce qui attend mon bébé... J'ai beaucoup pensé à toi, ces derniers temps, Gran. Tu as traversé ce que je traverse, mais en pire. Tu as commencé ta vie de mère célibataire dans un autre pays.
— C'était difficile, au début, dis-je. Mais je voulais une nouvelle vie pour ta mère et moi.
— Tes parents n'étaient pas trop tristes de te voir partir ?
Je baissai les yeux, mes mains étaient croisées sur mes genoux.
— Ils comprenaient mes raisons.
— Et la famille de mon grand-père ? Ne voulaient-ils pas connaître leur petite-fille ?
— Peut-être, répondis-je, hésitante. Mais je devais faire un choix. J'ai choisi de faire ce qui était le mieux pour ma fille.
— Et tu ne pensais pas que ç'aurait été mieux pour elle de rester à la ferme de Kings Langley ?
— Non, répondis-je en levant soudain la tête. Non.
Cela ne ressemblait pas à Neva de me questionner ainsi. À sa mère, oui, mais pas à elle. Je voyais bien qu'elle essayait de garder une expression neutre, mais le sang affleurait à la surface de sa peau pâle. Elle s'inquiétait de sa situation.
— Je me sens si seule. Je ne peux pas imaginer me mettre dans une situation où je me sente encore plus seule.
— Tu comprendras quand tu deviendras mère, ma chérie. Dès l'instant où tu poseras les yeux

sur ton bébé, tu oublieras tous tes besoins et tu feras ce qu'il y a de mieux pour lui.

— Voilà justement ce que je ne comprends pas, dit-elle. Pourquoi était-ce mieux pour toi et Maman d'aller vivre à l'autre bout du monde, où tu ne connaissais personne ?

C'était la question évidente. Je me demandais même pourquoi personne n'avait jamais pensé à me la poser avant. Pourquoi une jeune femme abandonnerait-elle tous ses amis et sa famille pour partir à l'étranger avec un nourrisson ? Pourquoi, ou plutôt à cause de qui ?

Telle une photo, le visage de Bill apparut devant moi. Ses yeux, son demi-sourire arrogant, cet air sympathique qui avait le pouvoir de séduire n'importe qui. L'homme qui m'avait serrée dans ses bras après sa réception de mariage. Je me souviens d'avoir levé les yeux vers lui, attendant qu'il me relâche avec une blague et un éclat de rire. Parce que ce devait forcément être une blague. Il me semblait impensable qu'un homme comme Bill McGrady puisse me trouver attirante.

Au bout d'un moment, j'avais enfin réussi à dire quelque chose.

« Nous ferions mieux de rentrer, Bill. En tant que demoiselle d'honneur, j'ai des choses à faire et tu dois rentrer couper le gâteau. »

Bill ne me lâcha pas. Il me regardait avec une telle intensité que je me sentais transpercée par son regard, j'avais l'impression qu'il voyait à travers ma peau jusqu'au plus profond de moi. J'ouvris la bouche, tous mes sens en alerte.

« Bill ! »

Ce n'était pas ma voix qui avait percé le silence. C'était celle d'Elizabeth.

« *Bill ?* Où es-tu ? »

Elle se tenait sur le seuil de la salle de réception. Le son de sa voix transforma le visage de Bill, qui retrouva soudain sa douceur et sa bonne humeur.

« Par ici, chérie, répondit-il pendant que je m'écartais de lui et qu'il avançait dans la lumière. Floss et moi étions en train de ranger les derniers cadeaux dans la voiture.

— Il est l'heure de couper le gâteau », dit-elle.

Bill alla la rejoindre au pas de course. Une fois à côté d'elle, il se retourna.

« Tu viens, Floss ? »

Le Bill qui se tenait devant moi avait l'air d'un jeune marié normal et insouciant. Heureux, sympathique et, oui, un petit peu ivre. Je tentai de conjurer le souvenir de son expression quelques minutes plus tôt – son regard acéré, le pincement de ses doigts sur ma taille –, mais l'image disparaissait déjà, comme dans un rêve. Comme si rien ne s'était passé.

« Oui. Oui, bien sûr. »

Je ne vis pas Elizabeth pendant des mois après cet incident. Je pensais qu'elle viendrait nous rendre visite, à Evie et moi, régulièrement, en particulier à cause de son amour pour le métier de sage-femme et de sa décision (trop hâtive, selon moi) d'arrêter de travailler après son mariage. Mais à part une lettre dans laquelle elle parlait surtout de l'étrangeté de vivre dans une ferme, je n'eus pas de nouvelles. Evie pensait qu'elle devait être occupée à s'adapter à la vie maritale, et je me disais qu'elle avait sûrement raison.

La vie suivait son cours. Des bébés naissaient. Evie et Jack se fiancèrent. Un mois passa, puis un autre. Le silence d'Elizabeth commençait cependant à m'inquiéter. Et si Bill lui avait dit ce qui s'était passé le soir de leur mariage, et s'il lui avait fait croire que c'était moi qui lui avais fait des avances ? Le temps passant, je finissais même par me demander si ce n'avait pas été le cas. En y repensant, tout cela me semblait étrange. Et parfois, je n'étais même pas sûre que ce soit arrivé.

Un jour, je décidai de prendre mon vélo et d'aller jusque chez eux. Même si le pire s'avérait et que Bill ait menti à Elizabeth, rien ne pouvait être plus douloureux que la torture de l'ignorance. Lorsque mon jour de congé suivant arriva, je pris donc mon vélo, et je m'apprêtais à partir quand je croisai Evie. Elle avait un tas d'enveloppes sous le bras et remua sous mon nez une feuille de papier à lettres crème.

« Elizabeth viendra à ma fête de fiançailles, annonça-t-elle. Tu n'as plus à t'inquiéter pour elle.

— Oh, dis-je. Quelle... bonne nouvelle. »

C'en était une. J'étais soulagée de savoir qu'elle allait bien. Mais j'étais surprise aussi. Si Elizabeth avait répondu à l'invitation d'Evie, pourquoi ne m'avait-elle pas contactée, moi aussi ? Tenant toujours le guidon de mon vélo, j'hésitai un moment et finis par aller le ranger dans la petite cabane en bois.

La fête de fiançailles arriva vite. La famille d'Evie venant des quartiers populaires de l'est de Londres, elle fut bien moins formelle que le mariage d'Elizabeth. Tout le monde avait envie de s'amuser. La salle était décorée simplement, avec des ballons de baudruche et des serpentins. La nourriture était bonne et copieuse, pas le moindre petit four en vue.

« Floss ! Te voilà ! »

Elizabeth était là, devant moi, et se précipita dans mes bras, manquant m'étouffer et m'aveuglant de sa crinière auburn.

« Ne m'en veux pas, s'il te plaît, me dit-elle à l'oreille. Je sais que je ne t'ai pas écrit, mais j'ai reçu tes lettres. Et j'ai été très occupée, tu sais, à m'installer et tout. Je suis désolée.

— Bien sûr que je ne t'en veux pas, répondis-je, encore dans ses bras. Je voulais juste m'assurer que tu allais bien.

— Je vais bien, répondit-elle. Je vais bien. »

Lorsqu'elle s'écarta de moi, je pris le temps de la regarder. Elle avait effectivement l'air d'aller bien. Elle portait une jolie petite robe blanche sans manches avec une jupe large et un gros ruban rouge noué autour de la taille, à la fois élégante et simple. Ses lèvres étaient rouge carmin et ses cheveux, qui avaient tendance à être fins et électriques, étaient aujourd'hui épais et brillants. Elle me fit un petit sourire timide et haussa les épaules. En la voyant ainsi, je me rendis compte combien elle m'avait manqué.

« Alors, dis-moi tout, dis-je. Oh, mon Dieu ! »

Soudain, je sentis qu'on me soulevait et qu'on me faisait tournoyer. J'étais dans les bras de Bill, je reconnaissais son odeur, un mélange d'alcool, de cigarette et de grand air de la campagne.

« Floss, ma vieille. Ça fait longtemps qu'on ne s'est pas vus. »

Il me reposa sur mes pieds et je me hâtai de remettre mon chemisier dans ma jupe.

« Bonjour, Bill.

— Regarde-toi, répondit-il en sifflant d'un air admiratif. Ça fait plaisir de te voir. Tu vas bien ? »

Bill me fixait en souriant, attendant ma réponse. La plupart des gens à qui j'avais parlé ce soir-là avaient l'œil baladeur, constamment en train de chercher par-dessus mon épaule quelqu'un de plus intéressant à qui parler. Mais pas Bill. Son regard ne vacilla pas. Je ressentis un élan d'affection pour lui. En un instant, tous mes soucis avaient disparu.

« Très bien, merci.

— Et la voilà... la future mariée. »

Bill accueillit Evie de la même manière que moi, en la faisant tournoyer dans ses bras. Elizabeth leva un verre imaginaire à sa bouche pour me faire comprendre qu'il avait trop bu.

J'éclatai de rire.

« Que veux-tu ? Il sera gêné demain.

— S'il s'en souvient », répondit Elizabeth en levant les yeux au ciel.

Mais elle souriait d'un air tolérant et avait l'air d'une épouse heureuse et compréhensive. J'imagine que n'importe quelle femme aurait été compréhensive, avec un mari comme Bill.

La soirée progressant, je commençai à m'amuser. Tout le monde était content et Elizabeth ne s'était pas une fois plainte de Bill ou de leur mariage. Elle ne regrettait même pas d'avoir abandonné son métier de sage-femme. C'était un peu surprenant. Je pensais qu'une période d'adaptation à la vie de couple était normale pour n'importe qui. Apparemment pas pour Elizabeth. Je ne pouvais m'empêcher d'éprouver quelque jalousie de ne pas être aussi heureuse qu'elle.

Le tintement d'une cuillère contre un verre attira l'attention de l'assemblée. Bill, les joues rouges et souriant, s'était perché sur un tabouret de bar.

« Mesdames et messieurs, pourrais-je avoir votre attention, s'il vous plaît ? Je suis désolé, mais je n'ai besoin que d'une petite seconde. Je sais que c'est le grand soir pour Evie et Jack, mais j'ai moi aussi une annonce à faire. »

Je me tournai vers Elizabeth. Elle observait Bill et souriait également, mais d'un sourire figé.

« Ma femme et moi avons beaucoup de chance, dit Bill. Au moment même où l'on pensait que la vie ne pouvait devenir meilleure... Nous allons avoir un bébé ! »

Des applaudissements et des exclamations de joie retentirent soudain dans la pièce. Je pris une profonde inspiration et soufflai lentement. Voilà qui expliquait le teint parfait et les cheveux brillants d'Elizabeth. Je me forçai à sourire, mais j'avais le cœur lourd. Elizabeth me sourit d'un air coupable.

« Désolée. J'allais te le dire. »

Je pris le temps de la regarder, à la recherche de signes de sa grossesse qui m'auraient échappé.

Mais elle était toute mince, encore plus mince que d'habitude, et sa poitrine toujours aussi plate.

« Viens me rejoindre, chérie », l'appela Bill.

La foule s'écarta et Elizabeth se dirigea vers son mari.

« La voilà », annonça-t-il.

Il tendit les bras vers elle et la fit monter sur le tabouret. Je les observai, inquiète. Le tabouret, déjà insuffisamment solide pour une personne, chancelait sous leur poids à tous les deux, mais Bill ne semblait pas le remarquer. Il souriait, comme un imbécile heureux.

« Cela ne fait que quelques mois que je suis marié, mais je suis déjà un autre homme. Et lorsque le bébé arrivera, dit-il en touchant le ventre plat d'Elizabeth, notre vie sera parfaite. J'aimerais donc porter un toast à mon épouse. Où est mon verre ? »

Bill se retourna, à la recherche de sa bière, et le tabouret partit avec lui en arrière. Elizabeth perdit l'équilibre, et toute la salle retint son souffle. Des hommes se précipitèrent, bras tendus. J'avançai aussi. Je ne sais comment, Bill parvint à retenir sa femme par la taille d'une main et à s'agripper au bar de l'autre. Un soupir collectif de soulagement se fit entendre.

« Ça va, chérie ? demanda Bill en riant. C'était moins une. »

Elizabeth hocha la tête. Elle commença à descendre du tabouret, mais Bill la retint fermement.

« Je te tiens, dit-il. Ne t'inquiète pas. »

Elizabeth semblait inquiète et stressée.

« Je pense que je ferais mieux de... »

Bill secoua la tête, de manière presque imperceptible. Je ne savais pas ce que cela voulait dire. Je remarquai cependant qu'Elizabeth cessa immédiatement de protester.

« Laissez-la descendre. »

Un silence pesant descendit sur l'assemblée et les gens lancèrent des regards nerveux en direction du père d'Evie, un homme grand et rougeaud qui ne se laissait pas marcher sur les pieds. Il avait parlé d'un ton affable mais ferme. Au vu de sa taille et de sa stature, je n'aurais pas voulu le contredire.

« Elle ne devrait pas monter sur des tabourets, et vous n'êtes certainement pas en état de la retenir, jeune homme. »

Il fit un signe de tête à l'un de ses fils, qui avait hérité de sa stature, lequel alla aider Elizabeth à descendre du tabouret.

« Bien, reprit le père d'Evie pour Bill. Continuez votre toast, si c'est ce que vous voulez. »

Personne ne bougeait, on n'entendait que quelques ricanements au fond de la salle. Elizabeth était immobile. Bill fixait le père d'Evie, semblant réfléchir à ce qu'il allait faire. Je fus prise d'un désir irrépressible de fuir, de quitter la pièce en courant, mais je ne pouvais détourner le regard de la scène. Que se passait-il ? Que faisait-il ?

Soudain, Bill eut ce petit sourire en coin dont il avait l'habitude.

« Vous avez raison, on n'est jamais trop prudent, dit-il, et son visage s'illumina comme si on venait d'actionner un interrupteur. Je le disais, j'aimerais lever mon verre en l'honneur de mon épouse. J'aurai besoin d'au moins quatre gars pour m'aider à la ferme. Elizabeth a travaillé très dur pour la faire démarrer. À Elizabeth.

— À Elizabeth », répéta l'assemblée.

Tout le monde souriait et buvait gaiement. Tout le monde, sauf moi. Étais-je la seule à avoir ressenti cela ? Manifestement, oui. Les conversations avaient repris et, d'après ce que j'entendais, personne ne parlait de Bill. Il s'entretenait désormais avec le père d'Evie et ils semblaient en bons termes. Pourquoi pas ? Après tout, il ne s'était rien passé. Un homme s'était montré un peu rustre avec sa femme après avoir trop bu. Beaucoup étaient coupables de pire. Cependant, quelque chose en moi me disait qu'il y avait autre chose.

— Gran ?
— Oui ?

Neva me regardait avec une expression qui me rendit nerveuse.

— Pourquoi es-tu partie à l'autre bout du monde avec un nouveau-né ?

Le silence s'installa. Je compris mon erreur. Comme Grace, Neva voyait les parallèles entre nos situations. Mais le secret de Neva lui donnait une perspective que n'avait pas Grace. Elle avait raison, bien sûr. De son point de vue, cela n'avait aucun sens que je traverse l'océan avec un bébé si jeune.

À moins que je n'aie eu quelque chose à cacher.

— Tu ne me dis pas tout, Gran. Qu'est-ce qu'il y a ?

Je haussai les épaules.

— C'était peut-être une drôle d'idée, mais le temps a sa façon de nous éclairer. Sur le coup, on n'a pas la distance nécessaire pour comprendre. Les choses sont plus floues, moins évidentes.

Neva hocha la tête, mais elle paraissait inquiète. Ce qui m'inquiéta à mon tour. Elle n'était pas comme Grace. Elle n'insisterait pas pour savoir quelque chose dont je ne voulais pas parler. Mais, contrairement à sa mère, elle ne l'oublierait pas. Ses questions sans réponses resteraient là, juste sous la surface, tel un mur invisible mais palpable entre nous.

Cela ne se terminerait pas comme ça. Ma petite-fille avait la puce à l'oreille.

10

Neva

C'était le premier jour que je passais chez moi depuis une éternité. D'habitude, quand je courais d'un lieu à l'autre, d'une chose à l'autre, toujours en retard, toujours pressée, je rêvais d'avoir du temps libre, de pouvoir faire la grasse matinée et paresser au petit déjeuner en lisant le journal. Mais pas ce jour-là. La journée s'égrenait en secondes, pas même en minutes, et en fin d'après-midi, j'étais près de grimper aux rideaux.

Lorsque la sonnette retentit vers l'heure du dîner, je me réjouis. Une visite. Il me fallut un moment pour réussir à me lever et aller répondre à l'interphone.

— Oui ?

— Bonjour, ma chérie.

J'ouvris la bouche, mais aucun son n'en sortit. Grace n'était pas venue chez moi depuis des années, pas depuis qu'elle avait déménagé à Conanicut Island et développé une soudaine intolérance à la « grande ville », Providence.

— Grace ? C'est toi ?

— Oui, c'est moi.

Soudain, cela m'apparut clairement. Grace avait organisé cette visite surprise pour essayer de me prendre au dépourvu. Elle pensait peut-être trouver le père de mon bébé caché derrière le canapé, ou alors elle espérait qu'il aurait laissé son portefeuille ou son maillot de foot dans la chambre.

— D'accord. Monte.

— Oh non, je ne peux pas rester, répondit-elle. Pourrais-tu descendre ?

Mon doigt s'immobilisa sur le bouton. *Sérieusement ?* Elle avait fait tout le trajet jusqu'à Providence et elle ne voulait même pas monter chez moi ?

— Euh… bien sûr. Une seconde.

En descendant l'escalier, j'étais contente que ma mère puisse encore me surprendre. Comme la fois où, à l'âge de huit ou neuf ans, j'avais demandé un chien à mes parents, comme le faisaient tous les autres enfants de mon âge. Nous vivions encore à Providence à l'époque, et Papa avait répondu que notre jardin n'était pas assez grand. Grace m'avait demandé si j'étais triste et je me souviens avoir dit « je ne crois pas ». Être triste, pensais-je, ne changerait pas la taille de notre jardin.

Ce soir-là, pendant que Papa et moi regardions la télévision, Grace était entrée dans la pièce à quatre pattes, vêtue d'un costume de lapin en peluche blanche. Avant que nous ayons eu le temps de lui demander ce qui lui prenait, elle s'était mise à aboyer, avait dit qu'il n'y avait plus de costumes de chien au magasin de farces et attrapes et que nous pouvions l'appeler Fido. J'avais eu envie de lui sauter au cou, mais je m'étais contentée de lui caresser le dos.

Le lendemain, elle était venue me chercher à l'école encore déguisée en lapin. C'était ça, le problème de Grace. Elle ne savait pas s'arrêter à temps. Elle en faisait toujours trop.

J'ouvris la porte d'entrée et la trouvai là, dans sa robe Tie & Dye un peu trop longue, avec ses cheveux roux dans tous les sens. Elle semblait petite, innocente, pleine de bonnes intentions.

— Eh bien, dis-je. En voilà, une surprise.

Grace sortit de son sac un Tupperware jaune.

— Je t'ai apporté de la soupe au poivron et aux pousses de soja. C'est plein d'acide folique, de vitamine A et de vitamine C.

— Tu m'as fait de la soupe ?

— Il faut bien que je m'assure que mon petit-fils ou ma petite-fille soit nourri correctement.

Elle me faisait un grand sourire, exposant deux rangées de dents blanches. La grille de fer autour de mon cœur s'ouvrit et je reculai pour ouvrir plus grand la porte.

— Entre, Grace. Viens manger de la soupe avec moi.

Elle me fourra la boîte en plastique dans les mains.

— Ce serait avec plaisir, mais il faut que je rentre. J'ai des rendez-vous de suivi post-natal. Je ne veux pas être coincée dans les embouteillages de Providence.

Elle prit mon visage dans ses mains et m'embrassa. Elle dégageait des odeurs d'huiles essentielles de lavande et de cèdre, je crois. Grace détestait le parfum, mais grâce aux huiles qui brûlaient constamment chez elle, elle sentait toujours très bon.

— On s'appelle, d'accord ?

Je me contentai de hocher la tête en la regardant s'en aller, ses cheveux emmêlés flottant dans son dos. En la voyant ainsi, je fus soudain prise du désir incontrôlable de crier *Attends ! Reste. Mange de la soupe avec moi.* Mais il était trop tard. Elle était partie.

Une heure plus tard, j'étais assise sur les marches du perron de mon immeuble. Je préférais le bruit et l'agitation de la ville au silence de mon appartement. Le ciel était bleu marine et parsemé de nuages lavande, la moiteur d'un orage pesait dans l'air. C'était drôle, la visite de Grace, censée être un acte de gentillesse, n'avait réussi qu'à me faire sentir encore plus seule.

Les passants dans la rue étaient bien habillés, prêts à sortir pour une soirée. Il n'y avait pas de promeneurs. Les parents étaient chez eux, dans les banlieues, préparant le dîner et s'organisant pour savoir qui emmènerait les enfants à l'école le lendemain matin. Pas les gens qui marchaient devant moi. Certains portaient des alliances, d'autres venaient clairement de se rencontrer et en étaient à leur premier ou deuxième rendez-vous. Si tout se passait bien pour eux, ils feraient les choses selon la tradition : les fiançailles, le mariage, puis un bébé. Ou peut-être pas. Je devais admettre que je n'avais jamais été opposée à l'idée de ne pas suivre la tradition ou de ne jamais me marier, mais je n'avais jamais pensé que le bébé viendrait avant l'homme.

— Neva ? C'est toi ?

Je fus soudain sortie de ma rêverie.
— Mark ?
— C'est bien toi, dit-il. Je croyais que tu avais disparu de la surface de la terre.

Je lui souris, mais au fond de moi, j'aurais voulu qu'il en soit exactement ainsi. Tout était la faute d'Eloise. Elle était venue boire un verre avec Sean, Patrick et moi un soir de l'année précédente et, comme d'habitude, Patrick et Sean (mais surtout Patrick) l'avaient interrogée sur ma vie amoureuse. En général, j'ignorais assez facilement ce genre de questions, mais ce soir-là, je ne sais pas pourquoi, cela m'avait embarrassée.

« Alors, dis-nous, avait demandé Patrick, est-ce que Neva ramène parfois des mecs chez vous ? » Eloise lui avait dit la vérité, à savoir que ça n'arrivait pas souvent. Tout se passait bien jusqu'à ce qu'elle propose de me présenter des bons partis. Une seconde plus tard, elle avait sorti son téléphone portable et se préparait à envoyer mon numéro à un comptable italien très mignon. Je commençais à protester mais, en voyant Patrick noter le numéro d'Amy, une amie d'Eloise, je m'entendis dire : « Pas de problème. Envoie mon numéro au comptable. »

Mark avait fait tout ce qu'il fallait. Il était venu me chercher devant ma porte, s'était assuré que j'avais toujours quelque chose à boire et m'avait fait parler de moi. Il avait même payé l'addition pendant que j'étais aux toilettes. J'avais ri plusieurs fois et, quand nous n'avions pas été d'accord, je ne m'étais jamais sentie sur la défensive. Un verre de vin s'était transformé en une bouteille, puis une autre. Sur le chemin du retour, j'étais un peu pompette et c'était agréable.

« Est-ce que tu veux, euh... monter boire un café ? » lui avais-je demandé devant ma porte.

Un petit courant électrique était passé entre nous.

« Je ne bois pas de café, avait répondu Mark en avançant de quelques pas. Mais oui, j'aimerais bien monter. »

Quand ses lèvres avaient touché les miennes, il s'était passé quelque chose en moi. Cela faisait longtemps, trop longtemps, que personne ne m'avait embrassée. Je ne sais pas comment nous avions réussi à monter les escaliers, à traverser mon appartement jusqu'à ma chambre, mais nous n'étions jamais arrivés jusqu'à mon lit. Plus tard, allongés par terre en regardant le plafond, j'avais la tête qui tournait.

« Eh, avait-il dit, tu veux entendre une blague ?
— Bien sûr... »

Comme j'avais roulé sur le côté pour lui faire face, j'avais soudain hésité. Le visage souriant de Mark me regardait. Il avait tendu la main et m'avait caressé la joue.

« Qu'y a-t-il ? »

C'était vraiment étrange, peut-être tout le vin que nous avions bu. Je venais de passer la soirée avec Mark, de coucher avec Mark, mais en me tournant, je m'étais attendue à voir Patrick. Non, je ne m'y étais pas attendue. Je *voulais* voir Patrick.

« Rien, avais-je répondu en me forçant à sourire. Tout va bien. Tu allais me raconter une blague ? »

Sa blague était drôle. Pas hilarante, mais drôle. Et je m'étais sentie tout d'un coup parfaitement sobre. Je ne pouvais m'empêcher de penser à Patrick. Quand il me racontait une blague, je riais toujours, qu'elle soit drôle ou pas. Il aimait me faire rire. Il disait que c'était difficile, ce qui était faux. Il y parvenait sans peine. Il avait une manière irrésistible de me regarder, juste après avoir prononcé la chute d'une blague, avec une sorte d'espoir prudent, qui produisait toujours son effet. Et plus tard, une fois chez moi ou en rentrant de l'hôpital, en me rappelant son expression, je souriais à chaque fois.

Quand Mark m'avait embrassée de nouveau, j'avais fermé les yeux, mais cela n'avait rien changé. L'étincelle avait disparu.

Je ne m'étais pas attendue à ce que Mark me recontacte, mais à plusieurs reprises, il l'avait fait. Est-ce que je voulais aller voir un film ? Est-ce que j'avais envie d'aller dans ce nouveau restaurant français qui venait d'ouvrir ? Une partie de moi était tentée d'accepter. Mais, chaque fois que je m'apprêtais à répondre à son message, quelque chose me retenait. Il avait fini par arrêter de m'envoyer des messages, heureusement, et je n'avais plus eu de nouvelles de lui. Jusqu'à aujourd'hui.

Mark se tourna soudain vers la femme qui l'accompagnait, comme s'il venait seulement de se souvenir de sa présence.

— Oh, euh… Neva, je te présente Imogen.

— Bonjour, Imogen, répondis-je en me levant maladroitement.

Elle serra les lèvres en un petit sourire.

— Bonjour, dit-elle.

Je le savais, c'était le moment où ils étaient censés dire qu'ils étaient en retard ou qu'ils avaient quelque chose à faire et qu'ils devaient y aller. J'étais sur le point de les précéder quand l'expression de Mark s'assombrit.

— Pourrais-tu nous donner une minute, s'il te plaît, Imogen ? fit-il d'une voix faussement enjouée. Vas-y. Je te rejoins chez toi.

Je me rendis soudain compte qu'il avait les yeux rivés sur mon ventre.

L'expression confuse d'Imogen devait refléter la mienne. Son regard alla de Mark à moi, puis elle vit mon ventre.

— D'accord, dit-elle d'un ton hésitant. À tout à l'heure.

Mark lui adressa un sourire rassurant. Mais dès qu'Imogen fut partie, ce sourire disparut.

— Tu es enceinte, dit-il d'un ton accusateur.

La réponse était évidente, mais je l'énonçai à haute voix.

— Oui.

— Ce n'est pas..., hésita-t-il. Ce n'est pas le mien ?

— Non. Mon Dieu, non.

Je comprenais pourquoi il avait demandé à sa compagne de nous laisser.

— Quand dois-tu accoucher ? demanda-t-il.

— Le 31 décembre.

Son regard se fit lointain tandis qu'il calculait. Une fois rassuré, il hocha la tête.

— Eh bien. Félicitations. Je te souhaite bonne chance.

Il se mit à pleuvoir. Un silence gêné s'installa entre nous. De grosses gouttes tombaient, lourdes, comme de tout petits ballons à eau. Le moment était bien choisi.

— Je pense que je ferais mieux...

Mark esquissait un signe de la main dans la direction dans laquelle était partie Imogen.

— Oui, répondis-je. Moi aussi. J'ai été contente de te revoir, Mark.

Je le regardai s'éloigner. Comme je cherchais mes clés dans ma poche, mon portable sonna.

— Allô, Grace ?

— Neva, j'ai besoin de ton aide.

Mon cœur se mit à battre plus vite.

— Que se passe-t-il ?

— Une de mes clientes est en travail. Sa sœur devait m'assister pour l'accouchement, mais elle n'habite pas la région et le bébé est en avance. J'ai appelé Mary et Rhonda, elles ne sont pas libres. Pourrais-tu venir m'assister ?

Je réfléchis vite à ce qu'elle me disait. Grace pratiquait des accouchements à domicile. Le bébé était en avance. Quelque chose ne collait pas dans cette équation.

— Si le bébé est prématuré, Grace, tu dois l'emmener à l'hôpital.

— Elle en est à trente-sept semaines, ce n'est pas la peine d'aller à l'hôpital. Elle accouchera dans mon atelier.

Un homme sortant de mon immeuble me tint la porte ouverte, je le remerciai d'un petit signe de la main.

— Où en est-elle ?

— Je ne l'ai pas encore examinée, mais je dirais qu'elle doit en être à cinq ou six centimètres de dilatation, elle n'a pas encore perdu les eaux, six minutes entre les contractions depuis une heure. C'est son deuxième bébé.

— Quand le travail a-t-il commencé ? demandai-je en montant les escaliers.

— Il y a deux heures à peu près, mais il progresse relativement vite, répondit-elle et j'entendis du désespoir dans sa voix. Chérie, j'ai vraiment besoin de toi.

Je poussai la porte et entrai dans mon appartement.

— J'arrive.

— C'est vrai ? demanda Grace d'une voix qui se brisait. Tu viens ?

— Bien sûr, répondis-je.

J'eus honte en entendant sa surprise et son soulagement, honte qu'elle ait pu penser que je refuserais. Oui, Grace et moi avions nos problèmes. Mais elle était ma mère. Et peu importaient les problèmes qu'il pouvait y avoir entre nous. Elle avait besoin de moi. Je venais.

11

Grace

— Allez, Gill, je veux que vous vous détendiez maintenant. Je vais vous faire un examen interne pour voir comment vous progressez. Allongez-vous. Parfait.

J'enfilai mes gants et m'agenouillai au bout du lit. Le mari de Gillian se tenait à ma droite.

— David, j'ai besoin que vous m'aidiez à la faire glisser un peu plus sur le lit. Attrapez-la par les épaules et vous, Gill, levez les fesses et laissez-vous glisser. Prête ? On y va.

Lorsqu'elle fut en position, je commençai l'examen.

— Huit centimètres. Pas mal. Beau travail, Gillian.

Je souris, puis palpai la tête. Je sentis un os dur au centre du crâne. Je veillai à conserver une expression parfaitement neutre. Qu'est-ce que c'était ? J'écartai les doigts, palpant les tissus autour de l'os. Il me semblait que c'était un siège, mais… c'était impossible. Le bébé avait eu la tête en bas la dernière fois que j'avais examiné Gillian. Je posai la main sur son ventre. Oui, je sentais bien une tête.

Gillian fut prise d'une autre contraction. Je retirai mes gants et me dirigeai vers l'évier. Je n'y comprenais rien. Si le bébé avait la tête en bas, qu'est-ce que je sentais ? Même si cela semblait improbable, je ne pouvais pas totalement exclure la possibilité d'une présentation par le siège. Et dans ce cas, il était trop risqué d'accoucher à domicile. Elle devrait être transférée à l'hôpital.

— Je suis là.

Je me retournai. Neva était à côté de moi, vêtue d'un pantalon de jogging et d'un gilet à capuche tendu sur son ventre. Elle avait les cheveux mouillés et emmêlés par le vent.

— Oh, dis-je avec un soupir de soulagement, soudain heureuse qu'aucune de mes autres assistantes n'ait été disponible. Dieu merci.

Neva se tourna vers Gillian et David.

— Je m'appelle Neva, dit-elle. Je suis infirmière-sage-femme et je suis là pour vous assister dans votre accouchement. On dirait que vous avez fait du beau travail. Je vais me laver les mains, et puis ce serait une bonne idée que vous vous leviez et que nous vous faisions marcher, pour laisser la gravité faire son œuvre, dit-elle en se tournant soudain vers moi d'un air hésitant. Enfin… si cela convient à Grace.

— Euh… oui, répondis-je. Cela me convient.

Pendant que Neva discutait avec Gillian, une image de mon bébé aux cheveux blonds me vint à l'esprit, si différente de la femme qui se tenait devant moi à présent. Elle toucha le ventre de Gillian gentiment, mais pas trop familièrement. Elle était chaleureuse, mais professionnelle. Ses plus grandes qualités.

Lorsque Neva eut fini de s'entretenir avec ma patiente, elle vint me rejoindre au lavabo.

— Comment ça se passe ? As-tu déjà fait l'examen interne ?

— Oui, mais..., poursuivis-je à voix basse. Le bébé avait la tête en bas à la trente-cinquième semaine, mais quand je l'ai examinée à l'instant, j'ai eu l'impression que c'était un siège. Dur au milieu, mou sur les côtés. Je ne suis pas sûre.

— Trente-cinq semaines ? C'est un peu tard pour se retourner, non ? dit-elle, se faisant l'écho de mes pensées. Est-ce que ce n'était pas le nez que tu as senti ? Une position postérieure ?

— Peut-être.

Le bébé avait peut-être le visage tourné vers le haut, mais j'en doutais. Là, c'était différent.

— Veux-tu que je regarde ?

— Oui, répondis-je avec un soupir de soulagement.

Neva sourit et toutes mes inquiétudes disparurent comme par magie. Avec elle à mes côtés, nous nous en sortirions. Cette idée me rendit heureuse.

J'allai voir Gillian.

— Accepteriez-vous que Neva vous examine avant de vous lever ? Le bébé n'est pas dans la position que j'avais espérée et j'aimerais avoir un deuxième avis.

Le visage de Gillian s'assombrit.

— Cela arrive parfois, poursuivis-je comme si de rien n'était. Le rythme cardiaque du bébé est tout à fait normal et il ne montre aucun signe de détresse. Nous voulons juste savoir comment il se présente.

— Mais... vous n'êtes pas inquiètes ? s'enquit Gillian, l'air toujours tendu.

— Avons-nous l'air inquiètes ? demanda Neva avec un grand sourire en enfilant ses gants de caoutchouc. Maintenant, je veux que vous vous détendiez. Très bien. Prenez une profonde inspiration. J'en ai pour une minute.

Neva parla à Gillian et son mari pendant toute la durée de l'examen pour les détendre et les rassurer. Mais je voyais bien, au temps qu'il lui fallut, qu'elle aussi avait des doutes. Au bout d'une minute, elle sortit sa main et retira ses gants.

— Je suis perplexe. De l'extérieur, on dirait que le bébé a la tête en bas, et pourtant, au toucher, je jurerais qu'il se présente par le siège, annonça-t-elle en faisant claquer sa langue tandis qu'elle réfléchissait. Je vous conseille d'aller à l'hôpital. C'est ce que je recommanderais à une de mes patientes.

Dans la pièce, l'atmosphère changea du tout au tout. Dehors, la pluie s'était transformée en grêle qui s'abattait sur les fenêtres avec fracas.

— Ne pouvez-vous pas faire un accouchement par le siège ici ?

— Ce serait trop dangereux, répondit Neva.

Gillian se leva.

— Je... je ne peux pas aller à l'hôpital ! Pas après ce qui s'est passé la dernière fois. S'il vous plaît, Grace.

Neva posa la main sur son épaule.

— Tout va bien se passer, Gillian, dit-elle. Je vous le promets. Mais une naissance par le siège comporte beaucoup de risques et...

Gillian se mit à paniquer. Je lui pris la main.

— Restez calme. Ce n'est pas bon pour le bébé si vous paniquez. Nous pouvons peut-être faire quelque chose. Laissez-moi parler à Neva une minute, pour voir si nous trouvons une solution.

Je fis signe à Neva de venir avec moi et elle hocha la tête. Toutefois, dès l'instant où j'eus fermé la porte derrière nous, son visage devint un masque d'incrédulité.

— « Nous pouvons peut-être faire quelque chose » ? répéta-t-elle. Tu ne comptes quand même pas pratiquer un accouchement par le siège ici ? À dix kilomètres de l'hôpital, qui n'est accessible que par une seule route. Dis-moi que ce n'est pas ce que tu suggères.

— Tu as déjà fait un accouchement par le siège...

Neva ouvrit de grands yeux.

— J'ai *assisté* à un accouchement par le siège au cours de ma formation. Et c'était dans un hôpital, avec un obstétricien et un pédiatre, sans parler des médicaments et des machines à portée de main ! Un accouchement vaginal par le siège est extrêmement risqué. Y procéder ailleurs qu'à l'hôpital n'est pas éthique. Si quelque chose se passe mal, ils peuvent mourir tous les deux.

— Neva, répondis-je en gardant ma voix calme et posée. Gillian a eu un premier accouchement traumatisant et elle a une peur bleue des hôpitaux. Ce n'est pas bon pour le bébé. De plus, nous ne sommes même pas sûres qu'il se présente par le siège. Tu as dit toi-même que ce n'était pas clair.

Il pourrait s'agir d'autre chose. Une présentation par le visage, l'os du nez...

Neva secoua la tête.

— Voilà bien le problème, nous ne savons pas. Je n'ai même pas eu l'impression que c'était un siège. Sous l'os, j'ai senti... un trou.

— La bouche ? demandai-je avec une lueur d'espoir.

Si c'était la bouche qu'elle avait senti, cela voulait dire que le bébé avait la tête en bas.

— Je ne crois pas, répondit Neva en faisant la moue. Il n'y avait pas d'espace entre l'os et le trou. S'il se présente par le visage...

— Quoi ?

Neva ferma les yeux.

— C'est peut-être une fente palatine, dit-elle.

Nous restâmes silencieuses un moment, puis Neva se laissa tomber contre le mur. Je réfléchis. Si le bébé se présentait par le visage, c'était peut-être le nez que nous avions senti. Et la fente était peut-être le trou que Neva décrivait. La panique me gagna moi aussi.

— C'est ça, n'est-ce pas ? demanda-t-elle.

De toute ma carrière, je n'avais eu à donner ce genre de nouvelle qu'une ou deux fois. La première, quand j'avais mis au monde un bébé avec un hémangiome couvrant tout le côté gauche de son visage. La deuxième, quand j'avais découvert une petite fille avec seulement deux doigts entiers à sa main gauche.

— Je pense que nous devrions aller à l'hôpital, dans ce cas, dis-je, quand plus d'une minute se fut écoulée en silence. Si le bébé a une fente palatine, il pourrait avoir bien d'autres problèmes. Il nous faudra un pédiatre.

J'appuyai mes mains contre le mur, la tête baissée, puis avançai vers la porte.

— Attends.

Neva prit une profonde inspiration, comme si elle pesait le pour et le contre.

— Je connais un pédiatre. J'arriverai peut-être à le convaincre de venir ici.

— C'est vrai ?

— Peut-être. Comme ça, au moins, Gillian n'aura pas à accoucher à l'hôpital en plus d'apprendre la mauvaise nouvelle.

— Penses-tu que ton pédiatre viendrait assister à une naissance à domicile ?

— Je n'en suis pas sûre, répondit Neva. Donne-moi deux minutes.

Elle sortit son téléphone de sa poche et descendit l'escalier au pas de course. J'attendis là où je me trouvais. Je ne voulais pas retourner voir Gillian sans aucune certitude ; je ne voulais pas lui donner l'espoir d'accoucher chez elle si ce pédiatre refusait de venir. Mais ce faisant, je retardais l'inévitable. Était-il raisonnable de laisser à Gillian la possibilité d'accoucher à domicile ? Même avec un pédiatre, nous n'avions pas les ressources d'un hôpital. Si le bébé avait besoin d'une transfusion sanguine ou d'une opération, nous perdrions un temps précieux à le transférer. Cela dit, maintenir Gillian dans un environnement familier où elle se sentait bien était la meilleure solution pour tout le monde. J'hésitais encore quand Neva revint.

— Le pédiatre arrive. Allons parler à Gillian.

Neva rentra dans la pièce devant moi. Si elle avait le moindre doute, je ne le vis pas. Et si Neva, Mademoiselle Je-fais-tout-comme-il-faut, était d'accord pour rester ici, je n'avais pas de raison de m'inquiéter.

Gillian et David se redressèrent en nous voyant entrer, et je m'assis au bout du lit. Je posai la main sur la cuisse de Gill.

— Neva et moi avons discuté de ce que nous avons senti, et au bout du compte, nous ne sommes pas convaincues que le bébé se présente par le siège. Nous devrons le confirmer, mais nous pensons avoir senti... un palais fendu.

Gillian me regarda sans comprendre, puis se tourna vers son mari.

— Un palais fendu, c'est quand la lèvre supérieure du bébé est manquante ou déformée, fit David plus pour lui-même que pour sa femme. Un peu comme un bec-de-lièvre.

Sa lèvre à lui s'affina tandis qu'il parlait, comme par solidarité avec son enfant.

— Oh non ! s'écria Gillian, soudain alarmée.

J'aurais voulu la rassurer, lui dire que ce n'était pas grave, que son bébé serait quand même beau et que sa malformation serait mineure. Mais je lui devais plus, je lui devais la vérité.

— David a raison, dis-je. Le bébé peut avoir une malformation plus ou moins importante à la lèvre et au palais ; en général, cela se présente sous la forme d'un trou entre la lèvre supérieure et la zone nasale. Maintenant que nous savons ce que nous cherchons, nous allons tenter de le confirmer en examinant le reste du visage, mais nous pensons toutes les deux que c'est bien ce à quoi nous avons affaire.

Je m'interrompis alors qu'une autre contraction commençait. Gillian se concentra sur sa respiration, soutenue par les encouragements de son mari. Une fois la contraction terminée, je poursuivis :

— Un pédiatre est en route. Il examinera le bébé après sa naissance. Et cela pourrait tout à fait se terminer ainsi...

— Mais peut-être pas ?

— Pour l'instant, rien ne prouve que le bébé ait d'autres problèmes, répondis-je. Nous ne saurons rien avec certitude tant qu'il ne sera pas né. Une fois confirmé que le bébé ne se présente pas par le siège, nous pourrons quand même essayer de vous accoucher ici, si c'est ce que vous voulez.

— Oui, dit Gillian. Je veux accoucher ici. Plus que tout au monde.

Je souris à Neva – un remerciement silencieux.

— D'accord, dis-je à Gillian. Alors rallongez-vous, s'il vous plaît.

Un jeune homme d'une beauté étonnante arriva une heure plus tard. Même en plein milieu d'une contraction, Gillian se tut en le voyant. Il pleuvait si fort dehors que ses cheveux et ses vêtements étaient trempés et lui collaient à la peau. Lorsqu'il dégagea son visage, j'en eus le souffle coupé. C'était plus fort que moi. Avec sa mâchoire carrée et son front proéminent, il avait un faux air d'Elvis Presley, mais en mieux dessiné. Pourquoi ma fille ne m'avait-elle pas prévenue ?

— Désolé d'avoir mis si longtemps à arriver, dit-il en retirant sa veste militaire kaki et en la posant sur le dos d'une chaise. On ne voit rien avec cette pluie. La partie étroite de la route de Beavertail était terrifiante, les vagues étaient si hautes qu'elles s'écrasaient sur la chaussée ; je suis étonné qu'elle n'ait pas été fermée.

— Heureusement qu'elle ne l'a pas été, répondit Neva. Cette route est la seule pour arriver ou repartir de cette partie de l'île. Si elle ferme...

Neva ne termina pas sa phrase, ne voulant pas effrayer Gillian. C'était de toute façon inutile, nous avions tous compris. *Si elle ferme, nous serons coincés là. Personne ne pourra venir, personne ne pourra partir.*

— Mais on dirait que la pluie est en train de se calmer, ça devrait aller.

Le médecin se tourna vers moi.

— Vous devez être Grace. C'est un plaisir de vous rencontrer enfin.

Il sourit, révélant deux rangées de dents blanches presque parfaites, mais pas au point de paraître fausses. Je lui lançai un regard interrogateur. *Enfin ?* Pourquoi avait-il dit « enfin » ? Depuis quand faisais-je partie de sa vie ?

— Moi, c'est Patrick, dit-il.

J'attendais le reste. *Patrick Je-ne-sais-quoi, docteur en ci et ça, et dieu de la médecine.* C'était ainsi que tous les médecins se présentaient, d'après mon expérience, et particulièrement lorsqu'ils s'adressaient à des sages-femmes qui, selon eux, ne connaissaient rien à rien. Mais pas Patrick. Il ne me donna même pas son nom de famille. Et avant que j'aie eu le temps de le lui demander, il avançait déjà vers mes clients.

— Bonjour, Gillian, David, fit-il en s'asseyant devant eux. Je m'appelle Patrick. Je suis pédiatre. Neva m'a informé de ce qu'il se passait. Je suis sûr que vous devez être inquiets, mais laissez-moi m'inquiéter à votre place et concentrez-vous sur l'accouchement. Un palais fendu ou un bec-de-lièvre peuvent être corrigés par une opération chirurgicale. Et vous avez eu un bon suivi prénatal, alors je vous propose de rester optimistes, et même enthousiastes. Nous sommes sur le point de rencontrer l'une des personnes les plus importantes de votre vie.

Je me tournai vers Neva, qui haussa les épaules. Oui, il est génial, semblait-elle dire. Et en effet, il était assez génial. En une ou deux phrases, il avait réussi à transformer l'atmosphère de la pièce. Je n'avais jamais rencontré un médecin comme lui. Il me plut immédiatement.

— Très bien, je vais maintenant laisser les professionnelles s'occuper de vous, dit-il à Gillian. Neva est l'une des meilleures sages-femmes de la ville, et si Grace est sa mère, alors vous êtes entre de très bonnes mains.

Patrick remontait encore dans mon estime. Un médecin qui ne prenait pas automatiquement la direction des opérations ? Qui nous appelait, nous, les sages-femmes, des « professionnelles » ? Où ma fille l'avait-elle trouvé ? Et, plus important encore, comment pouvais-je m'assurer qu'elle le garde ?

— D'accord, dit Neva. Nous allons vous lever. C'est important que vous bougiez. J'aimerais que ce bébé arrive avant le lever du soleil !

Elle passa devant Patrick en lui donnant un petit coup de coude au passage. Il lui sourit et je vis quelque chose dans ses yeux. Il l'appréciait. L'espoir grandit en moi, mais je tentai de le faire taire. Je n'osais même pas espérer que ce bel homme puisse être le père de mon futur petit-enfant.

Neva aida Gillian à aller s'asseoir sur le tabouret de naissance, où elle passa les trois heures suivantes. Le travail progressait à une allure tout à fait satisfaisante, et quand le soleil commença à poindre à travers les rideaux, elle se mit à pousser.

— Essayez de ne plus pousser, dis-je quand la tête du bébé apparut.

J'étais agenouillée à ses pieds.

— Contentez-vous de souffler. Lentement, très lentement. Très bien. Je veux que la tête sorte lentement.

— La voilà, dit Neva en s'approchant, une serviette dans les mains.

Quand la tête apparut, Neva murmura des paroles rassurantes. Patrick s'était rapproché, lui aussi, et étudiait le visage du bébé. Il avait la lèvre et le palais fendus, cela ne faisait aucun doute. Mais Patrick leva la tête vers les parents et leur sourit. J'eus alors une envie irrésistible de le prendre dans mes bras. Quel médecin formidable. Quel homme formidable.

— La tête est dehors, annonça Neva.

Je passai les doigts sous les épaules du bébé pour faire passer l'os pubien. Puis nous attendîmes la contraction suivante. La pièce était pleine d'énergie et d'excitation, exactement l'atmosphère dans laquelle devait se passer une première naissance à domicile.

— On y va, dis-je quand Gillian se remit à gémir.

Neva fit venir David à côté de moi afin qu'il puisse voir son enfant arriver.

— Je veux une autre grosse poussée, dis-je.
— Allez, Gill, l'encouragea Neva.

À la poussée suivante, j'attrapai la petite fille. Elle était robuste, peut-être quatre kilos, ou plus, et pleura immédiatement. Tout le monde s'écria en chœur :

— Une fille !

Les bras tendus, j'hésitai soudain, puis me tournai vers Patrick. Cela faisait si longtemps que je n'avais pas mis un bébé au monde en présence d'un médecin que j'avais oublié le protocole. J'avais l'habitude de toujours donner le bébé directement à sa mère pour qu'il se sente rassuré par son odeur, la sensation de sa peau contre la sienne. De mémoire, cependant, il me revenait que les médecins aimaient examiner le bébé auparavant.

— Donnez-la à sa mère, dit Patrick. Elle veut rencontrer ses parents avant de voir ma sale tête. Et ses poumons ont l'air de fonctionner à merveille.

Je ne savais pas si je devais me sentir contente ou déçue que Patrick démontre ainsi la fausseté de mes préjugés sur les médecins.

Nous aidâmes Gillian à s'allonger sur le lit et je plaçai le bébé encore couvert de vernix et de sang sur le ventre de sa mère. Neva se tenait à ses côtés et frottait le nouveau-né à l'aide d'une serviette chaude. J'observais la scène en retenant mon souffle. Gillian souleva la serviette et baissa les yeux pour regarder sa fille. J'eus envie de dire quelque chose, mais me ravisai. Les parents avaient besoin de temps.

— Oh ! dit Gillian au bout d'un moment dans un demi sanglot.

Elle avait la voix brisée et les yeux pleins de larmes.

— Son visage...

Je fis signe à Neva de venir prendre ma place au bout du lit. Il restait le placenta à expulser, mais je devais être avec Gillian. J'allai à la tête du lit et regardai le nouveau-né qui se tortillait contre la poitrine de sa mère.

— Oh Gillian !

Je couvris ma bouche de la main. La lèvre supérieure du bébé remontait pour rejoindre la base de la narine gauche, laissant un trou noir béant au centre de son visage. Le reste de celui-ci était intact, parfait, même. Je soulevai un peu plus la serviette, révélant dix doigts et dix orteils sans défaut, et un gros ventre rond. La nouvelle venue nous observait d'un air furieux. Mon cœur explosa.

— Elle est... magnifique.

Je ne pouvais pas m'empêcher de sourire. Neva souriait aussi, mais elle ne regardait pas le bébé. Elle me regardait, moi.

— Oui, elle est magnifique, dit Gillian comme si elle la voyait pour la première fois. Regarde, David. Regarde ses petites mains et ses petits pieds.

Je souris en voyant les nouveaux parents émerveillés devant leur petite fille. J'avais du mal à croire que vingt-neuf années s'étaient écoulées depuis que cela m'était arrivé. Comme moi ce jour-là, ces parents étaient tombés immédiatement et totalement amoureux de leur enfant. Tout allait bien.

— Je peux jeter un coup d'œil ? demanda Patrick.

Je m'écartai pour le laisser passer, mais Gillian serra son bébé contre elle.

— Devez-vous vraiment me la prendre ? demanda-t-elle avec une expression sauvagement protectrice.

— Donnez-nous juste un petit moment, Patrick, s'il vous plaît, dis-je.

Il nous adressa un grand sourire.

— Je ne l'emmène nulle part, répondit-il. Je peux parfaitement l'examiner ainsi, si cela vous convient. Les bras de sa mère sont le meilleur endroit où elle puisse se trouver.

Gillian desserra légèrement son étreinte et hocha lentement la tête.

— D'accord, dit-elle.

— Très bien. Alors voyons voir, dit-il en ouvrant la serviette. Salut, ma belle.

Neva observait Patrick d'un air attendri, elle n'avait manifestement pas conscience de mon regard posé sur elle.

— A-t-elle un prénom ? demanda-t-il.

— Non. Pas encore.

Sans retirer le bébé des bras de sa mère, il l'examina, écouta ses poumons et vérifia ses réflexes.

— Bien. Très bien.

Patrick sourit tout au long de l'examen et quand il eut terminé, il referma la serviette autour du bébé.

— Je suis sûr que vous vous inquiétez à cause de la lèvre, alors c'est ce dont je vais vous parler en premier. La bonne nouvelle, c'est que nous pouvons faire beaucoup de choses avec la chirurgie. C'est une opération très courante et qui connaît de très bons résultats. Pour le palais, c'est un peu plus compliqué, mais le pronostic est bon...

Patrick continua et répondit aux questions des parents en termes simples et faciles à comprendre, sans la moindre trace de l'arrogance que j'associais si souvent aux médecins. Il était impossible de ne pas l'aimer. Je me rendis auprès de Neva, qui examinait le placenta.

— Alors...

Neva ne leva même pas la tête vers moi.

— Non, il n'est pas le père. Et je ne suis pas intéressée.

— C'est bon, c'est bon, répondis-je en levant les mains en signe d'innocence. Pas la peine de monter sur tes grands chevaux...

— De toute façon, ce n'est pas le style à se caser avec une seule femme. Pourquoi le ferait-il, quand il peut les avoir toutes ? Bon sang, tu es déjà sous son charme ! Tu imagines ce que c'est à l'hôpital ?

Je hochai la tête. Je l'imaginais sans mal.

— Quoi ? demanda Neva.
— Rien. C'est juste que...
— Vas-y, Grace. Dis-le.
— Eh bien, il est venu de loin en plein milieu de la nuit pour t'aider, Neva. Et tu as tout de suite pensé à lui. Il y a peut-être plus entre vous que...
— Grace ?

Patrick arrivait derrière nous et Neva reprit son inspection du placenta.

— Je vais demander à ce qu'elle soit transférée à l'hôpital le plus proche, dit-il. Je veux que le bébé soit examiné le plus rapidement possible.
— Si vite ? demandai-je.
— Gillian a une déchirure qui doit être recousue avant, observa Neva en secouant la tête.

Patrick parut ennuyé.

— Je pourrais toujours emmener David et le bébé...

Gillian croisa les bras avec une expression déterminée. Elle ne lâcherait pas son bébé.

— Si elle va à l'hôpital, j'y vais aussi, affirma-t-elle.

Je ne pus m'empêcher de sourire. Son instinct maternel était en éveil, même quelques minutes après la naissance.

— D'accord, dis-je. Nous pourrons nous occuper de la suture à l'hôpital. Il faut juste que je nettoie la plaie et que j'applique des compresses propres avant de partir. Où est votre autre fille ? Voulez-vous que j'appelle quelqu'un ?
— Chez nos voisins, répondit David. J'irai la chercher quand nous saurons que le bébé va bien.

Neva était déjà allée chercher des compresses dans le placard et remplissait un bol d'eau chaude.

— Je reste, Grace, dit-elle. Je connais tous les détails de la naissance, je peux rédiger les notes pour le dossier et ranger ici. Pars avec Gillian. Je vais appeler l'hôpital pour les prévenir de votre arrivée.

Quelques minutes plus tard, nous installâmes Gillian, David et le bébé dans ma voiture. Patrick démarra la sienne, prêt à nous suivre jusqu'à l'hôpital. Neva m'ouvrit la portière.

— Bonne chance.

Je déposai un baiser sur sa joue et, à ma surprise, elle me serra brièvement contre elle.

— Tu as fait du beau travail aujourd'hui, Grace, me dit-elle à l'oreille. Et tu avais raison. C'était magique.

Avant que j'aie eu le temps de reprendre mes esprits, elle avait tourné les talons.

12

Floss

La première fois que j'avais vu Lil, elle était assise au troisième rang de mon cours sur les accouchements naturels. Elle portait un tailleur pantalon noir et une écharpe Mulberry. On aurait dit qu'elle allait à un mariage, et pas à un cours d'accouchement. Or, il était clair qu'elle était trop âgée pour être enceinte, et les chaises vides à côté d'elle indiquaient qu'elle n'était pas venue accompagner sa fille. Elle avait une ossature fine, des cheveux blancs coupés au carré et un visage fin et joli, tout en angles. L'opposé de moi, physiquement parlant. Tandis que je me présentais à la classe et distribuais les brochures, je ne pus m'empêcher de lui lancer des regards en coin. Elle n'avait pas l'air tout à fait à sa place, mais c'était le cas de beaucoup de gens. Les accouchements, en particulier pour les personnes de ma génération, avaient le don d'impressionner même les plus courageux.

À peine le cours terminé, Lil s'était levée de sa chaise et dirigée vers la porte d'un pas rapide et étonnamment agile pour une femme de son âge. Mais après avoir passé une heure et demie à la regarder se tortiller sur son siège étroit, je n'allais pas la laisser partir sans lui parler.

« J'espère que vous avez trouvé le cours intéressant », dis-je comme elle passait devant moi.

Elle hésita et se retourna.

« Euh, oui, merci, répondit-elle en faisant un pas vers la porte.

— Est-ce que votre fille attend un bébé, ou un autre membre de votre famille ? » demandai-je.

Poser des questions aussi personnelles ne me ressemblait pas, mais je ne pouvais pas m'en empêcher. Elle hésita de nouveau.

« Non, ce n'est pas ça. Je me suis trompée de salle, ajouta-t-elle en regardant ses notes. Je devais aller en salle C1202.

— Le groupe de prise de parole en public ? » demandai-je, étonnée.

L'ombre d'un sourire passa sur son visage.

« Alors… pourquoi êtes-vous restée ? m'enquis-je avec un petit rire.

— Je ne suis pas sûre de le savoir, répondit-elle, mais cela n'avait rien à voir avec les accouchements naturels. »

Nous étions en début de soirée. Lil et moi avions mangé des pâtes devant un jeu télévisé que j'avais fait semblant de suivre avec intérêt. Mais j'avais mal au cœur. Pas métaphoriquement, mais littéralement. Une douleur aiguë, vibrante, dans mon sternum et mon côté gauche. Je pensais encore à Bill. Cela faisait des années qu'il n'avait pas autant occupé mes pensées, et je lui en voulais d'y prendre une place aussi importante. Pire, je m'en voulais pour cette pagaille. Jamais auparavant je n'avais regretté ce que j'avais fait, mais maintenant que la situation de Neva ressemblait tant à la mienne, mes raisons d'avoir gardé si longtemps ce secret me paraissaient de moins en moins claires.

— Tu vas bien, Floss ? demanda Lil.

Après avoir débarrassé les assiettes du dîner, elle s'activait désormais dans un coin du salon, dépliant le sèche-linge pour étendre la lessive. Elle avait aussi préparé le dîner ce soir-là. Je manquais à tous mes devoirs.

— Tu te tiens la poitrine, remarqua-t-elle.

— Ah oui ? répondis-je en laissant tomber la main que j'avais posée sur mon cœur. Ah oui.

— Tu es inquiète.

Lil n'était pas bête. Je n'avais pas été moi-même depuis l'annonce de Neva, et même si ma compagne m'avait laissée tranquille au début, j'avais l'impression que ma période de grâce touchait à sa fin. À sa façon de me parler, je savais que sa patience avait atteint ses limites.

— Je pense à Neva. Et à Grace, répondis-je en lançant un regard de côté à l'enveloppe jaune pâle qui dépassait de mon sac à main.

Lil secoua un T-shirt et l'étendit sur le sèche-linge.

— Tu penses beaucoup à elles ces derniers temps, fit-elle en prenant des sous-vêtements. La grossesse de Neva ravive d'anciennes douleurs en toi ?

Elle les accrocha et se baissa pour reprendre du linge.

— Je ne sais pratiquement rien de cette période de ta vie. J'aimerais que tu la partages avec moi.

Elle continuait d'étendre le linge, mais ses paroles restèrent suspendues entre nous deux comme de la poussière dans un rai de soleil. Je regardai de nouveau l'enveloppe ; la lettre d'Evie retrouvée la nuit précédente au cours d'une insomnie. Il me suffirait de la donner à Lil et elle saurait tout. Cependant, quelque chose m'en empêchait. Je voulais lui dire de vive voix. Je savais ce que c'était de voir quelqu'un pour qui on s'inquiétait refuser de parler. Mais au moins, Lil me voyait tous les jours et savait que je ne courais aucun danger réel et physique. Lorsque je m'étais inquiétée pour Elizabeth, je n'avais pas eu cette chance. Après la fête pour les fiançailles d'Evie, Elizabeth avait pratiquement disparu de la circulation. Tous nos projets étaient systématiquement annulés. Bill avait eu une semaine chargée ; Bill avait besoin d'elle à la maison. C'était frustrant, surtout que je pensais sans cesse à elle – et à Bill. Pourquoi lui ? Je n'arrivais pas à mettre le doigt dessus.

J'espérais qu'Evie, sa sage-femme, avait insisté pour qu'Elizabeth soit suivie en clinique prénatale. Si seulement j'avais pu l'examiner, mes inquiétudes se seraient dissipées. Mais Elizabeth assurait son propre suivi prénatal. Elle faisait elle-même ses tests d'urine chez elle, mesurait toutes les semaines la taille de son ventre, et tout indiquait que le bébé grandissait normalement. Comme elle était sage-femme elle-même, c'était parfaitement compréhensible, étant donné qu'elle habitait loin et n'avait pas de voiture. Je n'étais pas rassurée pour autant.

Plusieurs fois, j'avais pensé exprimer mon inquiétude à Evie, mais quel en était au juste l'objet ? Mon mauvais pressentiment par rapport à Bill ? Le fait qu'il avait essayé de danser avec moi le jour de son mariage ? Rien de tout cela n'était sensé. Evie aurait pris cela au mieux pour de la folie, au pire pour de la jalousie. J'avais donc décidé d'attendre qu'Elizabeth me contacte.

Quelques mois plus tard, sans crier gare, je reçus une invitation à dîner, ainsi qu'un mot disant qu'Elizabeth était désolée de ne pas m'avoir donné de nouvelles. J'acceptai son invitation. J'aurais préféré qu'elle vienne en ville et que nous puissions sortir déjeuner dehors et parler tranquillement. Mais comme cela ne semblait pas possible, je me contenterais de ce dîner.

Je fis le trajet à vélo jusqu'à Kings Langley. Elizabeth avait dit que leur maison, à Bill et elle, se trouvait à la limite de la ville et de la campagne, mais plus je pédalais, plus il apparaissait clairement qu'elle était en pleine campagne. Une pluie fine tombait sur moi. Cela faisait quinze minutes que je n'avais pas vu un seul bâtiment, quand j'aperçus enfin les lumières d'un petit cottage en pierre. Une voiture était garée devant – une berline noire. Étrange. Bill n'avait pas de voiture. Une fois arrivée, j'appuyais mon vélo contre un muret et suivis le chemin jusqu'à la porte d'entrée d'Elizabeth, faisant de grands pas pour éviter les flaques de boue entre les pavés.

Bill ouvrit la porte, une cigarette à la main et un sourire aux lèvres.

« Floss ! Nous commencions à nous inquiéter. Nous étions sur le point d'envoyer Michael à ta recherche. »

Michael ? Je jetai un coup d'œil à l'intérieur et vis un jeune homme grand et mince, plus effilé au sommet comme un crayon bien taillé. Ses cheveux étaient bruns, ainsi que son pantalon, et soigneusement coiffés sur le côté. C'était donc le but de ce dîner. Mon ventre, qui me donnait déjà l'impression d'être comprimé par une ceinture, se serra encore.

Bill me prit dans ses bras, un geste en apparence anodin. Pour lui en tout cas. Pas pour moi : cette étreinte me laissa une drôle d'impression. Je devais être raide comme un piquet. Il me fit entrer et me guida tout droit dans la cuisine où se tenait Elizabeth, vêtue d'un tablier rouge au-dessus de sa chemise taille Empire. J'étais soulagée de voir qu'elle semblait bel et bien enceinte, même si elle avait un petit ventre. Pour le reste, je la trouvai encore plus mince que d'habitude. Ses cheveux, qui avaient poussé depuis la dernière fois que je l'avais vue, avaient été savamment crêpés en un carré roux vif lui arrivant au menton.

« Floss ! s'exclama-t-elle en retirant son tablier avant de me prendre dans ses bras. Je suis si contente de te voir. J'aurais voulu t'inviter plus tôt, mais… enfin, ce n'est rien, tu es là. Floss, je te présente Michael. »

Elle me désigna l'homme-crayon.

« Michael, Floss. Floss, Michael. Michael vit dans une ferme voisine – une ferme à bétail – avec son père et son frère, et il avait bien besoin d'un bon repas fait maison, alors j'ai insisté pour qu'il se joigne à nous. *Célibataire et bon parti.* »

Elle avait chanté la dernière phrase et baissé la voix, mais pas suffisamment. Michael se retourna poliment, faisant mine d'être absorbé dans la contemplation de photos sur la cheminée, mais ses joues avaient rosi et il avait manifestement du mal à ne pas sourire.

« Floss, veux-tu boire quelque chose ? » demanda Bill.

Il avait l'air de bonne humeur, et Elizabeth aussi semblait heureuse, grisée par le pouvoir des entremetteuses. Il était difficile de ne pas se laisser gagner par son enthousiasme. Elle nous fit entrer dans la « salle à manger », un petit coin sans fenêtre attenant à la cuisine qui ne contenait qu'une table en son centre. La maison était minuscule. Juste une cuisine, un petit espace pour manger et une autre porte fermée qui devait mener à la chambre. La salle de bains, à ce que je pouvais voir, se trouvait à l'extérieur. Une corvée, imaginais-je, pour une femme enceinte qui pouvait se relever plusieurs fois dans la nuit. Bizarre que je n'aie jamais entendu Elizabeth s'en plaindre. Il faut dire que j'avais eu très peu de nouvelles au cours des mois précédents.

« Alors, Floss, dit Michael, assis à côté de moi à table. Bill me dit que vous êtes sage-femme ? Une belle carrière. J'imagine que cela doit être très gratifiant. »

Je fus étonnée par ses propos. Pour moi, un jeune fermier célibataire et bon parti ne devait rien voir d'autre dans le métier de sage-femme qu'une activité nécessaire. Mais il semblait sincère. Une réaction surprenante mais flatteuse.

« Ça l'est, répondis-je. C'est très gratifiant. J'ai fait naître mon cinquantième bébé hier, d'ailleurs.

— Le cinquantième ? s'exclama-t-il en me donnant une petite tape dans le dos. Eh bien, je ne peux pas me targuer d'en avoir fait autant, mais j'ai mis au monde quelques veaux. Même si j'imagine que c'est très différent. »

J'éclatai de rire.

« Il doit y avoir des similitudes, je suppose. Mais je ne peux pas dire que j'aie de l'expérience avec les veaux.

— Alors je vous inviterai la prochaine fois.

— Et j'accepterai », répondis-je.

Nous nous sourîmes. Son attitude – penché en avant, les coudes posés sur la table – trahissait un intérêt non feint. J'aurais voulu ressentir la même chose. Son sourire me faisait presque oublier la forme inhabituelle de sa tête.

« Je vois que vous vous entendez bien, dit Bill en venant s'asseoir à ma droite.

— Nous parlons de nos points communs, c'est tout, répondit Michael.

— Elizabeth était sage-femme, elle aussi, dis-je à Michael, avant de se marier.

— C'est vrai, Elizabeth ? lança-t-il à Elizabeth, occupée dans la cuisine. Cela doit te manquer. »

Elizabeth revint avec un poulet rôti posé sur une grande planche à découper en bois.

« Oui. Je venais juste de terminer ma formation quand j'ai arrêté. Ç'a été l'une des périodes les plus heureuses de ma vie. »

Bill, assis entre nous deux, leva soudain la tête. Le visage d'Elizabeth se décomposa. C'était curieux. Elle retourna à la cuisine et réapparut quelques secondes plus tard avec les légumes.

« Mais je suis contente que tout cela soit derrière moi maintenant, dit-elle d'un ton qui se voulait joyeux sans vraiment y parvenir. Le mariage, c'est quelque chose de formidable. »

Elle jeta un regard à Bill.

« Je ne pourrais certainement pas concilier les deux. Veux-tu couper, chéri ?

— Ça doit être une formation très prenante et un très gros effort, d'abandonner au moment même d'avoir son diplôme, dit Michael. Avez-vous prévu de continuer à travailler après votre mariage, Floss ?

— Je n'y ai pas réfléchi, répondis-je honnêtement. Je pense que oui.

— Ah bon ? demanda Elizabeth d'un air pincé. Et comment feras-tu ? Tu abandonneras ton mari à n'importe quelle heure du jour ou de la nuit, tu traverseras la ville en vélo, tu iras seule chez les gens comme une femme de mauvaise vie ? Et si tu as des enfants ? Qu'en feras-tu ? Tu les attacheras à l'arrière de ton vélo ? Ce n'est tout simplement pas faisable, Floss.

— Je ne sais pas, intervint Michael. Un homme peut quand même se faire cuire son dîner une fois de temps en temps, non ? Et aller chez des gens ne fait pas de quelqu'un une femme de mauvaise vie, surtout si c'est pour mettre au monde un bébé...

— Elizabeth n'a pas complètement tort », l'interrompis-je.

J'avais voulu couper court à la conversation. Quelque chose dans le ton de mon amie me mettait mal à l'aise. *Une femme de mauvaise vie ?* Je ne l'avais jamais entendue parler ainsi. Ces mots n'étaient pas les siens. Et la parfaite immobilité de Bill m'inquiétait.

« Ce n'est pas forcément pratique, ajoutai-je.

— Non, ça ne l'est pas », dit Bill.

Il alla se placer en bout de table et, avec un long couteau, se mit à découper le poulet d'une main experte.

« Je ne voudrais pas qu'Elizabeth aille en ville à vélo pendant qu'elle est enceinte.

— Bien sûr », approuva l'intéressée.

Nous mangeâmes en silence pendant quelques minutes, un silence ponctué seulement par le bruit des couverts sur les assiettes. L'atmosphère avait changé sans que je sache trop pourquoi. Si je voulais travailler après avoir eu des enfants ? Et alors ? Des enfants, je n'en avais pas, et j'étais à peu près certaine que mes chances d'en avoir étaient minimes, dans le meilleur des cas, même si Elizabeth et Bill ne pouvaient pas le savoir. Étaient-ils si peu sûrs de leur choix qu'ils aient besoin que tout le monde soit d'accord avec eux ?

Je constatai avec soulagement qu'Elizabeth mangeait de bon appétit. Elle était terriblement maigre, et, à ce moment de la grossesse, les femmes avaient besoin de calories. À vrai dire, elle mangeait comme si elle attendait des jumeaux, voire des triplés, même si je me gardai bien de le faire remarquer.

« C'est délicieux, Elizabeth, dis-je, espérant réinjecter un peu de bonne humeur dans l'atmosphère du dîner. Le poulet est un régal.

— Tu as de la chance, Bill, ajouta Michael, d'avoir épousé une aussi bonne cuisinière. »

Bill ne quittait pas sa femme des yeux.

« Ralentis, ma belle. Est-ce que tu manges pour deux ou deux cents ? Tu vas te faire une indigestion. »

Le sourire d'Elizabeth se remit immédiatement en place, comme plaqué sur son visage, légèrement tremblant toutefois.

« Ce doit être un garçon, poursuivit-il. C'est ce que je crois. Qu'en penses-tu, Floss ? »

Je remarquai qu'Elizabeth avait rougi. Essayait-il de l'humilier ?

« Le sexe du bébé n'a rien à voir avec la quantité de calories que la mère doit consommer, répondis-je en me redressant un peu sur ma chaise. Elizabeth doit manger autant qu'elle peut, à ce stade de sa grossesse. »

Comme à son habitude, Bill soutint mon regard, mais cette fois, j'en fus troublée. J'avais peut-être parlé un peu sèchement, mais cela m'avait paru nécessaire. Le silence retomba sur la table. Elizabeth regarda son assiette, puis moi, et enfin Bill. Elle semblait réfléchir à quelque chose de très important. Finalement, elle posa son couteau et sa fourchette sur son assiette.

Après le dîner, j'aidai Elizabeth à débarrasser la table et à rapporter la vaisselle dans la cuisine.

Tandis que je remplissais l'évier, elle se tenait à côté de moi. Tout à côté de moi. J'avais l'impression qu'elle s'appuyait sur moi. Physiquement, mais surtout émotionnellement. Cela ne me dérangeait pas de la soutenir, au contraire, je le faisais de bon cœur. J'avais même le sentiment qu'elle en avait besoin.

« Alors, comment se passe cette grossesse ? » demandai-je.

C'était de Bill que je voulais lui parler, mais je ne savais pas trop comment aborder le sujet.

« Oh, bien.

— Pas de problèmes ?

— Non, aucun. »

Je la sentis s'éloigner légèrement et vis qu'elle essuyait la même assiette, encore et encore.

« Ma tension est bonne, mon poids et mes mesures sont bons...

— Je trouve que tu as l'air mince, la contredis-je. À part ton ventre, on dirait que tu as maigri.

— C'est à cause des nausées. Je perds pratiquement tout ce que je mange. »

Malgré mon désir de ne rien laisser paraître, je sentis mon front se plisser. Les nausées étaient rares aussi tard dans la grossesse, mais elle semblait en forme.

« Tu sens le bébé bouger ?

— Oui, il est même en train de me donner des coups de pied.

— C'est vrai ? Je peux ? »

Je m'approchai d'elle et soulevai le bas de son chemisier. Elizabeth eut un mouvement de recul, mais il était trop tard.

Un instant, je crus m'évanouir. J'eus soudain très froid, de la tête aux pieds, et j'éprouvai la sensation étrange de tomber. Elizabeth essaya de tirer son chemisier sur son ventre, mais je tins bon. Une contusion d'un bleu violet et marbrée – comme du vin rouge sur un tapis beige – s'étendait de sa hanche droite à son nombril.

« Ce n'est rien. »

Elizabeth baissa le vêtement et me tourna le dos pour reprendre la vaisselle.

« Je suis tombée en allant aux toilettes, c'est tout, ajouta-t-elle. Il fait très noir ici, la nuit, et il avait plu. »

Je la fixai sans rien dire. J'en étais incapable.

« Quoi ? demanda-t-elle en me lançant un regard nerveux. Pourquoi me fixes-tu comme ça ?

— Es-tu allée voir un médecin ? »

Elle fit un geste de la main – un geste de refus.

« Le bébé bouge, je te l'ai dit. Il faut être résistant, ici, à la campagne. Je ne peux pas courir voir le docteur à chaque petit bobo. Et garde-le pour toi. Je ne veux pas qu'Evie s'inquiète.

— Evie est ta sage-femme ! Tu dois le lui dire. »

Je soulevai de nouveau sa chemise et touchai la contusion du bout des doigts.

« C'est douloureux ?

— Non, répondit-elle avec un petit sourire faiblard. Tu es gentille de t'inquiéter pour moi, vraiment, mais mon bébé grandit très bien. Il doit se faire des nœuds, à bouger dans tous les sens. Ne dis rien à Evie, Floss. S'il te plaît.

— D'accord. »

Je pressai ma main contre mon front. Je ne pouvais pas la forcer à en parler à Evie, mais je ne comprenais pas son refus.

« Il faut que tu voies un médecin, ajoutai-je. Promets-le-moi.

— Je ne peux pas. »

Elle prit le torchon sur son épaule et continua à essuyer la vaisselle puis se mit à la ranger. Encore sous le choc, je pris un autre torchon pour l'aider.

« Viens au moins à la clinique prénatale pour qu'Evie t'examine. »

Elizabeth posa vigoureusement une pile d'assiettes sur une étagère en hauteur.

« Je suis *sage-femme*, Floss. Je n'ai pas besoin de prendre le bus pour aller en ville et qu'on me dise des choses que je sais déjà.

— Tout se passe bien, mesdames ? »

Bill et Michael entrèrent dans la cuisine. Ils semblaient de bonne humeur, il ne restait plus de trace du malaise du dîner. Bill savait charmer les gens et les convaincre qu'il était un homme bien. Mais moi, je n'en étais plus si sûre.

Elizabeth rangeait les derniers couverts dans un tiroir.

« Tout est fait, dit-elle, un grand sourire aux lèvres. Alors, qui est prêt pour le dessert ?

— Tu vas te régaler, dit Bill à Michael, tout sourire, avec un clin d'œil pour Elizabeth. Elizabeth fait le meilleur gâteau à la mélasse que j'aie jamais goûté. Et après ce qu'elle a mangé, je suis sûr qu'elle ne pourra pas en avaler une seule bouchée. Viens, Floss.

— Il ne vaut mieux pas. J'ai un long trajet à faire.

— Je te raccompagne en voiture, si tu veux, proposa Michael. Je voulais te le proposer tout à l'heure, mais j'ai oublié. Cela me ferait plaisir.

— C'est très gentil, répondis-je, mais je dois y aller. »

À ce moment-là, fuir était la seule chose que j'avais en tête. Soudain, cette maison minuscule me donnait l'impression de suffoquer, un sentiment que je n'avais pas eu en arrivant. Pourquoi donc Elizabeth réagissait-elle comme elle le faisait ? Qu'est-ce qui lui prenait ? J'avais tellement envie de l'aider. Mais comment le pouvais-je, alors qu'elle m'avait interdit de dire quoi que ce soit ?

Avec le recul, bien sûr, je me rends compte que j'aurais pu faire beaucoup de choses. Malheureusement, quand j'en avais pris conscience, il était déjà trop tard.

La sonnerie du téléphone me ramena à la réalité. Lil avait fini d'étendre le linge et était assise face à moi. Elle était disponible pour parler, elle voulait que je partage mes pensées avec elle. Elle resta assise, sans bouger, ignorant la sonnerie aiguë et métallique. Le téléphone était posé sur la table basse.

Je décrochai.

— Allô ? Floss à l'appareil.

— Maman, c'est moi.

— Grace.

Lil poussa un soupir, prit le panier à linge et quitta la pièce. Discrètement, j'attrapai mon sac à main et enfonçai l'enveloppe à l'intérieur pour la dissimuler.

— Comment vas-tu ?

— Je vais très bien, répondit-elle. Tu ne devineras jamais ! J'ai fait un accouchement avec Neva hier soir.

— C'est vrai ?

— Je n'avais personne pour m'assister, alors elle a accepté. C'était formidable, Maman. J'étais très fière d'elle. Oh, et écoute ça. Un homme est venu avec elle. Un homme très beau.

Dans la cuisine, j'entendais Lil. Si elle ne claquait pas tout à fait les portes des placards, elle les fermait très vigoureusement.

— Elle est venue avec un homme à l'accouchement ? répétai-je, abasourdie.

— Oui, un pédiatre.

J'avais du mal à suivre, mais j'entendais, au ton triomphant de Grace, qu'elle allait m'en dire plus.

— Il y a quelque chose entre eux. Quelque chose de romantique. J'en suis certaine.

— Tu penses qu'il est le père ? demandai-je.

— Non, répondit-elle à voix plus basse. Non, je ne pense pas. Du moins, je ne vois pas pourquoi elle le cacherait, si c'était lui. Il est célibataire. Respectable. Et, comme je l'ai dit, très beau. C'est dommage, parce qu'il est très gentil. Ils iraient très bien ensemble.

— Pourquoi dis-tu que c'est dommage ?

Elle poussa un soupir.

— Je sais que je suis optimiste, mais j'espère encore que le père va apparaître comme par magie et que tout se terminera bien. Je ne peux pas m'empêcher de penser que cet enfant va manquer de quelque chose, qu'il ne connaîtra jamais son vrai père.

— Comme... toi tu as manqué de quelque chose ? demandai-je, essayant de contenir le tremblement de ma voix.

— C'est différent, Maman. Là, on peut faire quelque chose pour éviter que cela se produise. Mon père est mort – ce n'est pas comme si tu avais prétendu qu'il n'avait jamais existé. Ce que Neva fait à son bébé, lui refuser la possibilité de connaître son père, ne se pardonne pas si facilement. Et je ne veux pas que Neva détruise d'emblée sa relation avec son enfant.

Grace parla encore un peu, puis nous nous dîmes au revoir. Mais après avoir raccroché, tout se brouilla. Une douleur lancinante tapait dans ma poitrine et mes mains se serrèrent autour de ma gorge, sur la douleur. Je ne pouvais pas respirer. Je tournai la tête d'un côté, de l'autre, à la recherche de Lil. Un son guttural s'éleva de quelque part (de moi ?), et soudain Lil apparut. Malgré ma panique, la voir m'apaisa immédiatement.

— Floss ? s'écria-t-elle d'une voix aiguë que je ne reconnus pas. Chérie, que se passe-t-il ?

Un autre son rauque s'échappa de ma gorge, me volant le peu de souffle qu'il me restait. Je montrai du doigt ma poitrine, là où le feu brûlait. Je réussis à prendre une petite inspiration.

— Je crois... je crois que j'ai une crise cardiaque.

13

Neva

— C'est très bien, Annabelle. Est-ce que c'est plus agréable comme ça ?

En cette fin d'après-midi, je donnais un cours d'allaitement à la maison de naissance. J'étais épuisée. Il était 6 heures du matin quand j'étais partie de chez ma mère pour rentrer à mon appartement, mais je n'avais pas pu dormir. J'avais appelé Grace une ou deux fois pour savoir comment allaient Gillian et sa fille, mais elle avait été tout le temps occupée. N'ayant pas voulu déranger Patrick pour la deuxième fois en moins de vingt-quatre heures, j'avais donc attendu des nouvelles. J'éprouvais à présent des difficultés à me concentrer sur ce que j'étais en train de faire. Heureusement, j'avais suffisamment l'habitude de ce genre de cours pour que cela ne se voie pas.

— C'est cent fois mieux. Merci, Neva, vous m'avez sauvé la vie.

— Si vous avez mal, enlevez-la immédiatement puis remettez-la. Donner le sein ne doit pas se faire dans l'inconfort.

Dans la salle, tous les bébés tétaient tranquillement.

— Je vous donne vingt sur vingt à toutes. L'allaitement n'est pas toujours facile. Comme tout, cela s'apprend ; chaque couple maman-bébé est unique. Vous avez très bien travaillé. Nous avons presque fini ; je vais juste aller chercher des échantillons de la crème contre les gerçures dont je vous ai parlé. N'hésitez pas à échanger vos numéros de téléphone pendant que je ne suis pas là. Les autres mamans sont une source d'information très précieuse.

Dans le couloir, j'ouvris le placard où étaient rangés les échantillons et les cherchai.

— Te voilà.

Je me retournai. Patrick était à la réception avec Anne. Il portait un pantalon de tailleur et une chemise blanche toute chiffonnée sous sa blouse blanche et il avait l'air aussi fatigué que moi.

— *Te* voilà !

Je traversai le couloir et, sans réfléchir, passai les bras autour de son cou. Patrick se raidit d'abord. Il n'avait pas l'habitude de ce genre d'effusions de ma part. Cela ne me ressemblait pas. Mais après les émotions de la nuit précédente, je ne me sentais pas encore vraiment moi-même.

— Comment va Gillian ? Comment va le bébé ?

Lorsque je m'écartai, Patrick m'observait d'un air amusé.

— Un câlin ? Waouh !

— Ce sont les hormones, ne fais pas attention, répondis-je avec un haussement d'épaules.

— Gillian et le bébé vont bien toutes les deux, répondit Patrick. Et si je te donnais des nouvelles autour d'un dîner ?

— Est-ce qu'ils servent à manger au bar ?
— Qui a parlé d'aller au bar ?

Anne parut soudain très absorbée par son écran d'ordinateur. Il n'avait pas parlé de The Hip, certes, mais c'était toujours là que nous allions. D'ailleurs, à part le jour de la mort du père de Patrick, que j'avais passé avec lui chez sa mère, je pense que je ne l'avais encore jamais vu ailleurs qu'à l'hôpital, chez moi ou au bar.

— Alors... à quelle heure finis-tu ? demanda-t-il.

Je regardai l'horloge au-dessus du bureau de la réception.

— 19 h 30, mais...
— Parfait.

Patrick signa un document, referma le dossier et le tendit à Anne.

— Je passerai te chercher.

Il partit, me laissant bouche bée. Passer me chercher ? Généralement, Sean, Patrick et moi nous retrouvions au bar, arrivant un par un en fonction de l'heure à laquelle nous terminions notre garde pour nous joindre aux autres collègues déjà installés. Nous repartions de la même façon, souvent après avoir trop bu. Personne ne passait jamais chercher personne. Et, maintenant que j'y pensais, personne ne mangeait jamais rien.

— Neva.

La voix d'Anne me sortit de ma rêverie.

— Oui ?
— Il faut que tu retournes à ton cours. Une des dames a besoin d'aide pour remettre son bébé au sein.

— D'accord, répondis-je en repartant avec un petit signe de la main. Merci, Anne.

À 19 h 33, j'étais assise dans le couloir, avec l'impression bizarre d'être une lycéenne attendant son cavalier pour le bal de fin d'année. J'avais sur les genoux un grand sac en tissu rempli de Tupperware vides que je prévoyais de rapporter chez moi depuis un mois.

— Prête ?

Patrick était arrivé sans que je le remarque et se tenait devant moi. Il s'était changé et portait une chemise bleue, un jean et des chaussures marron à lacets. Il n'avait pas de sac – je me demandais toujours comment les hommes arrivaient à s'en passer – et sa veste en cuir marron était jetée négligemment sur une épaule. Il avait même mis de l'eau de Cologne.

Je baissai les yeux pour regarder mes chaussures plates, mon pantalon d'hôpital bleu marine et ma blouse blanche. À côté de Patrick, on aurait dit que je portais un sac-poubelle. À son crédit, Patrick n'eut pas l'air dégoûté, mais après tout, il n'y avait pas de raison. Ce n'était pas un rendez-vous… Si ?

Je me levai si vite que ma tête se mit à tourner.

— Ça va ? Tu ne vas pas t'évanouir, quand même ? J'ai fini ma garde et j'ai plutôt l'habitude de m'occuper de personnes un peu plus petites que toi.

Nous restâmes un moment à nous regarder et je fus frappée par l'étrangeté de Patrick. D'habitude, il suffisait que je dise une plaisanterie pour être à l'aise, mais là, bizarrement, je n'étais pas sûre que ce soit une bonne idée. Sa tenue, son parfum, le fait qu'il soit venu me chercher. Je parvins à lever les yeux au ciel et sourire avant de me mettre en route et de sortir devant lui par la porte qu'il m'ouvrait. Il en profita pour prendre mon sac et le passer sur son épaule.

Deux jolies infirmières étaient dans l'ascenseur lorsque les portes s'ouvrirent devant nous, et Patrick tendit le bras pour les empêcher de se refermer dans un grand geste théâtral. C'était plus fort que lui, il devait toujours jouer les chevaliers servants. L'une des deux jeunes femmes m'observait d'un air furieux, manifestement malade de jalousie. Un frémissement me traversa de la tête aux pieds. Je ne savais pas si c'était un bon ou un mauvais signe.

— Alors, où veux-tu aller ? demanda-t-il.
— Je ne sais pas. Au Nellie's ?

Je regrettai immédiatement mon choix. Le Nellie's était un petit restaurant sans prétention et la cuisine y était bonne, mais il était aussi situé au bas de mon immeuble, et toutes les serveuses m'y avaient vue si souvent seule qu'elles étaient obsédées par ma vie amoureuse. Arriver avec Patrick ne passerait forcément pas inaperçu. Mais il était trop tard, car il hochait déjà la tête.

— Pas de problème, dit-il. Allons au Nellie's.

Nous marchâmes en silence. Cela aurait pu être agréable si je ne m'étais sentie aussi mal à l'aise. Patrick et moi n'avions jamais eu de problème pour trouver des sujets de conversation. Était-il nerveux, lui aussi ? Et si oui, pourquoi ? Après un moment, je n'y tins plus.

— J'ai une blague. Un type appelle un hôpital et crie dans le téléphone : « Vous devez envoyer de l'aide. Ma femme va accoucher ! » La sage-femme dit : « Calmez-vous. C'est son premier enfant ? » Il répond : « Non ! C'est son mari. »

Patrick pouffa de rire et je ne pus m'empêcher d'être soulagée. Mais quand je tournai la tête vers lui et vis qu'il m'observait, je détournai immédiatement le regard.

La cloche tinta lorsque nous poussâmes la porte du restaurant. Judy, la pire des serveuses (je veux dire par là qu'elle aimait les commérages encore plus que les autres), ouvrit de grands yeux en nous voyant entrer. Le temps de refermer la porte derrière nous, elle était déjà en train de donner des coups de coude à l'une de ses collègues. Elles allaient s'en donner à cœur joie. Il y avait dans le fond un box libre, vers lequel je me dirigeais, quand je sentis qu'on m'attrapait par le coude.

— Où pensiez-vous aller sans dire bonjour ?

Je me retournai.

— Bonjour, Judy.

Lorsqu'elle souriait, tout son visage se ridait, trahissant son âge. Même si je ne lui avais jamais posé de questions sur sa vie privée – une délicatesse que j'aurais voulue réciproque –, le fait qu'elle ne portait pas d'alliance me donnait à penser qu'elle n'avait pas de vie amoureuse. Ou que, si elle en avait une, cela ne devait pas très bien se passer, car je la voyais au restaurant six soirs par semaine, dans son uniforme bleu et ses tennis blanches, à s'intéresser d'un peu trop près aux affaires privées de ses clients.

— N'allez pas au fond, il y a une table libre dans ma section, dit-elle, en indiquant une table au milieu de la salle. Je m'occuperais bien de vous, vous verrez.

Elle se tourna vers Patrick.

— Moi, c'est Judy. Si vous avez besoin de quoi que ce soit, demandez-moi. Je vais vous chercher de l'eau.

Je me glissai sur la chaise en cuir rouge et Patrick, après avoir lancé à Judy un sourire qui lui fit lever ses sourcils dessinés au crayon jusqu'en haut du front, s'assit sur celle qui me faisait face.

— Désolée, dis-je. J'avais oublié de te prévenir que cela risquait d'arriver. Les serveuses du Nellie's sont de vraies pipelettes.

Je me plongeai dans la lecture du menu.

— Il paraît que les hamburgers sont très bons ici, dit Patrick. J'en commande deux ?

— Seulement si tu as très faim. Donne-moi des nouvelles de Gillian.

Patrick soupira.

— Tout va très bien. La petite est en parfaite santé, mis à part le palais et la lèvre, et elle sera une excellente candidate pour l'opération chirurgicale. J'ai donné à Gillian le numéro d'un très bon chirurgien plastique pédiatrique et ils pourront l'opérer pendant qu'elle est encore bébé, ce qui lui épargnera les moqueries des autres enfants à l'école. Cette intervention donne de très bons résultats, dit-il avec un sourire en voyant mon soulagement. Oh, et Gillian et David l'ont appelée Grace.

— C'est vrai ? m'écriai-je.

— Par contre, il faut que je te dise que le médecin de garde était furieux quand nous sommes arrivés. Il était hors de lui et n'arrêtait pas de critiquer les accouchements à domicile en disant que c'était irresponsable et négligent d'avoir fait naître ce bébé en dehors d'un hôpital. Je lui ai expliqué que l'enfant n'avait jamais été en danger, mais il ne voulait rien entendre. Il a dit qu'il allait dénoncer ta mère à l'ordre des sages-femmes.

— La dénoncer ? Pour quoi ?

— Qui sait ? Il devait être en fin de garde et avait passé une mauvaise journée, je suppose. Je doute qu'il le fasse vraiment.

— Quand bien même ! Grace n'a rien fait de mal. Le bébé a été mis au monde en toute sécurité par la meilleure sage-femme que je connaisse, et en présence d'un pédiatre, qui plus est. Rien dans le dossier ne justifie une plainte de la part de ce médecin. Qui était-ce ?

— Je ne le connais pas. Mais si l'ordre me contacte, je dirai que l'accouchement a été effectué dans les règles de l'art. Tout ira bien, dit-il avant d'hésiter. Je suis surpris que tu prennes la défense de ta mère. Tu peux être très... dure avec elle.

J'ouvris la bouche pour répondre, mais me ravisai. Étais-je dure avec elle ?

— Dans ta façon de parler d'elle, en tout cas, poursuivit-il. Tu as manifestement des reproches à lui faire.

— Je défends ma mère parce que c'est juste, répondis-je. Elle n'a pas été négligente. C'est moi qui ai eu l'idée de t'appeler pour donner à Gillian la possibilité d'accoucher à domicile. Je ne veux pas que Grace soit montrée du doigt parce qu'elle fait partie d'une minorité de sages-femmes qui pratiquent l'accouchement à domicile.

— Je suis d'accord. Avec un peu de chance, ce ne sera pas le cas.

Judy vint prendre notre commande. Après son départ, je posai les mains sur mes genoux. Pourquoi étions-nous si mal à l'aise ? Patrick était l'une des personnes avec lesquelles je passais le plus de temps. Mais à présent, alors que j'aurais voulu plaisanter avec lui, ma gorge s'était refermée comme un col avant le travail. Patrick, lui, avait retrouvé sa langue. Il me parla d'un petit garçon de trois ans qui s'était mis une bille dans le nez, si haut qu'il avait fallu l'opérer pour l'en extraire, et d'une mère qui avait amené son fils trois fois en trois mois pour des blessures douteuses qu'il avait dû signaler aux services sociaux.

Patrick se tut quand on nous apporta nos plats. Il coupa son hamburger en deux et mordit dans une des moitiés. Il avait l'air de réfléchir à quelque chose et semblait hésiter.

— Écoute. J'ai bien réfléchi...
— À quoi ?
— À ton bébé.
— Tu as réfléchi à mon bébé ?
Il hocha la tête.
— Tu as dit qu'il n'avait pas de père. Alors... et si tu disais que j'étais le père ?

— Quoi ? Pourquoi ?

— Tout le monde sait qu'il m'arrive de dormir chez toi. Les gens arrêteraient de te poser des questions. Je sais que tu n'aimes pas ça. On pourrait dire qu'on est en couple.

— C'est très gentil de ta part, mais... pourquoi le ferais-tu ? Je veux dire... qu'as-tu à y gagner ?

— Quoi ? s'exclama-t-il, visiblement choqué. Rien.

— Alors pourquoi ? Je veux dire... que dirais-tu à tes petites amies ? demandai-je. Raconter à une fille que tu as accidentellement mis une de tes amies enceinte n'est pas une bonne idée. Et puis, c'est plus compliqué que tu ne crois. Que se passera-t-il plus tard, après la naissance du bébé ? T'impliqueras-tu dans sa vie ?

Il rougit mais ne répondit pas. Cela me confirma qu'il n'y avait pas suffisamment réfléchi.

— Je ne sais pas. Nous trouverons une solution.

— Une solution ? Patrick... mais pourquoi voudrais-tu le faire ?

Il m'observa longtemps. J'essayai de ne pas détourner le regard, mais je ne comprenais pas ce qui se passait dans son esprit.

— Bien, dit-il. Comme tu veux. C'était juste une idée.

Il avait toujours les joues roses. J'étais déroutée. À voir la tête qu'il faisait, on aurait pu croire que je lui avais donné une claque en réponse.

— Très franchement, je dois admettre que c'est tentant, dis-je. Et tu as raison, tous les gens qui nous connaissent n'auraient aucun mal à le croire. Marion serait ravie.

Il reprit son hamburger.

— Si tu changes d'avis, dis-le-moi.

Patrick insista pour payer le dîner, ce qui était un peu bizarre, mais je ne protestai pas, de peur de rendre l'atmosphère encore plus tendue entre nous. Il pouvait se le permettre, après tout, et cela faisait des années qu'il dormait régulièrement sur mon canapé. Judy et Trish souriaient à Patrick avec un enthousiasme non dissimulé quand il approcha du comptoir pour régler l'addition. J'étais si agacée que je ne l'attendis même pas pour sortir, mais je n'avais pas encore posé le pied dehors que je me retrouvai nez à nez avec une connaissance.

— Oh ! m'exclamai-je.

J'étais face à Lorraine Hargreaves, la chef des externes en obstétrique de l'hôpital St. Mary.

— Docteur Hargreaves. Excusez-moi.

— Appelez-moi Lorraine, dit-elle. Neva, je ne vous avais pas vue.

Heureusement, même si je lui étais rentrée dedans, elle n'avait pas l'air blessée ou ennuyée. Le Dr Hargreaves était une femme impressionnante, grande, belle et élégante. Elle aurait pu être intimidante, mais les quelques cheveux gris qui parsemaient sa chevelure noir de jais et ses dents un peu en avant atténuaient suffisamment sa perfection pour la rendre abordable.

— Eh bien, je vois que les rumeurs sont vraies, dit-elle en approchant sa main de mon ventre sans tout à fait le toucher. Félicitations.

— Merci.

— Être mère est le plus beau métier du monde. Même pour quelqu'un qui aime son travail autant que nous.

Je ne pus que sourire en entendant une femme comme le Dr Lorraine Hargreaves dire « nous ».

— Oui, répondis-je en caressant tendrement mon ventre. Oui, j'ai vraiment hâte.

— Vous n'avez pas besoin d'une obstétricienne, j'imagine ?

J'éclatai de rire en imaginant la tête de Grace si elle avait entendu cela.

— Je ne crois pas que mes collègues de la maison de naissance apprécieraient, répondis-je. De plus, je n'ai pas les moyens d'avoir un médecin comme vous.

— Je suis sûre qu'on pourrait s'arranger. Mais vous n'aurez pas besoin de moi. Vous faites de l'excellent travail dans votre maison de naissance.

— Merci.

— Alors ? Qui est l'heureux élu ?

— Oh, euh...

Soudain, l'idée de dire au Dr Hargreaves que mon bébé n'avait pas de père me donnait la nausée.

— En fait...

— Bonsoir, Lorraine.

Patrick apparut derrière moi, la main tendue.

— Patrick ! s'exclama-t-elle.

Le Dr Hargreaves lui serra la main, mais elle ne me quitta quasiment pas du regard.

— Vous deux ? Vous avez bien gardé votre secret. Je connais plusieurs femmes à l'hôpital qui vont avoir le cœur brisé, Patrick. Et des hommes aussi, Neva, ajouta-t-elle en riant. Mais, maintenant que j'y pense, vous allez très bien ensemble. J'espère que Patrick s'est bien occupé de vous, Neva ?

— Oh non, en fait, il...

— ... fait de son mieux, mais elle est très indépendante, m'interrompit Patrick en me prenant la main. Vous arriverez peut-être à la convaincre de ne pas trop en faire pendant son dernier trimestre et d'éviter les situations stressantes ?

Je me tournai vers Patrick, au comble de l'étonnement.

— Je suis surprise qu'elle ait besoin qu'on le lui dise. Laissez-le vous aider, Neva. Il en a vraiment envie.

Patrick m'avait prise par la taille, comme si de rien n'était, et avait même entrelacé ses doigts aux miens. Il me sourit et me fit un tout petit signe de la tête, quasiment imperceptible.

— Très bien, dis-je à Lorraine avec un soupir. Je l'écouterai à l'avenir.

— Tu sais qu'elle va nous prendre pour des fous quand elle découvrira que tu n'es pas le père du bébé, dis-je à Patrick après que le Dr Hargreaves se fut éloignée.

— Probablement, répondit Patrick. *Si* elle le découvre.

— Elle le découvrira.

— Seulement si tu le lui dis. Je ne le ferai pas.

À nouveau, je le dévisageai à la recherche d'un signe, de quelque chose qui me permettrait de comprendre ce qui se passait.

— Pourquoi, Patrick ?

À ma surprise, il sourit, il paraissait même sur le point d'éclater de rire.

— Comment peux-tu être si bête ?

— Va savoir.

Mais avant qu'il ait eu le temps de répondre, mon portable sonna. Je regardai l'écran. 22 h 31. Il était tard pour un coup de fil, et je ne reconnaissais pas le numéro.

— Je ferais mieux de répondre, dis-je en décrochant. Neva Bradley.

— Salut Neva... c'est Lil.

— Lil. Que se passe-t-il ?

Je lançai un regard surpris à Patrick. Lil ne m'avait jamais appelée, pas une seule fois en huit ans.

— Je suis désolée. J'ai une mauvaise nouvelle à t'annoncer. Ta grand-mère est à l'hôpital.

14

Grace

Je regardai l'écran de mon téléphone. 23 h 01. Neva avait essayé de me joindre deux fois, ce qui devait être un record, même si elle m'avait appelée pratiquement tous les jours depuis que nous avions appris qu'elle était enceinte. Ce soir-là, je n'avais pas le courage de la rappeler. J'étais toujours sous le choc du coup de téléphone que j'avais reçu trois heures plus tôt.

Je n'avais pas reconnu le numéro, mais cela n'avait rien de nouveau pour moi. Mes clientes m'appelaient tous les jours de numéros que je ne connaissais pas. Autant dire que je n'étais pas du tout préparée à ce qui s'était passé.

— Est-ce Grace Bradley, la sage-femme responsable de l'accouchement de Gillian Brennan ? avait demandé une voix féminine à l'autre bout du fil.

Cette seule question avait suffi à m'inquiéter.

— Oui, c'est moi. Qui est-ce ?

— Je m'appelle Marie Ableman. Je suis enquêtrice à l'ordre des sages-femmes. Je vous appelle parce qu'une plainte a été déposée contre vous par le Dr Roger White, de l'hôpital de Newport. Le Dr White est le médecin qui s'est occupé de Mme Brennan et son bébé après leur admission à l'hôpital.

Mon Dieu. Il l'avait fait. Il avait bien déposé une plainte contre moi. J'étais presque impressionnée qu'il soit passé à l'acte. Ce n'était pas la première fois qu'un médecin me jouait un mauvais tour, bien sûr, et j'étais quasiment sûre que ce ne serait pas la dernière.

« Ces accouchements à domicile m'empêcheront de prendre ma retraite, avait-il marmonné quand je l'avais rencontré aux urgences.

— Excusez-moi ?

— C'est irresponsable et ils finissent toujours pareil : une patiente transportée en urgence à l'hôpital, avait-il répondu avec agressivité. Ce sont toujours les médecins qui doivent réparer les dégâts. »

J'avais tenté de réagir avec autant de retenue et de professionnalisme que je le pouvais en pensant à ma cliente.

« Avec tout le respect que je vous dois, je vous ferais remarquer qu'il n'y a pas eu de dégâts. Nous sommes là pour faire admettre un nourrisson avec un palais fendu. Si elle était née à l'hôpital, elle aurait eu besoin du même traitement. La mère a une déchirure au niveau du périnée, ce qui n'a rien d'anormal pour un accouchement par voie basse. »

J'avais beau essayer de rester polie et courtoise, l'hostilité dans ma voix ressortait clairement.

« Écoutez, était intervenu Patrick. Je suis pédiatre à l'hôpital St. Mary. J'étais présent à la naissance, et tout a été fait en parfaite sécurité. Nous pourrons parler des détails plus tard, mais notre priorité est la patiente et son bébé.

Pouvons-nous au moins nous mettre d'accord sur ce point ?

— Oui, avait répondu le Dr White à contre-cœur. D'accord. »

Puis il s'était tourné vers moi, le visage déformé par la colère.

« Mais je veux son nom. Je vais la dénoncer. »

Patrick était venu se placer entre moi et le doigt pointé du médecin.

« Attendez une minute !

— C'est bon, je vais vous donner mon nom et mon accréditation, avais-je répondu en cherchant ma carte dans mon sac à main. Tenez. Je sais que je n'ai rien à me reprocher. »

Je n'étais certainement pas prête à me laisser faire. Je connaissais ce genre de médecins. Ils voulaient que tout le monde constate leur supériorité sur une misérable petite sage-femme, une femme de main, une assistante sans formation. Il était très rare qu'ils reconnaissent les six ans d'études et le master que j'avais dû obtenir pour devenir infirmière-sage-femme accréditée. Ils ne mettaient jamais leurs menaces à exécution et je doutais sincèrement qu'ils le fassent un jour. Intimider les autres devait faire partie de leur formation.

— Quelle est la nature de cette plainte ? avais-je demandé à Mme Ableman.

— Le Dr White dit que vous avez réalisé un accouchement à haut risque à domicile avec des conséquences néfastes pour la mère et le bébé. Il a signalé que le bébé était né avec une défiguration et que la mère avait une déchirure au troisième degré qui n'avait pas été traitée avant qu'elle soit admise à l'hôpital.

— Le bébé est né avec une lèvre et un palais fendus, avais-je expliqué. Et je suis sûre que vous serez d'accord avec moi pour dire que cela n'a aucun rapport avec mes compétences en tant que sage-femme. Je n'ai pas traité la déchirure pour éviter de séparer la mère et le bébé, c'était une décision prise en toute conscience. Gillian nous a fait savoir très clairement qu'elle ne laisserait pas son bébé partir sans elle à l'hôpital, je me suis donc dit qu'il serait préférable que sa déchirure y soit recousue. Si vous parlez à Gillian, vous découvrirez certainement qu'elle n'a aucune raison de se plaindre de mes services.

— J'ai prévu de m'entretenir avec Mme Brennan très rapidement. J'aurais également besoin de parler à la personne qui vous a assistée et à toute autre personne présente lors de l'accouchement.

— C'est entendu.

— Je sais que cela doit être stressant, mais pensez-vous pouvoir répondre à quelques questions maintenant, madame Bradley ? Tant que tout est encore frais dans votre esprit.

— Pas de problème.

J'avais entendu des clics de souris à l'autre bout du fil.

— Très bien. Quand vous êtes-vous rendu compte que le bébé avait un palais fendu ?

— Je n'étais pas sûre qu'il s'agissait d'une fente palatine au début, avais-je répondu en allant dans mon bureau chercher mes notes. Je savais que quelque chose n'était pas normal. Je me suis demandé s'il s'agissait d'une présentation par le siège, mais cela me semblait peu probable, étant donné que le bébé avait la tête en bas au cours de notre rendez-vous précédent. Je pense qu'il devait être environ 22 heures. Je vais vérifier sur mes notes.

— Il m'en faudra une copie, mais pour l'instant, dites-le-moi de mémoire. Donc, à environ 22 heures, tout de suite après l'examen vaginal, vous soupçonniez une présentation par le siège. Qu'avez-vous décidé de faire ?

— En fait, non. Je ne pensais pas qu'il s'agissait d'une présentation par le siège, je savais juste que c'était une possibilité. J'ai dit à Gillian que je n'étais pas sûre de ce que je sentais, puis j'ai demandé à ma fille de l'examiner pour avoir un deuxième avis.

— Votre fille ? Était-elle présente à l'accouchement ?

— Oui, elle était venue m'assister. Elle est également infirmière-sage-femme certifiée et travaille à la maison de naissance St. Mary.

— St. Mary, avait-elle répété en tapant sur son clavier. D'accord. Et après ?

— Ma fille a examiné Gillian et elle n'était pas certaine non plus de ce qu'elle avait senti, mais elle soupçonnait une présentation par le siège.

— Et vous n'étiez pas d'accord ?

— Je pensais qu'il valait la peine de passer en revue tous les cas de figure avant de transférer Mme Brennan à l'hôpital. Gillian insistait pour accoucher à domicile avec un minimum d'intervention médicale.

— Pendant combien de temps avez-vous étudié les autres possibilités ?
— Quelques minutes.
— Et ensuite ?
— Nous avons compris que ce que nous avions senti était une fente palatine. Quand ma fille l'a suggéré, nous avons tout de suite su. Nous avons fait un autre examen pour le confirmer, puis nous en avons été certaines.
— Quelle heure était-il ?
— Je ne sais pas. Je dirais environ 23 h 30.
J'entendais les doigts taper. J'avais attendu.
— Et une fois sûre que le bébé avait le palais fendu, vous pensiez toujours que procéder à un accouchement à domicile était une bonne idée ?
J'avais marqué une pause. Il y avait une telle désapprobation dans sa voix que je n'avais pu m'empêcher de répondre sur la défensive.
— Oui. Je savais qu'il serait difficile pour Gillian de voir le visage de sa fille mais je ne voyais pas de raison d'ajouter le traumatisme d'un accouchement à l'hôpital à ses autres problèmes. Surtout avec un pédiatre présent.
— Le Dr Johnson ?
— Oui.
Je ne connaissais pas le nom de famille de Patrick, mais Mme Ableman avait manifestement fait ses recherches préalables.
— Alors… Gillian a été admise à l'hôpital avec une déchirure au troisième degré. Pouvez-vous m'en parler ?
— Une déchirure au troisième degré est une déchirure qui part du périnée jusqu'…

— Je veux dire, pouvez-vous m'expliquer pourquoi vous avez transféré une patiente avec une déchirure au troisième degré ?

— Oh, bien sûr, excusez-moi, avais-je répondu en jouant l'innocente. Comme je vous l'ai dit, c'était pour que la mère et le bébé puissent rester ensemble. Je savais que Gillian avait une déchirure, mais elle n'était pas prête à se séparer de son bébé. Et j'étais assez d'accord avec elle. La déchirure n'engageait en rien le pronostic vital, et nous voulions que le bébé soit examiné à l'hôpital le plus rapidement possible. J'ai pris cette décision et je prendrais la même aujourd'hui.

Mais je n'étais pas aussi confiante que je voulais en donner l'impression, mes mains tremblaient. Avais-je fait le bon choix ? En repensant aux événements de cette soirée, je devais admettre qu'il y avait de la place pour le doute. Était-ce irresponsable d'accoucher à domicile un bébé avec une fente palatine ? Quant à la déchirure, il était certain qu'elle n'était en rien une menace pour la vie de Gillian, mais ne pas l'avoir suturée immédiatement aurait pu causer des complications. Mes mains tremblaient de plus en plus fort, et je commençais à avoir la nausée.

— D'accord, madame Bradley, avait dit Mme Ableman après ce qui m'avait semblé une éternité. C'est tout ce que j'ai besoin de savoir pour le moment, mais il sera peut-être nécessaire que je vous parle encore à l'avenir. Une fois que je me serais entretenue avec toutes les parties, une commission se réunira pour examiner votre dossier et émettre une recommandation. Vous en serez informée immédiatement.

Je m'étais surprise à hocher la tête.

— J'ai hâte de la connaître.

— Encore une chose, madame Bradley. Votre licence est suspendue en attendant les résultats de l'enquête. Vous ne pourrez pas réaliser d'accouchements jusqu'à ce que la commission ait statué.

J'avais soudain cessé de hocher la tête.

— Mais... c'est mon métier. Je me suis engagée auprès de mères qui doivent accoucher dans les semaines qui viennent, certaines dans les jours qui viennent.

— Je suis désolée, madame Bradley. Vous devrez leur dire de s'organiser autrement.

— Comment ?

— Eh bien, vous pourriez leur donner les coordonnées d'une autre sage-femme.

— Savez-vous à quel point il est difficile de trouver une sage-femme libérale dans le Massachusetts ? Nous avons des rendez-vous des mois et des mois à l'avance. Vous pensez que je vais réussir à placer mes clientes qui arrivent à terme dans quelques jours ?

— Si elles ne peuvent pas trouver une autre sage-femme, elles devront aller à l'hôpital.

J'étais restée bouche bée.

— Et, Grace, vous n'avez pas non plus le droit de contacter Gillian et sa famille.

— Mais je dois assurer son suivi post-partum !

— Vous ne pouvez pas, madame Bradley. Sinon vous perdrez votre licence de façon permanente. Mme Brennan sera suivie à l'hôpital.

— À l'hôpital ? m'étais-je exclamée. Quoi, des protections hygiéniques et des antidouleur ? Elle a besoin de conseils pour l'allaitement, la nutrition et les exercices de rééducation du périnée. Pensez-vous que l'hôpital lui fournira cela ?

— Madame Bradley...

— C'est bon. J'ai compris. Pas d'accouchements. Pas de suivi post-partum pour Gillian. Vous avez vraiment un système formidable.

— Ce système existe pour protéger les gens, madame Bradley.

— Oui, les médecins, avais-je répondu sèchement. Puis-je au moins appeler Gillian pour lui expliquer la situation ?

— Je m'en charge. Et je suis sûre qu'une autre sage-femme pourra lui fournir les services dont vous avez parlé. Nous nous assurerons que Mme Brennan ait tout ce dont elle aura besoin.

C'était de la langue de bois, je ne croyais pas un mot de ce qu'elle disait.

— D'accord. Combien de temps devrai-je attendre votre *recommandation* ?

— Environ quatre semaines. Cela dépendra du moment où je recevrai vos notes et de celui où je rencontrerai les autres membres de la commission. Nous essayons d'être rapides, nous ne voulons pas faire traîner les choses, pour le bien de tout le monde.

— C'est vraiment gentil de votre part.

— Avez-vous des questions ?

Comment dormez-vous la nuit ? Pouvez-vous vous regarder dans la glace ? Pourquoi persécutez-vous une patiente déjà en souffrance avec un bébé au palais et à la lèvre fendus ? De quel droit ce médecin s'est-il permis de se plaindre de moi ?

— Non.

— Parfait. Merci de votre coopération. Je vous tiendrai au courant.

J'étais désormais assise sur le fauteuil bleu et j'attendais le retour de Robert. Il travaillait souvent tard ces derniers temps, et j'avais l'impression que nous ne faisions que nous croiser, comme deux bateaux dans la nuit. Je me surpris à penser au jour de notre rencontre. Je faisais encore mes études de sage-femme à l'époque et je donnais des cours de peinture dans le garage de ma mère pour arrondir mes fins de mois. Robert était venu sur les conseils d'une autre de mes élèves. Il était comptable et ne faisait pas vraiment partie de ma clientèle habituelle. Mais il n'avait rien non plus du comptable typique ; il était plutôt du genre bohème. Il était arrivé vêtu d'un vieux jean déchiré, avec une écharpe aux couleurs psychédéliques nouée n'importe comment autour du cou et il avait d'impressionnantes rouflaquettes. Mais il était rasé de près, et dans les années 70, à moins d'avoir un travail sérieux dans une entreprise, d'être un adolescent prépubère ou une femme, tout le monde portait la moustache. J'avais remarqué Robert lorsque j'étais retournée dans la maison chercher des chaises supplémentaires. Je lui avais fait signe d'entrer et, quand j'étais revenue au garage, la plupart de mes élèves étaient assis, certains déjà en train de fumer des joints. Robert, toujours debout à côté de la porte, observait les autres.

« Vous devez être Robert, avais-je dit.
— Oui, avait-il répondu en me tendant la main – un geste bien trop formel pour un artiste. Je cherche Gracie.
— Vous l'avez trouvée. »
Je me mordais la joue pour ne pas rire. Gracie ? Seule ma mère m'appelait ainsi. Mais je le lui permettais volontiers. Il y avait quelque chose de charmant dans sa maladresse et il était très mignon, ce comptable. Pam, l'élève qui lui avait conseillé de venir, m'avait dit qu'il était beau, mais les gens ne savaient pas ce qu'était mon type d'homme. Objectivement, Robert n'était pas beau. Pourtant, j'avais eu cette drôle de sensation dans le ventre, ce que les gens décrivent souvent comme des papillons. Moi, je voyais cela plutôt comme des ondulations sur un étang après qu'on y a lancé un caillou : un creux au centre qui irradie doucement vers l'extérieur jusqu'aux extrémités des doigts et des orteils. Cette impression ne m'avait pas quittée pendant tout le cours, et elle s'était renforcée chaque fois que je m'étais approchée de Robert, en particulier quand je m'étais penchée au-dessus de lui pour examiner son travail et que ma poitrine avait effleuré son dos. Il était difficile de savoir si Robert éprouvait la même chose, c'était un élève sérieux et appliqué, qui se concentrait sur son tableau comme si c'était un problème de maths plutôt qu'une expression créative de sa personnalité. Mais en le voyant s'attarder après la fin du cours, ce jour-là, je m'étais dit que c'était bon signe.

« Avez-vous apprécié le cours ? lui avais-je demandé en lavant les pinceaux.

— Oui. C'était très... relaxant. »

Je m'étais couvert la bouche de la main mais n'avais pas pu m'empêcher de pouffer de rire.

« Quoi ?

— Je suis désolée, mais vous n'aviez pas l'air détendu. Vous êtes même le premier à m'avoir fait craindre que mon cours soit stressant.

— Ah, avait-il répondu en souriant, je suis doué pour donner l'impression d'être stressé. Dans mon monde, on est payé pour ça.

— Votre monde a l'air épouvantable.

— Il n'est pas si mal que ça, surtout maintenant. »

Robert avait plongé son regard dans le mien et ne l'avait pas détourné. Waouh ! Ce comptable avait un sacré charme quand il le voulait. Qui l'aurait cru ? J'avais regardé autour de moi et fait un petit signe en guise d'au revoir aux derniers élèves qui sortaient.

« Peut-être pourriez-vous rester un peu. »

J'avais soutenu son regard tout en attrapant le kimono rouge et noir posé sur le dos de ma chaise.

« Peut-être pourriez-vous... me peindre. »

Rétrospectivement, je sais que je m'étais montrée beaucoup trop directe. Robert avait réagi comme si de rien n'était, mais je voyais bien à ses mains tremblantes qu'il était terrifié. Je m'étais assise sur un tabouret, le kimono couvrant les parties les plus intimes de mon corps, tournée vers la droite. J'avais tourné la tête vers lui et ouvert le kimono, pas complètement, mais juste assez.

« Assurez-vous de bien dessiner les courbes avant de vous concentrer sur les détails, avais-je dit en laissant glisser le bout de mes doigts le long de ma poitrine. Commencez ici, par le sein et la hanche, puis continuez sur l'étroitesse de la taille et des chevilles. Donnez autant de coups de pinceau qu'il le faudra, c'est de l'art, pas de la science. La seule manière de rater la silhouette d'une femme est d'oublier de célébrer ses formes... »

Je m'étais interrompue lorsque je m'étais rendu compte que Robert avait quitté sa chaise et se tenait devant moi.

« Oh ! m'étais-je exclamée, surprise. Qu'y a-t-il ?
— Vous êtes une déesse. »

Une déesse ! Jamais on ne m'avait fait un tel compliment.

« Ah... Je ne crois pas qu'on m'ait déjà appelée ainsi avant.
— Cela me surprend. »

Les mains de Robert ne tremblaient plus. Mais les miennes, oui. Avec les hommes, j'avais l'habitude d'être le chasseur et non la proie. Ils appréciaient, en général, et les compliments ou les démonstrations enflammées venaient de moi la plupart du temps. C'était étrange, tout à coup, d'en recevoir.

« Vous me plaisez », avais-je dit, autant à lui qu'à moi-même.

Cette révélation était aussi surprenante qu'indéniable.

« Vous me plaisez aussi, avait-il répondu un peu maladroitement, mais peut-être essayait-il de ne pas sourire. Gracie. »

Lorsque j'entendis la clé tourner dans la serrure, je me levai d'un bond. Robert apparut au bout du couloir, la cravate défaite, l'air inquiet.

— Grace. Est-ce que tout va bien ?

Je me précipitai vers lui.

— Non. Non, ça ne va pas bien du tout.

Je me laissai aller contre lui et fondis en larmes.

— Qu'y a-t-il ? demanda-t-il. Que s'est-il passé ?

Je pris une profonde inspiration pour essayer de calmer mes sanglots.

— Il... On a déposé une plainte contre moi... auprès de l'ordre des sages-femmes... un médecin.

Robert eut un mouvement de recul.

— Quoi ?

— Il s'agit du bébé d'hier soir. Elle est née avec un bec-de-lièvre et une fente palatine. Nous avons fait accoucher la maman ici puis nous les avons toutes les deux transportées à l'hôpital. Le médecin... il était fou de rage. Il a dit qu'il allait me dénoncer. Il était en colère parce que son associé de cabinet avait accepté de devenir le médecin référent puis était parti en vacances sans rien lui dire.

— Pour quelle raison t'a-t-il dénoncée ?

— Il a dit que c'était trop risqué de faire naître un bébé au palais fendu à domicile, et aussi que je n'aurais pas dû transporter une patiente avec une déchirure périnéale.

— Savais-tu que le bébé avait le palais fendu ?

Robert m'observait avec une expression étrangement neutre. Il parlait d'une voix basse et calme, d'un ton qui ne laissait rien paraître.

— Après le début du travail... oui.

— Et la déchirure ?

— Je savais que Gillian avait une déchirure, mais je pensais que ce serait mieux pour elle et son bébé de...

— Putain, Grace !

Le coup de sang de Robert me surprit tant que je sursautai.

— C'est génial, c'est vraiment... fantastique.

— Robert, que se passe-t-il ?

Il se mit à faire les cent pas.

— As-tu la moindre idée de la merde dans laquelle nous serons si je perds mon boulot ? Hein ? Nous ne pourrons plus payer le crédit de la maison. C'est la responsabilité que nous avons prise quand nous avons emménagé ici. Chaque jour, je pars travailler en me demandant si je vais rentrer le soir au chômage, avec toutes mes affaires dans un carton. Je m'inquiète pour toi et pour notre avenir. Et, pendant ce temps, tu prends des risques inconsidérés et tu m'en fais courir ! Pourquoi ?

Robert s'arrêta et se prit la tête dans les mains. Il avait les joues rouges.

— Nous avons besoin de ton salaire, Grace. Il n'est peut-être pas énorme, mais nous en dépendons. Tu ne peux pas te permettre de prendre des risques. Pas en ce moment.

Il poussa un long soupir et leva les yeux vers moi. La colère avait quitté son visage.

— Excuse-moi, dit-il. Je n'aurais pas dû m'emporter.

— Ce n'est pas grave, répondis-je par automatisme.

— Si, ça l'est. Nous traversons… une période difficile. Et j'ai besoin que tu travailles. Je n'ai pas de place dans mon esprit pour gérer autre chose que mon boulot.

— Je comprends.

J'étais devant lui, sous le choc. De toute la durée de notre mariage, Robert n'avait quasiment jamais élevé la voix. Une fois quand je m'étais endormie au volant en rentrant d'un accouchement et que ma voiture avait percuté un arbre (sa colère était due à son inquiétude pour moi, pas pour la voiture). Une autre fois quand Neva avait neuf ans et qu'elle avait couru sur la route en poursuivant son frisbee. Il y avait aussi eu la fois où j'avais enregistré un épisode des *Golden Girls* sur la cassette où on le voyait faire du saut en parachute en Australie. Il s'était excusé chaque fois, après coup, mais aujourd'hui j'avais l'impression qu'il était toujours en colère. Ce n'était pas le bon moment pour lui dire que je n'allais pas gagner un centime avant que l'enquête soit terminée.

Il m'embrassa sur le front.

— Je vais prendre une douche.

Robert se dirigeait vers la salle de bains au moment même où mon téléphone portable se mit à sonner dans ma main. Il se retourna.

— On dirait que quelqu'un a perdu les eaux, dit-il d'une voix douce qui me fit comprendre

qu'il se sentait coupable. Si tu n'es pas là quand je sors de la douche, passe une bonne soirée.
Je le regardai s'éloigner avant de décrocher.
— Euh... allô ? Grace Bradley.
— Grace, c'est Lil. Ta mère est à l'hôpital.

15

Floss

L'hôpital était silencieux, en dehors des bruits habituels. Les bips et les vibrations des machines qui servaient à sauver des vies. Le couinement des semelles en caoutchouc sur le lino. L'odeur de désinfectant était si forte qu'elle me laissait un goût âcre dans la bouche. Lil était assise sur une chaise dans un coin de la pièce et bougeait sans cesse pour essayer de trouver une position confortable.

Sous l'emprise de la morphine, je somnolais, dans un état second. Les contours de mon esprit ondulaient telle l'eau peu profonde au bord d'une petite rivière pleine de galets, mais au centre, tout était immobile et clair comme de l'eau de roche. Lorsque je me penchais pour m'y regarder, c'était le reflet d'Elizabeth que je voyais. Mais pas l'Elizabeth que j'avais connue souriante avec ses joues roses. L'autre Elizabeth. L'Elizabeth de Bill.

Un mois après mon dîner chez eux, le téléphone avait sonné. Elizabeth était en travail.

Evie avait vérifié le contenu du sac de naissance, tandis que je sortais les vélos du garage. J'avais l'habitude de sortir mon vélo dans le noir – le travail avait tendance à commencer la nuit –, mais pousser deux vélos en même temps le long de l'allée pavée n'était pas facile et j'en lâchai un devant la maison. Il tomba avec fracas.

« Chut, dit Evie en apparaissant sur les marches, le sac à la main. Tu veux réveiller tout le quartier ou quoi ?

— Pardon. »

J'étais inquiète et impatiente d'arriver à Elizabeth et cela se voyait à mes mains tremblantes. Je ramassai le vélo d'Evie et l'appuyai contre la barrière, puis enfourchai le mien.

« Alors, dis-moi ce qu'a dit Bill. Ça fait longtemps que le travail a démarré ?

— Ce n'était pas Bill, répondit Evie, les lèvres pincées, en plaçant le sac dans le panier de son vélo. C'était Elizabeth.

— Au téléphone ? Mais la cabine la plus proche est à plus de trois kilomètres ! C'est impossible...

— Elle y est allée en vélo, répondit Evie en se mettant en selle. Bill est au pub, il fête l'arrivée du bébé. »

Le ton d'Evie me surprit. On aurait dit qu'elle avait ses propres réserves en ce qui concernait Bill. À cet instant précis, j'envisageai de tout lui raconter : mon inquiétude pour Elizabeth, mes soupçons envers Bill et ce que j'avais vu ce soir-là sur le ventre d'Elizabeth. Mais je tins ma langue. Si Elizabeth était en danger, Evie s'en rendrait compte elle-même. Et si elle ne l'était pas, je n'aurais pas trahi sa confiance.

Nous pédalâmes à toute vitesse dans la nuit. Il fallait trois quarts d'heure pour aller chez Elizabeth, et même si nous ne courions pas le risque de rater la naissance, je voulais y arriver le plus vite possible.

La dernière partie du trajet se faisait en rase campagne. Dans le noir, c'était presque effrayant. La seule lumière provenait des petits phares de nos vélos et, une fois que nous fûmes suffisamment proches, une autre nous arriva de la fenêtre de la chambre d'Elizabeth. Devant la maison, je sautai de vélo et me précipitai vers la porte en courant, laissant Evie derrière moi avec le sac de naissance.

« Elizabeth ? appelai-je en ouvrant la porte.
— Ici. »

Je traversai la cuisine et la minuscule salle à manger jusqu'à la chambre encore plus petite. Je ne trouvai pas tout de suite mon amie dans la pénombre. Elle était pliée en deux au bout du lit.

« Te voilà ! »

Elizabeth se redressa et je pus la voir de toute sa hauteur à la lumière du feu qui brûlait dans la cheminée. Des cernes profonds se creusaient sous ses yeux, son visage était émacié et tout son corps, à l'exception du ventre, était squelettique. Derrière moi, Evie poussa un petit cri de surprise.

« Elizabeth, mon Dieu ! Que t'est-il arrivé ? Tu ressembles à un squelette. »

Une contraction s'empara d'elle. Elizabeth soufflait lentement, agrippant les boutons de la commode. Je l'observais, abasourdie, incapable de dire quoi que ce soit. Cela ne devait pas faire plus d'un mois que je l'avais vue. Pour être aussi maigre, elle n'avait rien dû avaler depuis.

Lorsque sa contraction se termina, elle tomba à genoux, le souffle court.

« Les contractions sont espacées d'environ cinq minutes, dit-elle sans nous regarder. Et j'ai perdu les eaux. »

Elizabeth avait parlé d'une voix calme et formelle, plus comme une sage-femme qu'une patiente sur le point d'accoucher. Elle avait parlé comme si elle n'avait pas entendu la question d'Evie, ce qui était impossible étant donné que la chambre faisait la taille d'un placard et était plongée dans le silence. Perdue, je me tournai vers Evie.

« Elizabeth, dit celle-ci. Si quelque chose ne va pas, nous devons le savoir. Pour la santé de ton bébé. »

Nous attendîmes sans rien dire, mais Elizabeth serra fermement les lèvres. Ses yeux étaient enfoncés dans leurs orbites et sa peau avait une teinte bleue. Elle ressemblait à un zombie enceinte. Pourquoi l'avais-je laissée m'éviter ? Si quelque chose arrivait à ce bébé, ce serait ma faute.

« Elizabeth, s'il te plaît... », la supplia Evie.

Mais Elizabeth leva la main pour la faire taire.

« Je ne veux pas en parler, Evie, d'accord ? Alors, soit vous m'aidez à accoucher de ce bébé, soit vous partez et je me débrouillerai toute seule. »

Evie et moi échangeâmes un regard. Dieu merci, elle était là avec moi. En temps normal, une seule sage-femme suffisait pour une naissance, l'unique raison pour laquelle j'étais venue, c'était parce que Elizabeth me l'avait demandé des mois plus tôt. Mais même si elle ne l'avait pas fait, je n'aurais raté son accouchement pour rien au monde. C'était peut-être parce qu'il s'agissait d'Elizabeth, mais je m'étais déjà attachée à cet enfant. Peut-être m'en sentais-je responsable.

Evie poussa un soupir.

« Comme tu veux. Pour l'instant, nous allons nous occuper de faire naître ce bébé. Mais après, tu me diras ce qui se passe. Tu m'entends, Elizabeth ? »

Mais elle ne l'entendait pas, déjà pliée en deux, en proie à une nouvelle contraction.

Evie m'attira un peu à l'écart.

« Nous allons devoir partir du principe qu'Elizabeth souffre de malnutrition, ce qui veut dire qu'elle ne pourra probablement pas allaiter le bébé, elle ne doit pas avoir suffisamment de lait. Dans le sac de naissance, j'ai du lait en poudre que nous pourrons donner au bébé, à la seringue si nécessaire.

— Et le bébé ? demandai-je. Va-t-il s'en sortir ?

— Pour l'instant, je suis plus inquiète pour Elizabeth. Comme tu le sais, les bébés se débrouillent pour prendre ce dont ils ont besoin in utero. Souvent aux dépens de leur mère », ajouta-t-elle.

Voyant mon inquiétude, elle me tapota la main.

« Va dans la cuisine faire bouillir de l'eau, Floss. Et pendant que tu y es, prépare quelque chose à grignoter pour Elizabeth. Elle va avoir besoin d'énergie.

— Oui, répondis-je. Oui, bonne idée. »

La cuisine n'était qu'à quelques pas, mais je faillis ne pas y arriver. J'avais les jambes en coton. Elizabeth était si maigre, si famélique. Cela n'avait aucun sens. Était-elle malade ? N'avaient-ils plus d'argent pour se nourrir ? Je repensai au soir où j'étais venue dîner et à la manière dont Elizabeth avait mangé comme quatre. Ils avaient eu de quoi manger ce soir-là.

Dans la pièce d'à côté, les barreaux du lit s'entrechoquèrent et toute la maison trembla. Un instant plus tard, un « Aaaaaaaiieee ! » retentit. Je me levai d'un bond. Je devais réagir.

Une fois que j'eus mis l'eau à bouillir, j'explorai le contenu des placards et des tiroirs. Des couverts, des assiettes, des casseroles. Dans le petit garde-manger, les étagères étaient propres et recouvertes d'un papier peint à fleurs, mais elles ne contenaient rien d'autre que du thé et un sucrier vide. En moins d'une minute, j'avais ouvert tous les placards, hormis les deux du bas qui étaient cadenassés – c'était probablement là que Bill gardait ses fusils de chasse. Il n'y avait pas une miette de nourriture dans la maison.

Je passai la tête dans la chambre.

« Elizabeth, où est le garde-manger, ma belle ?

— C'est... euh... Oh, mon Dieu. »

Son visage se déforma comme une nouvelle contraction démarrait. Je regardai ma montre. Trois minutes et demie depuis la dernière. Le travail progressait rapidement.

« As-tu fait l'examen interne ? demandai-je à Evie.

— Oui. Huit centimètres. »

Elizabeth roulait sur elle-même d'un côté puis de l'autre, sous l'emprise de la douleur. Il n'y en avait plus pour longtemps. Des instruments brillants étaient alignés sur un plateau et une serviette propre chauffait devant le feu. Le couffin avait été installé dans un coin de la pièce. Il contenait une couverture en laine tricotée par Elizabeth. Evie avait le regard perdu dans le vague, l'inquiétude se lisait sur son visage. Je voyais bien qu'elle se demandait dans quel foyer ce bébé allait naître. Il était difficile de penser à autre chose.

« Et si nous essayions de marcher ? proposai-je à Elizabeth quand la douleur se fut enfin arrêtée. Pour voir si on peut mettre ce bébé dans la bonne position ? »

Elizabeth accepta. Nous parcourûmes la pièce de long en large pendant une heure, en nous arrêtant toutes les deux minutes pour la laisser se balancer et souffler pendant les contractions. Mis à part les sifflements et les craquements du feu de cheminée, le silence était absolu. C'était généralement ce que je voulais pour un accouchement. *Le silence est la musique de la mère en travail.* Mais ce soir-là, cela me donnait trop de temps pour réfléchir. Et au bout d'une heure, je ne le supportai plus.

« Elizabeth. »

Elle leva la tête en grimaçant.

« Qu'est-ce qui ne va pas ? Plus d'excuses. Tu dois me le dire. Tout de suite. »

Elle se laissa tomber sur le lit et baissa la tête, mais j'attrapai son menton et la forçai à me regarder. Elle écarquilla les yeux. Je sentais Evie derrière moi, peut-être prête à intervenir et à me dire que le moment était mal choisi, mais je m'en fichais. J'avais déjà attendu trop longtemps.

« Rien. Tout va bien. C'est ma faute, en fait. »

Evie alla s'asseoir sur le lit à côté d'elle.

« Qu'est-ce qui est ta faute, ma belle ?

— J'ai des goûts de luxe, répondit-elle. Tu le disais toi-même, Floss, tu t'en souviens ? Et Bill, il n'est pas riche. »

Elizabeth eut une contraction. Evie et moi restâmes silencieuses pendant ce temps.

« C'est dur pour lui, poursuivit-elle à la fin de sa contraction, d'avoir une autre bouche à nourrir. Je ne peux pas m'attendre à manger aussi bien qu'à la pension. C'est difficile, la vie à la campagne. »

Evie se pencha vers elle.

« Mais il te nourrit ?

— Oui... Oui, bien sûr. C'est juste que... parfois, je suis trop gourmande. »

Elizabeth refusait de croiser mon regard. Je ne comprenais absolument pas ce qu'elle voulait dire. Elizabeth n'avait jamais été gourmande, et je me demandais bien pourquoi elle le pensait.

« Que veux-tu dire ? » demandai-je doucement.

Elizabeth leva les yeux vers moi, puis se tourna vers Evie avant de baisser la tête, l'air honteuse.

« C'est juste que... quand Bill n'est pas content de moi... il ne me donne rien à manger. »

Le feu craqua dans la pièce silencieuse. Les questions se bousculaient dans mon esprit, mais aucune ne semblait vouloir sortir de ma bouche. Peut-être parce qu'il y en avait trop. Comment un homme pouvait-il refuser de nourrir sa femme enceinte ? Pourquoi ? Depuis combien de temps cela durait-il ? Pourquoi ne m'en étais-je pas rendu compte ? Et, plus important encore : *Pourquoi Bill n'était-il pas content d'elle ?*

« Est-ce qu'il te donne au moins un peu d'argent pour l'entretien de la maison ? » demandai-je lorsque j'eus retrouvé ma voix.

C'était la seule question que je m'étais sentie capable de poser sans exploser de rage, ou pire, éclater en sanglots.

« Bien sûr que non, répondit Elizabeth, visiblement choquée. Nous n'avons pas assez d'argent. »

Je n'en croyais pas mes oreilles.

« Et quel argent dépense-t-il au pub, à ton avis, Elizabeth ? » dis-je.

Ce n'était pas contre elle que j'étais en colère. Je fis de mon mieux pour me contrôler et m'assurer que ma voix était calme et posée.

« Tu ne mérites pas d'être traitée ainsi, Elizabeth. Bill te contrôle : qui tu vois, ce que tu manges… »

Je m'interrompis en la voyant poser les mains sur son ventre. Un frisson parcourut ma colonne vertébrale.

« Tu n'es pas tombée, hein ? »

Elizabeth ne répondit pas et garda la tête baissée. Je n'avais pas besoin qu'elle dise quoi que ce soit, j'avais parfaitement compris sa réponse.

Lorsque j'étais étudiante infirmière, nous avions étudié le cas d'un jeune enfant affamé par sa mère en guise de punition pour s'être mal comporté. Lorsqu'il était mort, à l'âge de cinq ans, il pesait moins qu'un bébé d'un an. Mais il ne montrait aucun signe de maltraitance physique, pas même un bleu. Quand j'en avais parlé à l'infirmière en chef, elle m'avait dit que la maltraitance pouvait prendre de nombreuses formes. Le seul point commun à toutes était le besoin de l'auteur de contrôler sa victime.

Je me souvins soudain des cadenas sur les deux placards de la cuisine. Je me retournai et m'y rendis sans un mot.

« Floss, que fais-tu ? » cria Evie.

Une hache était posée contre un tas de bois à côté de la cheminée. Je l'attrapai.

« Je prends quelque chose à manger pour Elizabeth. »

La hache était petite, mais lourde. Elle s'abattit sur le bras du cadenas dès mon premier essai et il se détacha immédiatement de la poignée de la porte.

« Floss ! »

Comme je m'en étais doutée, le placard était plein de nourriture. Des biscuits secs, du sucre, de la farine, du beurre, des œufs. Je n'avais pas suffisamment de temps pour faire cuire quoi que ce soit, je me contentai donc de tartiner de beurre quelques crackers et me précipitai dans la chambre. Elizabeth en accepta un ou deux, plus pour me faire plaisir que pour elle, je pense. J'essayai de la forcer à en manger plus, mais elle refusa.

Trente minutes plus tard, Elizabeth ressentit le besoin de pousser. Comme Evie me l'avait demandé, j'apportai une grande casserole d'eau bouillante dans la chambre pour nous laver les mains. Je la posai sur la commode.

« Bon, Elizabeth, dit Evie. Je veux que tu te laisses glisser jusqu'au bout du lit, puis que tu te mettes sur le côté. Floss, aide-la. Puis, quand tu sentiras la prochaine contraction, je veux que tu pousses aussi fort que tu peux. Compris ?

— Je suis sage-femme, Evie, je sais... »

Mais la contraction lui coupa le souffle et son visage se tordit de douleur.

« Très bien, dit Evie. Très bien. La tête arrive. »

J'allai me poster au pied du lit pour voir. La tête arrivait, sans aucun doute, et elle arrivait vite. La contraction suivante survint vite, elle aussi, puis celle d'après, et chaque fois, la tête sortait un peu plus, poussant Elizabeth au bout de ses forces. J'avais vu de nombreuses mères épuisées à ce stade du travail, mais l'état d'Elizabeth m'inquiétait de plus en plus. Une ou deux fois, entre deux contractions, ses yeux avaient roulé en arrière.

« Ça y est, la tête sort. Tiens bon ! Souffle ! l'encourageait Evie. Allez, Elizabeth, souffle. Floss, j'ai besoin de toi. Prends la serviette à côté du feu et apporte-la-moi. Puis va te laver les mains. »

Evie avait une main sur le genou d'Elizabeth, l'autre sur la tête du bébé.

« Très bien. Pose la serviette sur le lit devant moi. »

J'attrapai la serviette, puis me lavai les mains dans l'eau brûlante, en gardant un œil sur Elizabeth qui haletait. Je me séchai les mains sur une autre serviette et m'agenouillai au pied du lit à côté d'Evie. Elizabeth se mit à gémir.

« Tu y es presque, dit Evie. Floss, prépare les instruments : le clamp et le scalpel, s'il te plaît. Elizabeth, fais le petit chien. Tu sais comment t'y prendre. »

Je pris le clamp et le scalpel, les yeux rivés sur le bébé. Je ne pouvais pas détourner le regard. Même si je ne voyais que le haut de sa tête, je savais que quelque chose de magique était en train de se produire. Doucement, la tête sortait, révélant une petite touffe de cheveux sanguinolents et collés.

« La tête est dehors ! » m'écriai-je.

Evie, qui avait toujours l'air inquiet, restait parfaitement concentrée, mais je voyais qu'elle souriait.

« Elizabeth, tiens bon, tu y es presque. Dans une minute, ton bébé sera né. »

Elle ferma les yeux et hocha la tête, tentant de se donner du courage. Elle garda les yeux fermés pendant plusieurs minutes, je me demandai même si elle ne s'était pas endormie – ou si elle ne s'était pas évanouie. Je me levai pour vérifier qu'elle n'avait pas perdu connaissance quand soudain elle ouvrit grands les yeux et gémit de plus belle.

« Nous y sommes ! Pousse, l'encouragea Evie. Allez, ma belle. C'est formidable. Le voilà. »

J'observai en silence le petit visage du bébé.

« Oh, Elizabeth. Je vois son visage. »

Toute la tension et toute la fatigue semblèrent disparaître soudain de ses traits, et pendant un instant, elle eut à nouveau l'air jeune et en bonne santé, semblable à l'Elizabeth que j'avais connue et aimée.

« C'est vrai ? Tu vois son visage ?

— Oui. C'est un très beau visage. »

Celui d'Elizabeth se déforma de nouveau. Elle souffrait. Evie, elle, restait calme et concentrée sur la naissance. Elle glissa doucement ses doigts autour du cou du bébé et guida prudemment les épaules, les faisant pivoter au fur et à mesure. Une fois qu'elles furent dehors, le reste du corps arriva rapidement et atterrit sur la serviette chaude que j'avais posée sur le lit. Evie leva le bébé couvert de vernix par les pieds, la tête en bas. Il poussa un petit cri. Mon cœur se serra et explosa.

« Félicitations, dis-je, tandis qu'Evie tendait l'enfant à Elizabeth. C'est une fille. »

Un chœur de voix basses et familières me sortit du sommeil.

— Merci beaucoup de nous avoir appelées, Lil. Comment va-t-elle ?

C'était la voix de Neva que j'avais entendue, suivie de celle de Lil répétant le diagnostic du médecin. Infarctus mineur du myocarde. Trop fatiguée pour ouvrir les yeux, je laissai leurs mots me bercer.

— Que lui ont-ils donné ? demanda Grace.

Je reconnus immédiatement son ton autoritaire et professionnel. La nouvelle de ma crise cardiaque avait dû l'effrayer, et elle essayait de reprendre le contrôle de la situation. J'entendis qu'on détachait mon dossier médical de la barre au bout du lit.

— Aspirine, bêtabloquants. Et de la nitroglycérine ?

— Ce traitement n'est pas rare dans ce genre de cas, répondit une voix d'homme que je ne connaissais pas. Cela permet de dilater les vaisseaux sanguins et au sang et à l'oxygène d'atteindre le cœur plus facilement. C'est très efficace.

— Êtes-vous médecin ? demanda Lil.

— Oui, mais je ne suis pas expert en la matière. Mes patients sont un peu trop jeunes pour avoir des crises cardiaques.

J'entendis qu'on remuait des papiers.

— C'est bizarre, dit Grace. Le groupe sanguin de Maman est AB positif. Je ne savais pas.

J'ouvris soudain les yeux. Grace, Lil et un homme que je soupçonnais à présent d'être le pédiatre ami de Neva, se tenaient au pied du lit et lisaient mon dossier. Neva était à côté de moi. Son visage s'illumina en voyant que j'avais ouvert les yeux.

— Gran ! s'écria-t-elle. Tu es réveillée.

Grace remit mon dossier sur la barre au bout du lit et vint de l'autre côté.

— Maman. Comment te sens-tu ?

— Très bien. J'ai dit à Lil de ne pas vous embêter. Je savais que vous vous précipiteriez ici.

— Tu as eu une crise cardiaque, Gran ! répondit Neva. Évidemment que nous voulions être là !

— Il faut que tu nous laisses t'aider plus, Maman, ajouta Grace. Nous pouvons aller faire tes courses, ou tout ce dont tu pourrais avoir besoin.

— Ne vous tracassez pas pour moi, dis-je. Je vais bien.

Lil regardait le pédiatre d'un air sérieux.

— Est-ce que ce genre d'activités quotidiennes peut causer une crise cardiaque ? demanda-t-elle.

Il secoua la tête.

— Je ne suis pas son médecin, mais en général, aller faire des courses, marcher un peu, cela a plutôt tendance à réduire le risque de crise cardiaque.

Ce problème provient plutôt d'un taux de cholestérol élevé ou d'une mauvaise nutrition. Parfois, c'est juste une question d'âge ou d'hérédité. Et quelquefois de stress.

Ce dernier mot fit tiquer Lil. Le stress.

— Pardon, Gran, s'excusa Neva. Je ne t'ai pas encore présenté Patrick. Il est mon...

— Petit ami, ajouta-t-il en adressant un clin d'œil à Neva. C'est un plaisir de vous rencontrer, madame Higgins. Bien sûr, j'aurais préféré que ce soit dans d'autres circonstances.

Je ne pus m'empêcher de sourire. Sa bonne humeur était contagieuse.

— Ravie de vous rencontrer, Patrick. Appelez-moi Floss.

Mon regard retourna à Grace. Elle avait repris mon dossier et l'étudiait d'un air confus. Les yeux de Lil trahissaient son inquiétude. Toutes les deux, je le savais, avaient de nombreuses questions. Et Neva probablement aussi. J'avais réussi à les éviter cette fois-ci. Mais la prochaine ?

Il me semblait que les murs étaient en train de se refermer sur moi et que mon secret serait forcément révélé, ce n'était qu'une question de temps.

16.

Neva

Assise dans la voiture de Patrick, j'avais l'estomac noué. Je lançai un coup d'œil vers lui. Je n'arrivais pas à croire que seulement quelques heures auparavant, il s'était proposé d'endosser le rôle de père de mon bébé et de compagnon. Il s'était même présenté à ma grand-mère comme mon petit ami. Si ç'avait été n'importe qui d'autre, ses intentions auraient été claires. Mais je ne pouvais pas intéresser Patrick, le Don Juan de l'hôpital.

Il s'arrêta devant mon immeuble.

— Retour à la case départ, annonça-t-il.

— Tu ne m'as pas répondu tout à l'heure, dis-je, l'esprit trop confus pour tenter de tourner autour du pot. Pourquoi veux-tu faire ça ? Prétendre être le père de mon bébé ?

— Parce que j'aime bien les rousses ? rétorqua-t-il avec un petit sourire.

Je lui répondis par un silence. Il comprit et poussa un soupir d'exaspération.

— Allez, Nev.

— Allez quoi ? Dis-moi. Si tu veux que j'accepte, j'ai besoin de savoir pourquoi.

— Tu veux vraiment me le faire dire, c'est ça ?

— Dire quoi ?

Il défit sa ceinture de sécurité et me réduisit au silence. Prenant mon menton entre son pouce et son index, il se pencha vers moi. Je restai immobile, le souffle coupé. Il me fit un petit sourire. C'était le sourire le plus doux, le plus tendre que j'avais jamais vu de la part de Patrick. Et peut-être de toute ma vie. Mais je n'eus qu'une seconde pour l'admirer avant qu'il ne presse ses lèvres contre les miennes.

Le monde qui m'entourait disparut. Ses lèvres étaient d'une douceur incroyable et cependant fermes. Lentement, il m'attira tout contre lui, me fit passer au-dessus du levier de vitesse et sur ses genoux. Involontairement, je poussai un gémissement.

Le moment où je lâchai prise nous fit réagir tous les deux. La langue de Patrick glissa dans ma bouche et, tout au fond de moi, un feu s'alluma. C'était comme regarder un film au retournement de situation prévisible ; je n'avais rien vu venir, mais je n'arrivais pas à croire que j'étais passée à côté. Pas seulement de ce que Patrick ressentait pour moi, mais aussi de ce que je ressentais pour lui.

Lorsqu'il mit fin au baiser, des petites étoiles dansaient devant mes yeux. C'était peut-être la lumière, ou le fait que nous venions de nous embrasser, ou peut-être les hormones, mais je me demandais si je n'étais pas en train de rêver. J'avais plus que tout envie de fermer les yeux et de me rendormir.

— Est-ce que j'ai répondu à ta question ?

— Euh... quelle était la question ?

— La raison pour laquelle je voulais t'aider, répondit-il en souriant.

Puis il ajouta à voix basse :

— Nous serions bien ensemble, Nev. J'espérais que nous en arriverions là avant de concevoir un enfant, mais... si le bébé a déjà été conçu et... si tu me dis que le type n'est plus dans l'équation, alors... je suis là. Si tu veux de moi.

C'était trop beau pour être vrai. Et pourtant...

— Alors, Neva, veux-tu de moi ?

— Oui, répondis-je d'une voix rauque.

Je n'y avais jamais pensé avant, mais soudain j'en étais certaine. Je hochai la tête plusieurs fois.

— Oui, oui, je veux de toi.

Nous restâmes silencieux à nous regarder. Puis Patrick éclata de rire.

— Bon, très bien. Je vais te laisser retourner ça toute la nuit, dit-il en me soulevant de ses genoux pour me reposer sur le siège passager.

Il remit sa ceinture de sécurité.

— Je t'appelle demain.

— Tu ne veux pas rester ? m'exclamai-je.

Je regrettai mes paroles immédiatement. Enfin... Patrick eut l'air surpris.

— Euh, me repris-je. Je veux dire...

— Je crois que je vais rentrer chez moi ce soir, répondit-il en souriant.

En voyant mes joues rouges, il dut se sentir obligé d'ajouter :

— J'aimerais beaucoup rester, évidemment. Mais après tout ce temps, je crois qu'il vaudrait mieux que nous n'allions pas trop vite.

Le lendemain, il m'appela pendant ma pause déjeuner.

— Salut, toi, dit-il d'un ton charmeur.

Même au téléphone, je ne pus m'empêcher de rougir.

— Tu vas bien ? demanda-t-il.

— Oui.

En vérité, j'étais fatiguée. J'avais passé une bonne partie de la nuit à me retourner dans mon lit, incapable de fermer l'œil, à repenser à ce baiser et à sa proposition d'être le père de mon bébé.

— Désolée, je suis juste un peu distraite. Je m'occupe de deux mères en début de travail.

— Alors je ne te retiens pas. Je voulais juste t'informer que je n'avais encore rien dit à personne. Sur le fait d'être le père de ton bébé. Tu peux donc toujours changer d'avis si tu veux.

— C'est bien, répondis-je. Parce que je ne suis toujours pas sûre que ce soit une bonne idée.

— Mince, s'exclama-t-il d'un ton sarcastique. J'avais tellement envie de le dire à Marion.

J'éclatai de rire et fis signe à Ruth, mon aide-soignante, que j'en avais pour une minute. J'allai m'asseoir dans un coin tranquille et parlai à voix basse.

— Est-ce que tu es sûr ? Y as-tu vraiment réfléchi ?

— Oui.

Je soupirai et passai le doigt dans une rainure du mur.

— Tu es dingue, tu le sais ? Mais… d'accord. Dis-le à Marion. Dis-le à tout le monde.

Soudain, une pensée me traversa l'esprit.

— En fait, non, ne le dis pas à tout le monde. Pas à Grace et ma grand-mère.
— Pourquoi pas ?
— Je... je ne sais pas.

C'était faux, je savais parfaitement pourquoi. C'était une chose de ne pas dire à Grace et Gran qui était le père, c'en était une autre de leur mentir ouvertement. Grace avait le don de m'énerver, mais elle s'était toujours montrée honnête avec moi. Quant à ma grand-mère, je doutais sincèrement qu'elle ait jamais menti de sa vie. Je savais que je pouvais compter sur leur sincérité, et je ne voulais pas briser ce cercle de confiance.

— Je ne pense pas pouvoir leur mentir en les regardant en face.

Cette réponse sembla satisfaire Patrick.

— D'accord. Nous le dirons à tout le monde, sauf ta mère et ta grand-mère. Ça te va ?

J'étais aussi soulagée que si le poids du monde venait de quitter mes épaules. Oui, ça m'allait. Ça m'allait parfaitement.

— Oh, et, Nev, à propos d'hier soir...

Le bébé – ou peut-être autre chose en moi, plus bas – fit un saut périlleux.

— Oui ?
— J'espère que nous pourrons rattraper ça ce soir.

Vingt-quatre heures plus tard, notre entourage, à l'exception de ma mère et de ma grand-mère, pensait que Patrick était le père de mon bébé. Comme il le disait lui-même, cette explication avait été acceptée sans réserve, les gens paraissaient même amusés que nous ayons enfin révélé que nous étions en couple, « après tout ce temps ». Marion avait l'air un peu déçue de ne pas avoir été la première avertie pour pouvoir colporter notre secret, mais une fois sa déception passée, elle semblait même contente. Patrick acceptait de bon cœur les tapes dans le dos et les félicitations, comme tout futur père plein de fierté, et je souriais en voyant les infirmières essayer de dissimuler leur mécontentement de voir un bon parti comme Patrick sortir du marché.

Ayant annoncé à tout le monde que nous étions ensemble, nous n'avions d'autre choix que de modifier nos habitudes nocturnes chez moi. Eloise aurait trouvé étrange de voir Patrick dormir sur le canapé. Aussi ce soir-là, quand il était arrivé après sa garde, nous avions eu une petite discussion avec Ted et elle, enlacés sur le canapé, avant de gagner tous les deux ma chambre, quelque peu embarrassés. J'étais allée dans la salle de bains la première et, en attendant que Patrick ait pris sa douche, je tirai la couverture afin d'examiner pour la dixième fois la tenue dans laquelle j'avais décidé de dormir. Un débardeur et un short. Une nuisette, si j'en avais eu une, aurait paru ridicule sur une femme enceinte de sept mois, mais il me semblait un peu présomptueux de ne rien porter du tout. Je me redressai dans le lit. J'aurais peut-être dû arborer mon plus joli ensemble de lingerie, pensai-je soudain. Il était rose et féminin et... *Non, non ce n'est pas moi*. Je me rallongeai.

Quand je me redressai de nouveau, la lumière était éteinte et je compris que j'avais dû m'assoupir plusieurs heures. À côté de moi dans le lit, Patrick souriait.

— Salut, dit-il.

— Ça fait combien de temps que tu me regardes dormir ? demandai-je en essayant d'ouvrir mes yeux ensommeillés.

— Tu m'as réveillé quand tu t'es redressée d'un coup. J'ai le sommeil léger. Contrairement à toi...

— Désolée, répondis-je en bâillant. J'ai dû m'endormir quand tu étais sous la douche.

— Les femmes enceintes ont besoin de repos.

— C'est vrai, répondis-je. Tu sais, je n'ai pas l'habitude d'avoir un homme dans mon lit qui me regarde dormir.

— Tu n'as pas l'habitude d'avoir un homme dans ton lit, point. Je suis bien placé pour le savoir. À moins que tu ne les fasses sortir par la fenêtre, ce qui, je dois te le dire, en tant que médecin, est très dangereux, surtout du troisième étage.

— C'est donc pour ça qu'ils n'ont jamais rappelé, répondis-je.

Je m'attendais que Patrick éclate de rire, mais il ne le fit pas.

— Est-ce ce qui lui est arrivé ? demanda-t-il. À ce type ?

— Ouais, dis-je. Ce doit être ça.

— Tu ne veux vraiment pas me dire de qui il s'agit ?

Je fis non de la tête.

— Il est au courant ?

— Non.

Patrick se redressa sur un coude.

— Si c'était mon bébé... je voudrais savoir.
— Crois-moi. Il ne veut pas savoir.
— Alors il ne fait vraiment plus partie de ta vie ? Définitivement ?

Pour une fois, Patrick ne semblait pas sûr de lui. Cela me peina.

— Il ne va pas réapparaître un jour en exigeant que l'on respecte ses droits de père ? ajouta-t-il, visiblement inquiet.
— Non, répondis-je, aussi fermement que je le pouvais. Je t'assure.

Son sourire dix mille watts réapparut enfin.

— Eh bien, tant mieux. Tant pis pour lui et tant mieux pour moi.

L'étincelle qui brillait dans l'œil de Patrick me rendit nerveuse. Il était dans mon lit. Il devait avoir des attentes. Ce n'était pas le sexe qui me faisait peur... pas exactement... mais le sexe avec Patrick ? J'étais à la fois excitée et terrifiée. Excitée parce que... eh bien, parce que c'était Patrick. Pas exactement désagréable à regarder, et certainement très expérimenté. Terrifiée parce que j'étais très enceinte et probablement pas suffisamment en forme. Mais je voulais bien essayer et faire de mon mieux.

Sous la couverture, je tendis la main vers lui et trouvai son torse chaud, qui fléchit sous mes doigts. Lentement, je me glissai contre lui. Le bébé était entre nous. Je me penchai vers lui et posai mes lèvres sur les siennes.

— Nev...

Je m'écartai.

— Oui.

— Je sais que ce n'est pas très orthodoxe, moi dans ton lit comme ça. Mais je n'ai aucune attente. Des fantasmes, oui... mais aucune attente.

— Des fantasmes ? répétai-je en regardant mon ventre en ballon de football. Même avec ça ?

— Même avec ça, dit-il avec un petit sourire.

Ma tête se mit à tourner.

— Mais pas maintenant, ajouta-t-il rapidement. Ce soir, je pensais que nous pourrions juste... parler.

— Parler ?

Il hocha la tête.

— Tu es au lit avec une femme et tu veux juste parler ?

— Que veux-tu dire par là ?

— C'est moi, Patrick. Je te connais. Monsieur j'ai du rouge à lèvres sur le col de ma chemise, Monsieur je sens le parfum de femme à trois kilomètres. Cela fait des années que tu dors sur mon canapé, tu te rappelles ?

— Ah.

Il roula sur le dos en souriant et joignit les mains derrière la tête.

— Alors, tous mes efforts n'ont pas été vains.

— Tes efforts ? répétai-je, confuse.

Il me lança un regard de côté et éclata de rire.

— Enfin, Nev... Sais-tu à quel point il est difficile d'avoir du rouge à lèvres sur son col de chemise ? Tu connais combien de femmes qui embrassent le cou d'un homme lorsqu'ils ne sont pas nus ? Des femmes qui portent encore du rouge à lèvres, qui plus est.

Je réfléchis à ce qu'il disait, mais avant que j'aie trouvé une réponse logique, il avait repris.

— J'essayais de rendre une personne jalouse.

— Quoi ? Tu veux dire... moi ?

Il éclata encore de rire, mais cette fois il semblait un peu gêné. Mon cerveau, lui, travaillait à toute allure.

— Tu veux dire que... tu essayais de me rendre jalouse en t'affichant avec d'autres femmes ?

— Dit comme ça, évidemment, ça peut paraître un peu contre-productif. Mais oui.

Une partie de moi avait envie de lui mettre une claque. Une autre d'attraper son corps nu et...

— Je ne vois pas comment cela aurait pu être productif.

— Je ne sais pas, répondit-il en regardant le plafond. Beaucoup d'autres femmes ont l'air de me trouver à leur goût. Je me disais que si tu me voyais avec leurs yeux...

— Alors tu as couché avec la moitié des femmes de l'hôpital ?

— Pas la moitié.

— Un quart ?

— Deux, répondit-il.

— *Deux ?*

— Deux.

Il semblait sincère. Patrick avait peut-être beaucoup de défauts, mais ce n'était pas un menteur. J'aurais dû être soulagée, mais une sensation étrange et désagréable commençait à brûler en moi.

— Deux... Lesquelles ?

Patrick fit non de la tête.

— Allez, dis-je. S'il n'y en a eu que deux, tu dois forcément te souvenir d'elles. Dis-le-moi.

— Je me souviens parfaitement d'elles, Nev. Mais je ne te le dirai pas.

— Patrick, si nous vivons ensemble, nous devons être honnêtes l'un avec l'autre.

Il tourna vers moi un regard sceptique et je compris immédiatement mon erreur. J'étais assez mal placée pour exiger une honnêteté totale. J'étais sur le point de me reprendre quand il parla, à voix très très basse.

— Leila, dit-il. Et Kate.

J'essayai de paraître calme et indifférente.

Pour Leila, je m'en étais doutée, mais cela me faisait quand même quelque chose. Et Kate, je ne la connaissais pas très bien, mais elle était très gentille. Et très jolie.

— Toutes deux n'étaient que des aventures d'une nuit.

— Quand ? demandai-je.

— Il y a longtemps.

— Quand tu étais marié avec Karolina ?

— Non, répondit-il soudain d'un air horrifié. Je n'ai jamais trompé Karolina. Kate, c'était peu de temps après notre séparation, et Leila, il y a un an. Karolina m'a trompé, tu sais. Tu le savais, n'est-ce pas ?

Il scrutait mon visage.

— Non. Non, je ne le savais pas. Je croyais... En fait, je pensais, avec toutes les femmes qu'il y a eu après...

— Il y a eu quelques femmes après, concéda-t-il. Probablement pas autant que tu le penses, cependant. Mais je n'ai jamais été infidèle pendant mon mariage. Je n'arrive pas à imaginer que tu m'en aies cru capable.

J'étais totalement déconcertée. Toutes les idées que je m'étais faites sur Patrick – son infidélité, sa longue liste de conquêtes – se révélaient fausses. Soit il était un excellent menteur, soit je m'étais trompée sur toute la ligne. J'espérais de tout mon cœur m'être fourvoyée.

— Nev, je ne suis pas ce genre de type, dit-il en m'attirant contre lui. J'aime bien flirter... mais le reste, ce n'est pas mon genre.

— Tant mieux, répondis-je en posant ma joue sur son torse. Ça marchera peut-être entre nous, après tout.

17

Grace

Je me réveillai dans un lit vide. Il était tôt – pas encore 7 heures – mais l'attaché-case de Robert, que j'avais vu appuyé contre le pied du lit en rentrant la veille au soir, n'était plus là. Les rideaux étaient entrouverts et une lumière entre le rouge et le rose filtrait au travers, c'était beau, mais de mauvais augure. *Ciel rouge le matin, pluie en chemin.* Robert ronflait déjà quand j'étais rentrée, je n'avais donc pas eu le temps de lui dire ce qui était arrivé à Maman. Cependant, même s'il avait été réveillé, je ne le lui aurais peut-être pas dit. Après son accès de colère de l'autre soir, je ne me sentais guère encline aux confidences.

À presque 9 heures, j'étais encore au lit. La lumière s'était atténuée et avait viré au pêche, mais rien d'autre n'avait changé. J'avais toujours sept coups de fil à passer. Sept clientes à décevoir. Je n'arrivais pas à trouver les bons mots. *Vous savez que vous m'avez confié l'expérience la plus importante de votre vie ? Eh bien, je vais vous décevoir à la dernière minute sans même vous proposer de solution de rechange, parce que je suis soupçonnée de négligence.* Une explication sincère, certes, mais qui ne me plaisait pas. Chaque minute qui passait me rapprochait de 9 heures, moment à partir duquel je jugeais acceptable d'appeler. Mon angoisse grandissait. Aussi, quand mon téléphone portable sonna, à 8 h 57, je me précipitai pour y répondre, espérant une diversion, et décrochai sans même regarder le numéro qui s'affichait.

— Grace Bradley.

— Grace, c'est Jane.

J'étouffai un juron. De mes sept clientes, Jane était celle à laquelle j'avais le moins envie de parler. Lorsque je l'avais eue au téléphone la semaine précédente, elle m'avait dit que son mari avait été licencié et qu'elle craignait l'impact du stress de cette mauvaise nouvelle sur le bébé. Nous étions devenues proches ces derniers mois. L'abandonner maintenant était impensable. Je haïssais le Dr White et sa plainte.

— Jane. Bonjour. Comment vas...

— Cela fait environ quatre heures que les contractions ont commencé, dit-elle, si rapidement que j'avais du mal à la comprendre.

Je me redressai d'un bond.

— Où es-tu, ma belle ?

— Chez moi. Est-il trop tôt pour que tu viennes ?

Oui. Environ un mois trop tôt.

— À quelle vitesse arrivent les contractions ?

— Les deux dernières étaient à trois minutes d'intervalle.

La main avec laquelle je tenais le téléphone se mit à trembler.

— Et avant ?

— Eh bien… au début, j'en avais toutes les huit minutes. Puis cinq. Et maintenant, trois.
— Sont-elles douloureuses ?
— Oh, mon Dieu. Attends une seconde, Grace. Ohhhh…

Un gémissement me parvint.

— Jane, est-ce une contraction ? Peux-tu me répondre ? Peux-tu parler en même temps ?

Le gémissement se transforma en hurlement, et quelques secondes plus tard, je n'entendis plus rien.

— Désolée. Elles sont plus fortes. Peux-tu venir ?

Je me frappai le front de la paume de la main.

— Grace ? Tu es là ?
— Je suis là. Simplement, j'ai quelque chose à te dire, répondis-je en continuant de me taper la tête. Je suis désolée, mais… je ne peux pas venir pour ton accouchement.
— C'est une blague ?
— J'aimerais bien, mais malheureusement, non. Une plainte a été déposée contre moi. La licence me permettant d'exercer a été suspendue jusqu'à la fin de l'enquête et la décision de l'ordre des sages-femmes. Ça devrait prendre au moins un mois.
— Un mois ? s'écria Jane. Mais mon bébé arrive maintenant. Que suis-je censée faire ?
— Étant donné que le travail a déjà commencé, tu devrais aller à l'hôpital. Je pense malheureusement que c'est ta seule option, dis-je.

J'attendis une réponse, mais il y eut un long silence.

— Jane ? Tu es là ?

Je l'entendais respirer, je savais donc qu'elle était toujours là.

— Jane, répétai-je. Je ne peux pas te dire à quel point je suis désolée. Mais si tu vas à l'hôpital...

— J'ai vu ma mère mourir à l'hôpital il y a un an, répondit-elle d'une voix parfaitement calme, d'un ton mécanique. Je ne veux pas que mon bébé vienne au monde dans un endroit plein de maladie et de mort. C'est pour cette raison que je me suis tournée vers toi.

Mon cœur se mit à battre plus vite. Sa mère. Bien sûr.

— Jane. J'adorerais être là pour t'aider à mettre au monde ton bébé. Mais, si je le faisais, je risquerais de perdre définitivement ma licence.

— Eh bien, je n'irai pas à l'hôpi...

Jane se mit à gémir avant d'avoir terminé sa phrase et dut s'interrompre pendant une autre contraction. Dès qu'elle se termina, elle reprit :

— Fais ce que tu as à faire, Grace. Et je ferai de même.

Quinze minutes plus tard, j'étais dans la chambre de Jane. J'essayais de rester concentrée, mais mon esprit ne cessait de vagabonder. Qu'aurais-je dû faire ? La laisser accoucher toute seule chez elle ? La mettre de force dans une ambulance pour l'emmener dans le lieu qui la terrifiait plus que tout au monde ? Il me semblait ne pas avoir eu le choix. Mais j'avais le cœur lourd. Et ce qui m'effrayait le plus, ce n'était pas que l'ordre des sages-femmes le découvre. C'était que Robert le découvre.

Jane était accroupie, soutenue par son mari. Elle puisait dans le peu d'énergie qu'il lui restait pour donner la dernière poussée qui expulserait son bébé. En arrivant, j'avais été surprise de la voir si concentrée, contrôlant parfaitement la situation. C'était le genre de surprise que le travail réservait parfois. Les femmes en apparence les plus calmes et les plus confiantes pouvaient perdre tout contrôle d'elles-mêmes pendant le travail, tandis que de plus timides et inquiètes relevaient le défi de manière impressionnante.

— Très bien, Jane, dis-je, accroupie à ses pieds. À la prochaine poussée, nous saurons si c'est un garçon ou une fille.

Le moment venu, elle poussa un cri déterminé. Je guidai lentement la tête. Le cordon était enroulé autour du cou du bébé, mais pas trop serré, et je le dénouai facilement. À la contraction suivante, le visage de Jane se déforma de douleur et elle poussa le petit garçon dans mes mains. Je levai les yeux vers l'horloge.

— 10 h 32. Une heure parfaitement acceptable pour naître.

Je tendis son bébé à Jane et le silence s'installa. Jimmy pleurait sans bruit. Jane regardait son bébé, et son bébé la regardait ; un lien invisible les unissait déjà. Nous le sentions tous. Il y avait de la magie dans cette pièce. Une magie qui n'aurait peut-être pas existé à l'hôpital.

— Aimerais-tu essayer de l'allaiter maintenant, Jane ? demandai-je. Cela permettrait peut-être à l'utérus de se contracter et d'expulser le placenta.

Jane était d'accord. J'avais un médicament qui produirait le même effet, mais mes clientes préféraient en général ne pas l'utiliser et j'étais d'accord avec elles. Le corps féminin était remarquablement conçu pour gérer seul ce processus.

Je recouvris le lit de serviettes et Jimmy aida Jane à s'allonger. Le bébé prit le sein de sa mère sans trop d'effort, et je m'assis, attendant l'apparition du placenta.

Jimmy et Jane semblaient épuisés mais heureux. Je n'arrivais pas à m'imaginer cette scène dans une chambre d'hôpital. Jane, je le savais, aurait été hystérique dans cet environnement qui la terrifiait, entourée d'inconnus. J'avais du mal à croire que je lui avais suggéré d'y aller. Là, sur son lit, elle paraissait calme, sereine et forte. L'image parfaite de la jeune mère.

— Très bien, dis-je quinze minutes plus tard. Allez, placenta ! Voyons voir ce qui prend aussi longtemps.

Je tâtai le fundus, qui se contractait, mais trop lentement, et le massai.

— Tout va bien ? demanda Jane en levant les yeux pour la première fois.

— Oui, répondis-je. Je donne juste un coup de main à l'utérus. En général, je préfère que le placenta vienne dans la demi-heure qui suit l'accouchement. Il nous reste du temps. Continue de l'allaiter. Tu te débrouilles très bien.

Le bébé tétait toujours tranquillement. Jimmy s'endormit, la tête posée sur l'épaule de Jane. Dix minutes plus tard, le placenta n'avait toujours pas été expulsé.

— Toujours rien, constata Jane.

Je voyais bien qu'elle me regardait pour voir si j'étais inquiète, je fis donc un effort pour conserver une expression neutre.

— Non. Pas pour l'instant.

— Est-ce que c'est inquiétant ?

— Non, répondis-je prudemment. Mais je préférerais qu'il arrive vite. Si tu es d'accord, j'aimerais te faire l'injection, pour faciliter l'expulsion.

Il était clair que cela ne l'enchantait pas. Je doutais qu'elle refuse mais, comme la plupart de mes clientes, elle voulait être sûre d'avoir une bonne raison de recourir au médicament.

— Et si nous ne faisons pas la piqûre ?

— Eh bien, ton placenta pourrait sortir tout seul. Ou alors, il est possible que nous devions t'emmener à l'hôpital. Même si je te fais l'injection, cela ne garantira pas que nous ne devions pas t'emmener à l'hôpital, ajoutai-je rapidement. Mais je dirais que c'est la meilleure solution. C'est toi qui décides.

— Je veux la piqûre, dit-elle sans hésitation.

Trois minutes plus tard, Jane eut une très forte contraction et, en quelques minutes, le placenta tout entier fut expulsé.

Je restai avec Jane jusque tard dans la nuit, puis rédigeai mes notes pour mes propres archives et rangeai mes affaires. C'était Jimmy qui avait eu l'idée de ne pas me faire écrire le certificat de naissance. *Si nous ne disons à personne que tu étais là*, avait-il dit, *tu n'auras pas de problèmes. Nous dirons simplement que nous avons eu le bébé seuls à la maison. Les gens font ça, non ? Comment ça s'appelle déjà ?*

Les accouchements libres ? Je lui répondis que c'était une idée merveilleuse. Je n'aurais pu rêver mieux.

Je laissai à Jane une ordonnance pour un antidouleur (les contractions provoquées par l'injection pouvaient être assez douloureuses) et promis de revenir quelques heures plus tard. Puis vint le moment gênant. J'avais toujours apprécié l'anonymat des factures envoyées à domicile, et ce pour plusieurs raisons. D'abord, il me semblait mal venu de demander de l'argent si peu de temps après avoir pris parti à un moment aussi intime de la vie d'une famille. Ensuite, c'était généralement la dernière chose que les gens avaient en tête après avoir accueilli un nouveau-né. Mais malheureusement, maintenant que je n'avais plus le droit d'exercer, je ne pouvais plus envoyer de factures.

— Euh, Jimmy ? dis-je, alors que j'étais sur le pas de la porte. Auriez-vous une petite seconde ?

À contrecœur, il laissa sa femme et son fils et vint me rejoindre dans l'entrée.

— C'est juste pour le paiement. Aviez-vous… (J'hésitai, incapable de trouver les mots.) Euh, comment voulez-vous… organiser cela ?

Les joues de Jimmy rosirent. Je me souvins qu'il avait été licencié récemment.

— Oh, oui, bien sûr. Attendez une seconde.

Il retourna dans le salon. Sa silhouette dégingandée évoquait un adolescent. Il défit la fermeture éclair de la sacoche d'ordinateur portable posée sur la table ronde, en sortit son portefeuille et défit le scratch.

— C'était combien, déjà ?

Je me mordis la lèvre.

— Euh... eh bien, trois mille.

Jimmy hocha la tête et inspecta le contenu de son portefeuille. Je voyais bien à son expression qu'il était loin de contenir une somme pareille. Désespérément, il se mit à compter les billets.

— Combien avez-vous, Jimmy ? demandai-je à voix basse.

Il leva les yeux, visiblement honteux. Un instant, je crus qu'il allait inventer un montant, ou dire qu'on l'avait volé, mais il se contenta de soupirer.

— À peu près neuf cents. Pourriez-vous les prendre comme acompte ? Je vous paierai le reste lorsque j'aurai retrouvé du travail. Je suis sûr que cela ne devrait pas prendre trop longtemps.

Son expression était totalement différente de celle que j'y avais vue quelques minutes plus tôt. Le poids de la responsabilité était déjà tombé sur ses épaules, et je ne savais que trop bien combien cela devait être difficile pour lui.

— Non, Jimmy. Oubliez ça. Vous avez plus besoin de cet argent que moi.

— Mais... Vous ne voulez pas d'argent ? demanda-t-il, étonné.

L'ironie de la situation ne m'échappait pas. Robert m'en voulait d'avoir pris des risques inconsidérés qui pourraient mettre en péril ma capacité à soutenir ma famille financièrement, et voilà que j'en prenais d'autres sans rien gagner du tout. Qu'aurait fait Robert à ma place ? Que lui aurait dicté sa conscience ? Ma réaction était-elle une preuve supplémentaire que je préférais me mettre la tête dans le sable et faire passer les autres avant ma propre famille ? Peut-être. Mais j'étais en accord avec ma conscience.

Je souris.

— Gardez votre argent. Utilisez-le pour vous occuper de votre femme et de votre fils.

18

Floss

C'est souvent en temps de crise que les gens montrent qui ils sont vraiment. Soit ils partent à toutes jambes le plus loin possible, soit ils courent au milieu de la bataille pour sauver les autres. Dans mon cas, il n'y avait pas eu de bataille, sauf peut-être celle qui avait fait rage dans ma poitrine. Néanmoins, Lil avait montré qui elle était vraiment. Une héroïne, une battante. Et je suis sûre qu'il lui semblait avoir survécu à une guerre.

Elle avait passé toute la semaine à faire des aller-retours à l'hôpital, à parler aux médecins et à nettoyer la maison. Elle avait appelé Grace et Neva tous les jours pour leur donner de mes nouvelles. Elle avait préparé tant de soupe que le congélateur et le frigo en étaient pleins. Elle ne devait pas avoir dormi plus de quelques heures en une semaine. Il était désormais temps pour moi de lui montrer qui j'étais vraiment.

Elle était assise face à moi sur le canapé. Comme les accessoires sur un plateau de tournage, des tasses de thé fumantes étaient posées devant nous. Je savais que nous n'en boirions sûrement pas une gorgée. Après ce que je m'apprêtais à lui dire, nous aurions probablement besoin de quelque chose de plus fort. Lil, en tout cas.

— Alors, dis-je. Je suppose que tu veux savoir ce qui m'a tant inquiétée.

— Oui, j'aimerais bien, répondit-elle avec une sincérité désarmante. Plus que tout.

Je pris une profonde inspiration.

— D'accord. Allons-y.

Kings Langley, Angleterre.
1954

Elizabeth tenait son bébé dans le creux de son bras. Il était petit, mais en bonne santé, avec une touffe de cheveux roux et de tout petits cils presque blancs. Comme l'avait dit Evie, il avait visiblement eu tout ce dont il avait besoin in utero. Malgré ce qu'Elizabeth avait subi, elle avait réussi à protéger sa fille.

« Comment vas-tu l'appeler ? demandai-je.

— Je... je ne sais pas. »

J'observai le bébé, plus rose et encore plus parfait que j'aurais pu l'imaginer.

« Elle a les joues roses. Pourquoi pas Rosie ?

— Non, répondit Elizabeth d'une voix étonnamment forte. Pas Rosie. La mère de Bill s'appelle Rose. »

Sa réaction me surprit. Elizabeth ne s'était jamais plainte de Bill ou de sa famille. L'épuisement avait le don de faire sortir la vérité.

« Je vais lui donner le nom de ma mère, dit-elle avec un soupir. Peux-tu la prendre ? »

Elle essaya de me tendre le bébé, mais elle n'avait pas la force de le soulever.

« Il faut que j'expulse le placenta », ajouta-t-elle.

Elle avait raison, bien sûr. Pourtant, j'avais l'habitude de voir les jeunes mères insister pour garder leur nouveau-né contre elles, même quand elles avaient simplement besoin d'aller aux toilettes. Je pris le minuscule bébé emmailloté dans la serviette et m'assis sur le lit à côté d'Elizabeth. Au bout d'une minute ou deux, je ne pus résister et ouvris la serviette pour mieux voir le nouveau-né. Ses bras et ses jambes étaient longs et fins, comme ceux d'Elizabeth, et ses traits délicats. Je ne voyais pas de ressemblance immédiate avec Bill, et cela me fit un plaisir immense.

Je refermai vite la serviette et regardai le placenta s'expulser. Puis, tandis qu'Evie recousait une déchirure mineure, je tendis de nouveau le bébé à Elizabeth.

« Aimerais-tu essayer de l'allaiter ? »

Même si elle avait sûrement très peu de lait à cause de son état avancé de malnutrition, la tétée aiderait l'utérus à se contracter et à revenir à la normale. Ce qu'Elizabeth savait parfaitement, bien sûr. Je fus donc surprise de la voir refuser.

« Tu ne veux pas l'allaiter ?

— Non, Floss, je ne me sens pas bien.

— C'est probablement l'adrénaline, répondis-je en posant la main sur son front. Tu es un petit peu pâle. Tu devrais prendre le bébé contre toi, écouter les battements de son cœur...

— Pour l'amour du ciel, Floss, je ne la veux pas ! » s'écria-t-elle violemment.

Je jetai un coup d'œil à Evie, assise sur un petit tabouret au bout du lit. Elle me lança un regard inquiet, reflet probable de mon expression.

« D'accord, d'accord », dit-elle.

Elle s'était exprimée d'une voix enjouée, mais son regard ne quittait pas le mien. Elle me fit signe de palper le ventre d'Elizabeth, ses mains à elles étant couvertes de sang. Je m'exécutai.

« Un peu mou », constatai-je.

Evie retira ses gants et se rinça les mains dans un petit seau d'eau chaude à ses pieds, puis vint s'asseoir à côté d'Elizabeth. Je pris le bébé dans mes bras et m'écartai.

« Peux-tu me regarder une seconde, ma belle ? demanda Evie à Elizabeth. Elizabeth, peux-tu me regarder, s'il te plaît ? »

Voyant qu'elle ne réagissait pas, Evie prit son menton entre ses mains et lui fit pivoter la tête. Elle avait le regard flou, incertain.

« Floss, pose le bébé dans son couffin. »

Evie ne cria pas, mais l'urgence dans sa voix m'effraya. Elle posa elle aussi la main sur le front d'Elizabeth et prit le thermomètre sur la table de nuit. Je courus au couffin et y déposai le bébé.

« Va chercher mon sac. Il y a des gants stériles à l'intérieur. Enfile-les. Je veux que tu examines très prudemment l'entrée du col de l'utérus. Fais exactement ce que je te dis. »

Même si je n'étais qu'une jeune sage-femme peu expérimentée, je savais que la situation était inquiétante. Malgré mes doigts tremblants, je parvins à enfiler les gants et m'assis sur le petit tabouret au bout du lit.

« Cherche une grosseur, un blocage, un caillot, dit Evie, ça peut être plus ou moins gros. »

Les jambes d'Elizabeth étaient écartées, et je commençai à l'examiner. Je craignais de ne pas reconnaître un caillot, n'en ayant jamais senti auparavant, mais je ne pus me méprendre sur la masse molle que je rencontrai à l'entrée du col. J'en tâtai la base et mon regard trouva celui d'Evie. C'était un caillot, j'en étais certaine. Et il était gros.

« Très bien, dit mon amie d'un ton calme mais sans appel. Je veux que tu le retires.

— Evie, répondis-je en secouant la tête. Il est trop gros.

— Tire doucement dessus. Si c'est un caillot, il viendra tout seul. »

Je hochai la tête et saisis la masse entre mes doigts. Je fis une rapide prière, puis tirai. Immédiatement, un jet de sang rouge vif jaillit du vagin d'Elizabeth, en quantité suffisante pour tremper la serviette sous ses fesses. Suivi d'un second jet une seconde plus tard.

« Mon Dieu ! m'écriai-je. Elle fait une hémorragie !

— Attrape le col, cria-t-elle en massant l'abdomen d'Elizabeth de l'extérieur. Referme-le et masse-le. Masse-le, Floss ! Nous devons le faire se contracter, ou elle se videra de son sang. »

Je fis ce qu'Evie me demandait, levant brièvement les yeux vers Elizabeth, allongée, les yeux fermés et l'air paisible. Allez ! Le flux de sang sembla ralentir. Je continuai de masser. *Notre Père, qui êtes aux cieux...* À côté de moi, Evie priait elle aussi.

Nous en avions bien besoin. En temps normal, j'aurais couru jusqu'au téléphone le plus proche et appelé la brigade volante, mais ce n'était pas possible. Nous nous trouvions à une demi-heure à vélo de la cabine téléphonique la plus proche. Elizabeth ne tiendrait pas aussi longtemps.

« Elle contracte, annonça Evie après quelques minutes de silence. Est-ce qu'elle saigne encore ?

— Je ne vois plus de sang, dis-je. Mais j'ai la main à l'intérieur, c'est difficile à dire.

— Sors ta main de là, Floss. Je vais continuer de la masser de l'extérieur. Nous devons savoir ce qui se passe. »

J'hésitai.

« Tu es sûre ? »

Elle hocha la tête.

« D'accord. »

Lentement, je lâchai le col, un jet de sang suivit.

« Alors ?

— Il y en a beaucoup. »

Evie me poussa et me remplaça, bien qu'elle ne portât pas de gants. Je posai les mains sur le ventre d'Elizabeth ; son utérus était spongieux. La panique s'empara de moi comme un coup de poing dans le ventre qui me coupa le souffle. *Contracte, Elizabeth ! Contracte !* Je lui massai vigoureusement la partie haute de l'estomac. Elizabeth était pâle et trempée de sueur. Trop pâle. En état de choc.

« Evie, crois-tu que je devrais mettre le bébé au sein ? demandai-je. Pour aider l'utérus à se contracter ? »

Evie dépassait à peine du bout du lit, mais je vis qu'elle secouait la tête. Je l'entendais haleter sous l'effort. Tout irait bien. Tout devait aller bien.

Une minute passa, puis une autre.

Nous continuâmes de masser Elizabeth, à l'intérieur et à l'extérieur, en silence.

Dix minutes.

Evie avait repris haleine.

Quinze minutes.

Mon souffle ralentit.

Elizabeth était immobile et semblait dormir.

Un silence angoissant nous environnait. J'observais le peu que je voyais du visage d'Evie, attendant ses instructions. Alors que quelques minutes plus tôt, seule l'inquiétude se lisait sur son visage, une tout autre expression l'avait désormais remplacée...

« Evie ? » demandai-je.

Il y avait dans ma voix un tremblement que j'aurais voulu dissimuler. Comme si sa présence revenait à admettre une vérité que je n'étais pas prête à accepter.

« Que... Que veux-tu que je fasse ? »

Evie leva enfin les yeux vers moi et croisa mon regard au-dessus du ventre d'Elizabeth. Son expression me terrifia : neutre, vide.

« Rien, Floss. Je ne veux pas que tu fasses quoi que ce soit, dit-elle en fermant les yeux. Elle nous a quittées. »

19

Neva

Je ne dormis pratiquement pas de la nuit. Après que Patrick se fut endormi, je repensai à ce qu'il avait dit. Était-il possible que le père puisse un jour revenir et exiger de jouer son rôle auprès du bébé ? J'avais répondu un non catégorique à Patrick quand il me l'avait demandé, mais si cet homme apprenait... ce serait peut-être exactement ce qu'il ferait. Était-ce la raison pour laquelle je gardais son identité secrète ? Pour qu'il ne le découvre jamais ? Si c'était le cas, alors mon secret avait le pouvoir de faire du mal à Patrick aussi.

Lorsque j'arrivai à la maison de naissance le lendemain matin, Anne m'observa attentivement et m'ordonna d'aller m'allonger dans une des chambres d'accouchement pour me reposer. Personne n'était en travail et elle voulait s'assurer que je serais suffisamment en forme pour pratiquer un accouchement si besoin était. En temps normal, j'aurais protesté, mais pas ce jour-là. L'appel de la couette était irrésistible.

Lorsque je me réveillai, le soleil était haut dans le ciel. Un chœur de rires aigus provenait du couloir et soudain, Patrick apparut à côté du lit, incroyablement séduisant. Il m'embrassa sur la bouche.

— Bonjour, princesse, dit-il.
— Ne laisse pas les princesses du couloir t'entendre m'appeler ainsi.
— Tu es la princesse héritière, dit-il en me déposant un baiser sur le bout du nez. Je peux entrer ?

Le désir en moi voulait crier oui, Oui, OUI ! Mais je pris un air sceptique.

— Es-tu une mère en travail ?
— Les sages-femmes vont au lit avec les clientes ? Ce n'est pas très professionnel. Et pas très hygiénique non plus.

J'éclatai de rire.

— Oh, j'ai une blague.
— Vas-y.
— Quelle est la différence entre une femme enceinte et un top model ? Il n'y en a pas, si le petit ami de la femme enceinte sait ce qui est bon pour lui.
— Ah, mais tu es plus belle qu'un mannequin, enceinte ou pas, répondit Patrick avec un petit sourire tendre.

Je levai les yeux au ciel. Il avait toujours été un charmeur invétéré.

— Alors... c'est ici que nous allons avoir le bébé, tu crois ? demanda Patrick.

Il fit mine d'explorer la chambre, souleva un oreiller et inspecta le lit d'un air amusé.

— Pas nécessairement cette chambre-là, mais oui. J'aimerais bien que ce soit ici.
— Moi aussi, dit Patrick. Oh, j'allais oublier ! J'ai reçu un coup de fil de l'ordre des sages-femmes ce matin. À propos de ta mère.
— C'est vrai ? Que leur as-tu dit ?

Avec tout ce qui s'était passé, j'avais complètement oublié l'enquête.

— C'était une femme. Je lui ai raconté ce qui s'était passé. Que le bébé et la mère n'avaient jamais été en danger et que Gillian était entre de bonnes mains avec ta mère, d'aussi bonnes mains qu'avec un obstétricien.

— Tu as dit ça ?

— C'est la vérité. J'espère que ça en restera là. Quel gâchis pour l'argent des contribuables que d'enquêter sur quelqu'un comme ta mère alors que toutes sortes d'escrocs se font passer pour des professionnels de santé.

Il était sincère. Exactement le genre de personne avec qui j'avais envie de passer ma vie.

— Tu es un type bien, tu le sais ?

— Ne le dis à personne. En parlant de ta mère, est-ce elle qui t'accouchera ?

J'éclatai de rire.

— À ton avis ?

— Alors qui ?

Il s'allongea sur le ventre à côté de moi et posa son menton sur ses mains.

— Je pense que je devrais le savoir, ajouta-t-il.

— Susan, répondis-je.

— Est-ce que tu voudrais que je sois là ? s'enquit-il avec un petit sourire.

J'hésitai soudain. Pour moi, sa présence allait tellement de soi que je n'avais même pas pensé à le lui demander.

— Oh, euh... ce serait bien d'avoir un pédiatre. Et les gens s'attendront à ce que tu sois là, vu que tu es le père et tout ça.

Je l'observai pour voir sa réaction, mais Patrick ne laissa rien paraître.

— Est-ce que tu *veux* être là ? demandai-je.

Il croisa les bras et prit son temps pour réfléchir à sa réponse.

— J'aimerais bien, oui. Je pourrais aller te chercher des glaçons, t'essuyer le front, ce genre de choses...

Je réprimai un sourire.

— Bon, d'accord.

Patrick roula sur le côté. Il caressait mon ventre du bout des doigts. Il fronça les sourcils, puis, tout d'un coup, il appuya fort juste au-dessus de mon os pubien.

— Aïe ! Qu'est-ce que tu fais ?

Patrick ignora ma question et continua de toucher mon ventre, insistant sur la partie supérieure.

— Tu savais que le bébé se présentait par le siège ?

— Mais non !

Je lui tapais la main et la remplaçai par la mienne. Je trouvai la tête et appuyai dessus.

— Tu vois. La tête est là.

— Eh, je ne suis pas obstétricien, mais je dirais que le dos est là, les jambes, là et la tête, là, dit-il en montrant du doigt mon bassin. En siège.

— Je pense que je l'aurais remarqué, si mon bébé se présentait par le siège.

Je m'allongeai de tout mon long pour bien sentir mon ventre. Dos, jambes, tête... fesses... J'écarquillai les yeux. Patrick eut l'air désolé.

— Je te l'avais dit.

Il avait raison. Tout en bas de mon bassin, je sentais nettement les bords mous des fesses du bébé.

— Il pourrait encore se retourner, dit-il.

— Peut-être, mais... c'est peu probable à ce stade. Je ne pourrai sûrement pas accoucher à la maison de naissance, finalement.

Je tentai de rouler en position assise, mais je ne parvins à me relever qu'à moitié avant de retomber en arrière sur le lit. Patrick m'aida en me poussant dans le dos.

— Eh, ça va ?

Je l'éloignai et me levai.

— On ne peut rien y faire, si ? Il va falloir une césarienne.

— Nous n'en sommes pas certains, dit Patrick, qui se leva lui aussi. Allons voir Sean, nous verrons bien ce qu'il en dit.

— Non, répondis-je. Ce n'est pas grave. Une césarienne, ce sera très bien.

— Sérieusement ? Toi qui défends avec tant d'ardeur les naissances naturelles...

— Est-ce que tu essaies de me contrarier ? demandai-je.

Je souriais, pour essayer de le rassurer.

— Et si je te ramenais chez toi ? Tu dois être fatiguée.

— Merci, mais je termine à 17 heures. Et comme j'ai dormi toute la matinée, je ferais mieux de me bouger.

— Personne n'est en travail.

— Nous ne faisons pas que mettre des bébés au monde, Patrick.

Je souris encore pour lui montrer que je n'éprouvais aucune crainte. Je ne voulais pas que Patrick s'inquiète pour moi. Il en faisait déjà suffisamment.

— J'ai des patientes à voir. Vas-y, toi. C'est ton jour de congé, profites-en.

— Tu es sûre ?

— Je suis sûre. Je te verrai plus tard.

Patrick m'embrassa sur la joue.

— À plus tard, dit-il avant de déposer un baiser sur mon ventre. Je te verrai plus tard, toi aussi.

Je souris jusqu'à ce qu'il quitte la pièce, et encore une bonne minute, après ça. Mais une fois certaine qu'il était parti, je me laissai retomber sur le lit, dépitée.

Mon bébé se présentait par le siège.

Toutes les images que j'avais formées dans mon esprit de moi arpentant la pièce, ou assise sur un ballon de naissance, allongée dans la baignoire, haletant et expulsant mon bébé... Tout cela disparut, et je me vis soudain allongée sur le dos pendant qu'on sortait mon bébé de moi comme si c'était une tumeur. Je ne serais jamais semblable aux femmes que j'avais vues devenir des guerrières sous mes yeux.

Mon hypocrisie ne m'échappait pas. Je me rappelais toutes celles que j'avais apaisées sur la table d'opération, leur assurant que la magie de la maternité demeurait et n'avait rien à voir avec la façon dont le bébé naissait. Chaque fois, j'avais cru que c'était vrai. En théorie, je le croyais encore. Mais en m'imaginant dans la même situation, je n'en étais plus aussi convaincue.

Soudain, je me levai, j'enfilai mes chaussures et dis à Anne de m'appeler en cas de besoin. Puis je me dirigeai vers la maternité de l'hôpital. Sean se trouvait au bureau des infirmières, penché sur la table, et racontait une blague ou une histoire qui, à en juger par les petits rires étouffés des personnes présentes, devait être vulgaire ou désobligeante pour l'une des patientes. Marion se tenait non loin de là, les lèvres pincées. Sa frustration de ne pas réussir à entrer dans le petit groupe de Sean s'était transformée en une violente aversion. J'avais déjà vu cela se produire, avec d'autres médecins. Pour Sean, je doutais qu'il s'en soucie. J'attendis qu'il ait terminé, puis lui tapai sur l'épaule.

— Hé, dis-je. Tu as une minute ?

— Bien sûr, répondit Sean avec une bonne humeur qui ne lui ressemblait pas. Comment vas-tu ?

J'étais sur le point de lui poser la même question lorsque je remarquai Laura à ses côtés.

— Oh, Laura. Salut.

— Salut. Neva, c'est ça ?

Neva. Elle connaissait mon prénom. Je hochai la tête.

— Oui, c'est ça. Comment vas-tu ?

— Très bien, merci.

Elle semblait en effet très en forme, malgré ses traitements, avec ses cheveux coupés court à la garçonne et tout décoiffés. Elle était très maquillée, trop, même, et portait de l'ombre à paupières bleue, mais cela lui allait très bien.

— Nous avions rendez-vous avec le médecin.

— Et tout va...

— Très bien ! répondit-elle en riant. La tumeur est à peine visible, c'est incroyable.

J'avais moi-même du mal à le croire.

— Tu dois être ravie. Et vous allez sortir pour fêter ça ?

— Non, on va rentrer comme un vieux couple marié, répondit Laura.

Mais à la façon dont elle souriait à Sean, ils ressemblaient plus à deux adolescents amoureux qu'à un vieux couple ennuyeux.

— Tu cherchais Sean ? me demanda-t-elle.

— Rien d'urgent.

— Non, non, dit-elle en le poussant vers moi. Allez-y. Parlez.

Je ravalai l'énorme boule que j'avais dans la gorge. Pas étonnant qu'elle ait réussi à faire changer Sean.

— Je t'attends en bas, lui dit-elle. À bientôt, Neva.

— Merci, Laura. Et, euh... bonne nouvelle.

Laura s'éloigna d'un pas léger. Après son rendez-vous, on aurait dit qu'elle n'avait plus le moindre souci. Sean et moi attendîmes que les portes se referment sur elle.

— Désolée de vous avoir dérangés, dis-je. Je voulais avoir ton opinion.

Nous trouvâmes un coin à l'écart. Sean semblait inquiet. Je ne lui avais pas vraiment parlé depuis qu'il avait appris ma grossesse. Je ne pouvais pas lui en vouloir d'être nerveux. Je décidai de ne pas tourner autour du pot.

— Mon bébé se présente par le siège.

Il parut à la fois soulagé et inquiet.

— Oh, Nev. Je suis désolé.

— Ça veut sans doute dire que tu ne connais pas de nouvelle procédure efficace pour retourner le bébé si tard dans la grossesse ? dis-je avec un rire forcé.

— Si seulement, répondit-il d'un air sincèrement désolé. Tu peux toujours essayer, mais...

Il toucha le haut de mon ventre et appuya.

— ... je ne suis pas très optimiste.

— Et que tu ne connais probablement personne qui accepterait de me faire accoucher par voie basse d'un bébé se présentant par le siège ?

— Tu ne comptes pas essayer de faire ça, j'espère ? répondit-il, sérieux.

— Non.

— Ça va ? demanda-t-il, voyant ma déception.

— Oui.

— Alors, Patrick et toi êtes prêts pour le bébé ?

Je hochai la tête.

— C'est bien.

Nous restâmes un moment silencieux, mal à l'aise.

— C'est drôle, remarqua Sean. Patrick ne m'a jamais dit que vous étiez ensemble. À l'époque, je veux dire.

J'essayai de le regarder dans les yeux, mais il refusait de croiser mon regard.

— Est-ce que Patrick te raconte tout ? m'enquis-je.

— Non, répondit-il en regardant mon ventre. Alors tu es vraiment sûre de tes dates ?

— Oui. Absolument...

Avant que je ne comprenne ce qui se passait, j'étais dans les bras de Sean. Il me serrait très fort contre lui, un bras autour de ma taille, l'autre pressant ma tête contre son torse. Il était tellement soulagé que je ne pus m'empêcher de sourire et le laissai faire. Lorsqu'il commença à relâcher son étreinte, je m'écartai.

— C'est super. Patrick et toi devez être très contents. Vous ferez de très bons parents. J'ai toujours su qu'il était amoureux de toi.

— Vraiment ?

— Ça se voyait. Nous pensions tous que tu étais amoureuse de lui, toi aussi, dit-il en riant. Et nous avions raison. Enfin, c'est super que vous vous soyez décidés à vivre ensemble.

Je me sentis rougir. Était-il possible que Patrick et moi ayons été amoureux l'un de l'autre pendant tout ce temps et que je ne m'en sois même pas rendu compte ?

— Je ferais mieux de filer, dit-il. Laura m'attend.

— Vas-y, répondis-je.

Je le poussai doucement, puis le suivis hors de l'alcôve où nous nous étions abrités. Marion était là, regardant Sean s'éloigner. Puis elle tourna les yeux vers moi. Peut-être était-ce mon imagination ou le manque de sommeil, mais j'eus la nette impression qu'elle me lançait un regard noir.

20

Grace

Depuis ma suspension, j'avais mis au monde quatre bébés. Robert n'en savait rien. Chaque mère avait été informée des faits, et chacune avait décidé de me prendre comme sage-femme malgré tout. Trois m'avaient même payée.

J'avais réussi à expliquer mes absences à Robert en utilisant des excuses comme un cours de yoga matinal ou des courses pour Maman, mais de toute façon, il ne me posait pas trop de questions. Il travaillait beaucoup et quand il se trouvait à la maison, il était distrait. Je ne pouvais pas lui en vouloir. Il avait porté seul le fardeau de notre situation financière pendant des mois. Mais c'était fini. J'avais collecté tous mes paiements en liquide et caché cet argent dans une grande enveloppe jaune dans mon bureau. Avec ce que j'avais économisé en charges fiscales, cela suffirait à payer les prochains mois du crédit de la maison si nous en avions besoin.

Ce soir-là, Robert était silencieux comme à son habitude. Il était assis à côté de moi sur le canapé à regarder des séries débiles. Je finis par ne plus supporter ce silence.

— Comment ça va au boulot, Rob ?

Il parut surpris, comme s'il avait été sur le point de s'endormir ou qu'il avait oublié ma présence. Puis il poussa un de ses longs soupirs par le nez.

— Oh... tu sais. Ça pourrait aller mieux.

— Je suis là, si tu veux en parler.

Il sourit et je me rendis compte que cela faisait longtemps que je ne l'avais pas vu ainsi.

— Waouh.

— Quoi, waouh ?

— Waouh... ça ne te ressemble pas ce genre de remarque, mais c'est bien. On dirait Floss.

— Oh, répondis-je, confuse. Et qu'est-ce que je suis censée dire, moi ?

Robert feignit d'étrangler un être invisible devant lui.

— Que se passe-t-il ? J'exige que tu me le dises immédiatement, sinon je vais fouiller ton téléphone et ton portefeuille pour trouver des indices !

Il avait parlé d'une voix affectée et efféminée qui ne me ressemblait certainement pas.

— Ah oui ? Et toi alors ? répondis-je.

Je m'affalai sur le canapé, le regard vide, les yeux rivés à l'écran et pris une voix grave et monocorde.

— Le boulot, c'est intense, grognai-je. Tu ne peux pas comprendre.

Robert éclata de rire.

— J'ai été aussi horrible ?

— Oui, répondis-je en souriant. Mais je te pardonne.

Malheureusement, sa bonne humeur fut de courte durée et son visage s'assombrit de nouveau.

— Aujourd'hui, nous avons tous dû remplir un document concernant nos attributions et notre fonction. En gros, pour les aider à décider qui est indispensable et qui ne l'est pas.

— Je suis désolée, chéri.

— Ce n'est pas ta faute. Et toi ? demanda-t-il. Quand l'enquête sera-t-elle terminée ?

— Dans une semaine ou deux, je crois.

— Tu gères très bien la situation, Grace. Je suis impressionné.

Je pensais à mes quatre accouchements.

— Merci.

— De rien, répondit-il en prenant la télécommande pour éteindre. Tu viens te coucher ?

Dehors, la nuit n'était pas encore complètement tombée. Je regardai l'heure à l'horloge au-dessus du téléviseur.

— Il est 20 h 15, notai-je, les sourcils froncés.

— Je sais, fit-il en souriant.

— Oh.

Nous échangeâmes un regard entendu et amusé. Puis le téléphone sonna.

— Je vais nous en débarrasser, annonça-t-il en allant décrocher.

Il m'adressa un clin d'œil en portant le combiné à son oreille.

— Allô ? Oui, elle est là. Une seconde, dit-il, l'air confus. C'est Gillian.

— Oh, répondis-je en prenant l'appel. Gillian ? Est-ce que tout va bien ? Comment se porte le bébé ?

— Elle va bien, répondit Gillian.

Gillian avait une bonne voix, quoiqu'un peu faible.

— Elle va même très bien. Nous avons rendez-vous la semaine prochaine avec le chirurgien plastique que le Dr Johnson nous a conseillé pour parler de sa première opération. Tout le monde est très optimiste. Son palais et sa lèvre devraient être réparés avant qu'elle commence l'école.

Je n'avais pas réalisé à quel point j'étais stressée avant de sentir tout mon corps se détendre.

— C'est... C'est formidable, Gillian. Je ne sais pas quoi dire. C'est génial.

— Oui, ça l'est. Écoutez, je sais que nous ne devrions pas communiquer.

— C'est vrai, dis-je, m'en souvenant alors. Mais je suis contente que vous ayez appelé. J'ai pensé à vous.

— Et moi à vous. Je n'arrive pas à croire que vous ayez été suspendue. Et je suis vraiment désolée, mais je crois que je n'ai pas arrangé les choses.

La boule qui avait quitté mon ventre quelques minutes auparavant se reforma instantanément.

— Que voulez-vous dire ?

— L'enquêtrice m'a appelée et je lui ai dit que la plainte contre vous était ridicule, que vous n'aviez rien fait de mal. J'ai répondu à toutes ses questions, mais... je crois qu'elle va déformer mes propos.

— Qu'avez-vous dit ?

— Que vous ne m'aviez pas informée des risques encourus lorsqu'on ne suturait pas immédiatement une déchirure au troisième degré. J'ai expliqué que j'aurais insisté pour partir avec mon bébé de toute façon, et que cela n'aurait fait aucune différence si vous m'en aviez parlé. Mais elle a insisté sur le fait que vous ne me l'aviez pas dit et a continué à m'interroger là-dessus. J'aurais dû lui dire que vous m'aviez informée. J'aurais dû le faire. Je suis désolée. Mais j'ai paniqué quand elle m'a posé la question, et puis je... Je pensais qu'elle le saurait si je mentais. Vous ne m'en aviez pas informée, hein ? Peut-être ai-je oublié.

— Non, je ne l'ai pas fait.

Robert me fit signe qu'il allait dans la chambre et je hochai la tête.

— L'enquêtrice a raison, j'aurais dû le faire, dis-je à Gillian. Et vous avez eu raison de ne pas lui mentir. Cela n'aurait fait qu'aggraver les choses. C'est gentil de m'avoir appelée. Je suis navrée de vous avoir impliquée dans cette situation.

— Vous n'allez pas avoir de problèmes, j'espère ? Je m'en veux terriblement.

— Si j'ai des problèmes, ce sera ma faute, pas la vôtre. Vraiment Gillian, vous ne devriez pas vous inquiéter pour ça. Vous avez répondu à ses questions honnêtement, et c'était exactement la chose à faire. Concentrez-vous sur votre magnifique petite fille. Laissez-moi m'inquiéter pour l'enquête.

— Vous êtes vraiment un ange, Grace. Je ne sais pas comment vous arrivez à rester si forte alors que vous traversez tout ça. Vous êtes formidable.

— Non, *vous* êtes formidable. Quant à moi, si l'ordre des sages-femmes décide que j'ai fait preuve de négligence, ce ne sera pas à cause de ce que vous leur avez dit mais de quelque chose que j'ai fait. Et je devrai faire face aux conséquences.

— Eh bien, quoi qu'ils décident, je vous appellerai pour me faire accoucher de mon prochain bébé.

Je souris.

— Merci, Gill. Prenez soin de vous.

— Vous aussi.

Je raccrochai et me laissai tomber sur la chaise. Robert m'attendait dans la chambre à coucher, et je ressentais enfin de l'empathie pour lui. Les revers de la vie pouvaient vraiment tuer la libido.

21

Floss

— En siège ? Tu es sûre, ma chérie ?
Lorsque Neva était venue me voir pour m'apporter des courses qu'elle m'avait faites, je l'avais sentie inquiète. Ses cheveux, d'habitude brillants et relevés en queue-de-cheval, étaient ternes et emmêlés. Au début, j'avais même cru que c'était Grace qui se tenait à la porte. Elle avait les joues toutes rouges et on aurait dit qu'elle avait pleuré. À présent qu'elle était assise en tailleur sur le canapé, ses larmes coulaient librement.
— Sûre et certaine, répondit-elle. Désolée, je ne sais pas pourquoi je me mets dans cet état.
— Ne t'excuse pas, ma chérie.
— Le plus ridicule, c'est que je n'avais même pas remarqué que le bébé se présentait par le siège. C'est Patrick qui s'en est rendu compte. Patrick est le type que tu as rencontré à l'hôpital, ajouta-t-elle, devançant ma question. Celui qui prétend être le père de mon bébé.
Je répétai sa phrase dans ma tête pour m'assurer que je l'avais bien entendue.
— Qui *prétend* être le père de ton bébé ?
Neva hocha la tête.
— Je vois.

Je tentai de rester imperturbable. Toute réaction marquée avait le don d'effrayer Neva ou de la réduire au silence. Or elle avait clairement besoin d'en parler.

— Et pourquoi le fait-il ? demandai-je.

— Il me l'a proposé pour réduire les mauvaises langues au silence. Nous sommes plus ou moins ensemble.

J'attendis, mais Neva n'ajouta rien.

— Tu dois beaucoup compter à ses yeux pour qu'il prétende être le père de ton bébé, dis-je d'une voix douce. Ses sentiments sont-ils réciproques ?

— Oui, mais…

— Mais quoi, chérie ?

— Je ne vois pas comment ça peut durer. Il n'est pas le père de mon bébé. Et un jour ou l'autre, il voudra savoir qui c'est.

— Tu n'envisagerais pas de le lui dire ?

— Je ne peux pas. Il me quitterait.

Derrière Neva, Lil hésitait dans le couloir, un sac poubelle à la main. Je croisai brièvement son regard. La nuit précédente, quand j'eus fini de lui raconter mon secret, Lil m'avait remerciée de lui avoir dit la vérité et était allée se coucher. Elle avait passé la matinée à faire le ménage et toutes les autres petites corvées qui semblaient soudain urgentes. Je l'avais laissée faire. Elle avait besoin de temps pour digérer la nouvelle.

— On ne sait jamais, dis-je. Les gens ont parfois le don de vous surprendre.

— Pas cette fois.

Neva s'enfonça un peu plus dans le canapé, comme si elle voulait disparaître. Je savais qu'il ne fallait pas trop insister.

— C'est ta décision, bien sûr.

— J'aimerais qu'il soit le vrai père, Gran.

— Mais il ne l'est pas. Cela ne sert à rien de souhaiter que les choses soient différentes de ce qu'elles sont.

Neva hocha la tête, les yeux dans le vague.

— Et si tu veux mon avis, ajoutai-je, je pense que la biologie est une science merveilleuse, mais sans aucun rapport avec ce que c'est d'être un parent.

Neva croisa mon regard.

— Tu crois ?

— Absolument. Choisir d'être là pour un enfant sans être son parent biologique est tout simplement merveilleux.

Lentement, un sourire apparut sur son visage.

— Tu es vraiment sage, tu le sais ?

— Pas sage. Seulement vieille.

Elle se leva avec difficulté et m'embrassa sur la joue.

— Je dois y aller.

Neva sortit et la pièce redevint silencieuse, mis à part le bruit que faisait Lil dans la cuisine. Au bout d'une minute ou deux, elle vint s'asseoir sur le canapé en face de moi.

— Neva est partie ?

— Oui. Elle a découvert que son bébé se présentait par le siège.

— Par le siège ?

— À l'envers. Elle devra sûrement avoir une césarienne. Ce n'est pas la fin du monde mais elle est déçue, expliquai-je avec un soupir. Elle a aussi d'autres problèmes personnels. La pauvre, elle s'est mise dans une drôle de situation avec cette histoire du père de son bébé.

— As-tu pu lui donner des conseils ?

— Je suis mal placée pour conseiller quiconque en la matière, Lil. Et puis c'est compliqué. Maintenant que Neva a Patrick, elle a beaucoup à perdre.

— On a toujours quelque chose à perdre quand on veut révéler la vérité. Mais on a aussi quelque chose à gagner.

Avant moi, Lil n'avait aimé qu'une seule fois, une femme appelée Rosita. Rosita était mariée à un homme avec qui elle avait eu quatre enfants, mais elle avait dit à Lil qu'elle le quitterait quand son dernier-né aurait dix-huit ans. Le moment approchant, Lil s'était mise à chercher un logement à louer et avait trouvé un petit cottage à Jamestown avec une chambre vacante au cas où l'un de ses enfants voudrait venir leur rendre visite. Mais l'anniversaire du fils de Rosita était arrivé, et rien n'avait changé. Rosita ne venait au cottage que pour la journée. Elles cuisinaient ensemble, allaient faire les courses au supermarché, se promenaient longuement sur la plage… Mais le soir, Rosita rentrait chez elle retrouver son mari.

Par un bel après-midi ensoleillé, alors qu'elles marchaient le long de la jetée, elles avaient bousculé un homme aux cheveux gris d'une cinquantaine d'années. Un ami du mari de Rosita. Lorsqu'il avait vu celle-ci, il l'avait immédiatement reconnue. Rosita s'était alors légèrement écartée de Lil. « Rosita, avait dit l'homme. Quelle surprise de tomber sur toi à Conanicut Island ! Est-ce que

Vince est avec toi ? » Ils s'étaient serré brièvement la main et s'étaient tournés vers Lil. « Oh, avait enfin dit Rosita. Voici Lil. Une amie d'enfance. »

Lil ne s'était pas attendue à être présentée comme son amante mais Rosita en faisait trop, et cela était clair. Lil avait compris ce jour-là que leur relation resterait toujours secrète. Et, après avoir passé une partie de sa vie à cacher ce qu'elle était, elle ne voulait plus vivre avec des secrets.

Cette histoire, je la connaissais par cœur. Aussi le regard sombre de Lil n'aurait-il pas dû me surprendre.

— De quoi parlons-nous, Lil ?
— Des secrets. Parfois, les gens les gardent si longtemps qu'ils oublient la raison pour laquelle ils le font. Ou bien cette dernière change et se transforme.

Je ne savais toujours pas vraiment où elle voulait en venir.

— Ce qui veut dire ?
— Ce qui veut dire que Grace est une adulte maintenant. Elle peut supporter la vérité.
— Je n'en suis pas sûre.
— Si, elle le peut. Beaucoup de gens doivent supporter bien pire chaque jour. Mais je ne suis pas sûre que toi, tu puisses supporter de garder ce secret. Tu viens d'avoir une crise cardiaque, Floss. Si tu ne dis pas la vérité à Grace, j'ai peur que...

Elle s'interrompit pour s'éclaircir la gorge.

— J'ai peur que tu n'y survives pas.
— Non, répondis-je. Tu ne comprends pas, Lil. Tu ne peux pas comprendre. À moins d'avoir eu toi-même des enfants, tu ne peux pas comprendre

le besoin primal et irrépressible de les protéger plus que tout autre chose. Plus que toi-même.

Cette fois, Lil cilla, et je compris que j'étais allée trop loin. Mais au lieu de partir en courant, ou de se mettre à pleurer, elle se redressa. J'avais encore renforcé sa détermination.

— Sois honnête, avec moi au moins, dit-elle. Le problème n'est pas de savoir si Grace peut le supporter ou non. Le problème, c'est toi. Ce que tu as peur de perdre. Tu as peur, Floss, pas pour le bien de Grace, mais pour le tien. Tu as peur, si tu lui dis la vérité, qu'elle ne te considère plus comme sa mère.

— Non. Ce n'est pas ça.

— Je ne suis peut-être pas une mère, poursuivit Lil, mais je sais ce que c'est de garder un secret. J'ai passé la majeure partie de ma vie à nier qui j'étais. Et je ne me suis sentie en paix que quand je me suis enfin avoué la vérité. Cette paix, je la veux pour toi, Floss. Tu dois tout dire à Grace.

22

Neva

J'étais arrêtée à un feu rouge sur le chemin du retour, et j'en profitai pour sortir mon téléphone portable de ma poche. Une petite enveloppe blanche clignotait sur l'écran. Je souris en entendant la voix de Patrick.

« Nev, c'est moi. J'avais envie de passer te voir. Je me disais qu'on pourrait... Je ne sais pas... regarder un film et s'endormir ensemble sur le canapé, qu'en penses-tu ? Rappelle-moi. »

Mon cœur manqua un battement quand j'effaçai le message. L'idée de m'endormir sur le canapé avec Patrick était plus que tentante, et je me dis que je pourrais bien m'y habituer. Que je désirais m'y habituer. Je pensais à ce que m'avait dit ma grand-mère. Pouvais-je révéler la vérité à Patrick ? Comprendrait-il ? Ou, ce faisant, signerais-je l'arrêt de mort de notre relation ?

J'attendis l'autre message.

« Oui, bonjour. Ce message est pour Neva Bradley. Je m'appelle Marie Ableman, de l'ordre des sages-femmes. Il est 18 h 15. Pourriez-vous me rappeler quand vous aurez mon message ? » Suivait un numéro.

L'ordre des sages-femmes ? Que voulait-elle ? Que je lui fournisse des preuves compromettantes contre ma mère ? Il était maintenant 21 h 35. Trop tard pour appeler. Bien que... Si cette personne enquêtait sur ma mère, je me fichais bien de la déranger. Le téléphone sonna quatre fois avant que quelqu'un décroche.

— Allô ?

C'était une voix de femme, celle du message. Elle avait parlé d'un ton ennuyé et informel.

— Bonjour, ici Neva Bradley. Excusez-moi, je sais qu'il est tard, mais je viens d'avoir votre message.

— Ah oui, mademoiselle Bradley, merci de me rappeler.

La voix prit immédiatement des accents polis et professionnels.

— Comme vous le savez peut-être, j'enquête sur une plainte déposée contre Grace Bradley au sujet de l'accouchement du bébé de Gillian Brennan. On m'a dit que vous étiez présente à la naissance pour l'assister.

— Oui, c'était le cas.

— J'aimerais vous poser quelques questions. Cela ne prendra que quelques minutes.

J'ignorais pourquoi, mais je me redressai de toute ma hauteur.

— Je vous écoute.

Cela ne prit en effet que quelques minutes. Je répondis honnêtement, mais peut-être un peu sèchement aussi. Je n'avais pas besoin de mentir ; maman ne s'était pas montrée négligente, mais je l'aurais fait s'il avait fallu. Sans aucune hésitation. Et j'étais certaine qu'elle aurait fait la même chose pour moi.

— Selon vous, Mme Bradley a-t-elle agi de manière irresponsable à un moment quelconque du travail et de l'accouchement ? demanda Mme Ableman en concluant son interrogatoire.

— Non. Elle a uniquement agi dans l'intérêt de la patiente et de son bébé.

— Merci, mademoiselle Bradley. Vous m'avez été d'une grande aide. Je vais vous laisser.

— Attendez, m'écriai-je. Que va-t-il se passer maintenant ?

— J'ai encore besoin de parler à quelques personnes, répondit l'enquêtrice. Puis mes notes seront passées en revue par une commission, et une recommandation sur les suites à donner au cas sera rédigée et transmise à l'ordre des sages-femmes.

— Quel genre de suites ?

— Cela dépend. Si nous ne trouvons aucune preuve du bien-fondé de la plainte, nous recommanderons de mettre un terme à l'enquête et de ne pas donner suite.

— Et si on trouvait des « preuves » ? demandai-je. Bien que j'en doute fortement.

— S'il est prouvé que Mme Bradley a été négligente, il est possible qu'elle doive payer une amende ou même qu'elle perde son autorisation d'exercer, répondit Mme Ableman. Mais comme je vous l'ai dit, il me reste quelques personnes à interroger. Aucune décision n'a été prise pour le moment.

Ce qui m'énervait le plus, c'étaient le calme et l'impartialité de cette femme. Elle n'était pas la méchante que j'aurais voulu voir en elle. Elle ne faisait que son travail et me donnait envie de croire que Maman serait traitée équitablement. Je ne pouvais pas lui en demander plus. Car dans ce cas, il ne faisait aucun doute pour moi que l'affaire serait classée sans suite.

— Très bien, merci. Au revoir, madame Ableman.

Je raccrochai. Même si je croyais que Maman allait être innocentée, je ne pouvais m'empêcher d'être inquiète. Grace ne pouvait pas être radiée. Ce serait aussi grave pour elle que pour un athlète de devenir cul-de-jatte ou pour un chanteur d'opéra de devenir muet. Et elle n'était pas la seule à avoir quelque chose à perdre. De nombreuses femmes se trouveraient privées de son talent.

Je me garai en face de mon immeuble. En montant les escaliers, j'appelai Patrick, déjà excitée à l'idée d'entendre sa voix. Le téléphone sonna, puis il répondit.

— Salut, ma belle.

— Salut, répondis-je timidement.

Je gravis les trois marches restantes et trouvai ma porte d'entrée entrouverte.

— Je peux te rappeler ? La porte de mon appartement est ouverte et je dois vérifier qu'il n'y a pas un cambrioleur, dis-je en riant. Il risque d'être déçu, vu que nous n'avons rien de valeur.

La porte s'ouvrit en grand et Patrick apparut. Il pressa le téléphone contre son oreille et leva son autre main dans un geste de capitulation.

— S'il te plaît, n'appelle pas la police.

— Donne-moi une bonne raison de ne pas le faire, répondis-je en croisant les bras et en feignant le sérieux.

— Je remets en place ton magnétoscope des années 90 et ta collection de CD des Spice Girls. Pitié.

— Même le best of ?

— Oui, répondit-il d'un air boudeur.

Ce n'était peut-être pas romantique, mais j'aimais adopter ce ton avec Patrick. Hormis mon père et ma grand-mère, je n'étais complètement à l'aise qu'avec lui. C'était forcément bon signe pour nous. Il s'écarta pour me laisser entrer.

— Heureusement que tu as bien voulu me laisser le magnétoscope, dis-je. Sinon, je ne vois pas comment nous aurions pu nous endormir sur le canapé en regardant un film.

— Ah, tu as eu mon message.

Il ferma la porte derrière moi et se retourna pour me faire face. Dans sa chemise grise et son jean tout froissé, il semblait fatigué mais restait aussi beau. Je m'armai de courage et posai la main sur son torse.

— Oui, je l'ai eu. Mais j'ai une meilleure idée.

Le minuteur du four sonna et Patrick battit en retraite dans la cuisine.

— Ah oui ? lança-t-il par dessus son épaule. Si ton idée, c'était des nachos, alors je t'ai devancée.

Je le suivis dans la cuisine, mais restai à la porte.

— Les nachos, c'est bon. Mais ce n'était pas mon idée.

Patrick avait quasiment la tête dans le four.

— Et quelle était ton idée ?

— C'était... autre chose.

Je laissai son esprit cheminer. Quand Patrick se redressa, je me sentis rougir, mais je me forçai à soutenir son regard.

— Euh... les nachos, ce n'est pas bon froid, répondit-il d'un air confus.

J'écarquillai les yeux.

— Je rigole ! s'écria-t-il en traversant la cuisine en deux grandes enjambées. Je me fiche bien des nachos. Pardon.

Tout en parlant, il couvrait mon visage de baisers. Je fermai les yeux, acceptant ses baisers et ses excuses.

— Nous les mangerons plus tard, dit-il, avant de presser ses lèvres contre les miennes. Ou jamais...

Il me guida en arrière jusqu'à ma chambre tout en marmonnant des paroles incompréhensibles sur l'inutilité des nachos, qu'il n'aimait même pas tellement ça, finalement, voire qu'il les détestait. J'éclatai de rire entre deux baisers, tandis que nous traversions la cuisine, puis le salon. Nous nous arrêtâmes quand l'arrière de mes genoux buta contre le bord du lit.

— La ferme sur les nachos, lui ordonnai-je.

Son sourire s'évanouit, remplacé par une expression sérieuse et intense.

— Quels nachos ?

Je défis le premier bouton de sa chemise et l'ouvris. J'en défis un autre, puis encore un autre, jusqu'à ce qu'elle glisse sur ses épaules et tombe au sol. Lentement, nous nous allongeâmes sur le lit. Et après ce qui me sembla une éternité, il m'embrassa.

Cela continua comme dans un rêve. Encore et encore, nous nous embrassâmes, nos mains caressant, nos bouches explorant. Je m'allongeai quand il embrassa mes tétons, les frotta, les caressa et les mordilla doucement. Un courant électrique me traversa et je commençai à être excitée en pensant à ce qui se passerait s'il s'aventurait un peu plus bas.

Comme s'il avait lu dans mes pensées, sa bouche suivit la même trajectoire que dans mon imagination et sa tête disparut complètement derrière mon ventre. Je regardai le plafond et puis... *ahhh*... sa bouche était chaude et mouillée lorsqu'elle se posa sur moi. Je soulevai les hanches et rejetai la tête en arrière. *Oh mon Dieu*.

Soudain, sa bouche s'écarta, remplacée par de l'air froid. Je gémis, et je m'apprêtais à protester, quand tout d'un coup ses mains attrapèrent ma taille, me soulevèrent et me retournèrent. Je me retrouvai à genoux et il m'embrassa le dos.

— Ça va ? demanda-t-il.
— Oui, soufflai-je.
Mon Dieu, oui.
Lorsqu'il entra en moi, mon souffle se coupa. Pendant quelques instants, il resta immobile, plongé au plus profond de moi. Enfin, il me prit par les hanches et commença à bouger.

Je poussai en arrière contre lui tandis qu'il me remplissait. Encore et encore. En l'entendant gémir, je commençai à m'abandonner. Je me sentais confiante. Sexy. En sécurité. Et, peut-être pour la première fois de ma vie, exactement à ma place.

Le mois suivant se passa comme des images défilant en accéléré, si vite que tout ce que j'en retins fut une impression générale de bonheur plutôt que des moments particuliers. J'arrivais presque à entendre une musique de fond aussi douce et belle qu'un morceau de Sarah McLachlan. Patrick et moi formions un couple. Nous allions avoir un bébé.

Eloise emménagea avec Ted à la fin du mois de novembre, et même si Patrick ne s'était pas officiellement installé chez moi, il y vivait bel et bien. La chambre d'Eloise était devenue celle du bébé, pour l'heure remplie de cartons IKEA pas encore ouverts : un lit, une commode, un couffin. Patrick avait acheté sur Internet une poussette, selon lui exceptionnelle, mais lorsqu'elle arriva, aucun de nous deux ne réussit à comprendre comment l'assembler. Elle termina donc dans la chambre, avec les autres cartons. Si Patrick se demandait qui était le père du bébé, il n'aborda jamais le sujet. Je décidai donc de l'imiter. Patrick était le père, point final.

Pendant ce temps, je continuai à vaquer à mes occcupations. J'avais rendez-vous avec la gynécologue et je devais retrouver Patrick à son cabinet vingt minutes plus tard. Je marchais péniblement dans la neige, mes bottes crissant sur la glace qui se formait sur le trottoir. Obtenir ce rendez-vous n'avait pas été facile.

« Je vois le Dr Hargreaves vendredi matin pour mon échographie, avais-je dit à Patrick deux jours plus tôt au cours du petit déjeuner. À 9 heures du matin. Pourrais-tu venir ?

— Lorraine Hargreaves ? avait-il répété avec un sifflement admiratif. La chef de clinique, Lorraine Hargreaves ? Tu fréquentes du beau monde, Nev.

— C'est elle qui me l'a proposé, tu te souviens ?

— C'est vrai, avait répondu Patrick, visiblement impressionné. Bien sûr que je serai là. Avec un peu de chance, elle aura des bonnes nouvelles à nous donner. Elle réussira peut-être à tourner le bébé.

— Ça m'étonnerait. J'en ai déjà parlé à Sean. Il a senti la position et a dit que ce n'était probablement pas possible. »

Patrick avait soudain levé la tête.

« Sean t'a examinée ?

— Non. Il a juste senti mon ventre. Dans le hall de l'hôpital », ajoutai-je sans trop savoir pourquoi.

Un long silence gêné s'était installé.

« Qu'y a-t-il ? avais-je demandé.

— Rien. C'est juste que... je ne veux pas que Sean te touche.

— Pourquoi ? m'étais-je exclamée.

— Parce que c'est... bizarre. En plus, il n'arrêterait pas de me taquiner avec ça. »

Il s'était replongé dans la lecture de son journal.

« Ça va ?

— Oui, avait-il répondu à contrecœur. Très bien. »

Il avait continué à lire et tout était redevenu normal, mais cet échange m'avait mis la puce à l'oreille. Si cela déplaisait tant à Patrick que Sean m'examine, je n'imaginais pas ce qu'il ressentirait en apprenant ce que nous avions fait ensemble. Je savais que pour le moment, cela arrangeait Patrick d'enfouir la tête dans le sable et de continuer à prétendre que mon bébé était le fruit de l'Immaculée Conception plutôt que le bébé d'un autre. Mais combien de temps cela durerait-il ?

J'avais l'impression de patiner sur un lac au bord du dégel. Dès que nous cesserions tout effort pour escamoter nos problèmes, la glace se fissurerait et nous tomberions tous les deux dans l'eau glacée.

Je relevai la capuche de mon manteau. Il faisait très froid. Je tirai les pans de ma parka, mais cela ne servait à rien, elle ne fermerait pas. Mon ventre était devenu énorme. L'automne avait été particulièrement clément cette année, et on aurait cru que Mère Nature s'était soudain réveillée après avoir hiberné trop longtemps, avait vu la date sur le calendrier et décidé de rattraper le temps perdu.

Je franchis les portes coulissantes de l'hôpital et baissai ma capuche quand la chaleur des chauffages me frappa de plein fouet. Eloise traversait le hall. Je lui fis un signe de la main, mais elle ne me vit pas. Patrick se tenait au bureau de la réception et parlait, je pense, aux parents d'un patient. Sa blouse verte exposait un triangle de peau bronzée et quelques poils de son torse partiellement recouvert par le cordon orange retenant sa carte d'accréditation de l'hôpital. Il semblait fatigué, après toute une nuit de garde aux urgences, mais il souriait au couple et au petit garçon qui avait le bras dans le plâtre. Je me frottai les mains pour essayer de les réchauffer au plus vite.

Patrick croisa mon regard. Il prit congé de la famille et s'approcha en souriant. Notre étrange conversation au sujet de Sean avait été oubliée. Pour le moment.

— Salut, dit-il en m'embrassant.
— La nuit a été longue ?

Il haussa les épaules, m'aida à retirer mon manteau, le passa sur son bras et me prit la main. Il arborait un large sourire, encore plus grand que d'habitude, quand nous nous mîmes en route.

— Quoi ?
— J'ai hâte de voir le bébé.
— Ah oui, renchéris-je en souriant. Moi aussi.

Il m'entraîna à travers l'hôpital, un labyrinthe de halls et de couloirs dans lequel il m'arrivait encore de me perdre, même après toutes ces années. Sur le chemin, nous croisâmes plusieurs personnes que Patrick connaissait ; toutes lui souriaient, mais semblaient faire bien attention de ne pas croiser mon regard. Je n'eus pas le temps de me demander pourquoi que nous étions déjà devant une porte vitrée portant le nom du Dr Lorraine Hargreaves. Nous entrâmes.

— Neva Bradley et Patrick Johnson, annonça Patrick. Nous avons rendez-vous.
— Bienvenue, nous dit le Dr Hargreaves.

Elle venait d'apparaître derrière le bureau de sa secrétaire avec une femme enceinte jusqu'aux yeux et un homme qui devait être le père de son bébé. Il ne fallait jamais présumer de rien.

— Entrez, ajouta-t-elle en ouvrant la porte de la pièce attenante.

Elle parla à la réceptionniste d'un problème de facturation pour le couple qui s'en allait. Patrick et moi allâmes nous asseoir dans son cabinet. Le Dr Hargreaves se joignit à nous quelques instants plus tard.

— Un siège, hein ? dit-elle après avoir examiné mon dossier. Dommage. Vous pourrez quand même tenter un accouchement par voie basse la prochaine fois.

— Peut-être, répondis-je. Nous verrons.

Je ne voulais pas pleurer devant le Dr Hargreaves.

— Aimeriez-vous découvrir le sexe du bébé aujourd'hui ?

— Non, répondit Patrick immédiatement, même si nous n'en avions pas encore parlé.

Il se tourna soudain vers moi, après coup.

— Nous ne voulons pas, si ?

— Non, je ne crois pas.

— Très bien, dit le Dr Hargreaves. J'aime les surprises. Jetons un coup d'œil. Montez sur la table, Neva.

J'avais hâte maintenant, moi aussi ; l'excitation de Patrick m'avait gagnée. Il m'aida à monter sur la table et s'assit pendant que le Dr Hargreaves prenait ma tension. Puis je m'allongeai sur le dos et remontai mon T-shirt jusqu'à mon soutien-gorge. Patrick me tenait la main, le regard déjà tourné vers l'écran.

— Je vais commencer par vous mesurer.

Le Dr Hargreaves sortit de sa poche un mètre à ruban et l'étendit de mon bassin jusqu'à mes côtes.

— Pas mal pour trente-six semaines, dit-elle comme si elle se parlait toute seule. Le bébé a hérité de votre taille, Patrick.

Le sourire de celui-ci se figea.

— Ça va être un peu froid, Neva, ajouta-t-elle en versant un liquide clair et gluant sur mon ventre. Voyons voir.

Elle abaissa l'appareil sur mon estomac et le cœur battant apparut immédiatement. Patrick me serra la main.

— Voilà le bébé, annonça-t-elle en continuant de bouger l'appareil. La tête, les fesses – du mauvais côté, malheureusement –, et voilà le cœur et le cerveau.

Patrick souriait, les yeux rivés sur l'écran.

— Bras droit, bras gauche, jambe droite, jambe gauche. Je vais éviter cette zone, si vous ne désirez pas connaître le sexe.

Je souriais moi aussi. Lorsque j'avais découvert que j'étais enceinte, je ne pensais pas me retrouver dans cette situation. Avec un homme aimant, un futur papa, à mes côtés. Et même si je ne m'étais jamais autorisée à y penser, l'idée de vivre ces moments toute seule me sembla soudain incroyablement triste.

— Tout me paraît bien, dit-elle. Vous pouvez descendre, Neva.

Elle essuya mon ventre avec une serviette en papier. Une fois que nous fûmes tous assis autour de son bureau, Lorraine Hargreaves ouvrit un nouveau document sur son ordinateur.

— Bien. J'ai quelques questions à vous poser à tous les deux. Y a-t-il des maladies héréditaires dans vos familles que je devrais connaître ? Des anomalies congénitales, une spina-bifida, des troubles sanguins, des trisomies ?

— Non, répondis-je.

— Et dans votre famille, Patrick ?

— Euh, non. Pas que je sache.

Patrick secoua la tête un peu trop vite, presque comme un tressautement. Le Dr Hargreaves ne sembla rien remarquer, mais cela ne m'avait pas échappé.

— Vous avez pris vos vitamines prénatales depuis le début de la grossesse, Neva ?

Je hochai la tête.

— Parfait. Je pense donc que tout se passera normalement. Alors nous pouvons programmer la césarienne juste avant Noël si vous voulez. Ce ne sera qu'une semaine en avance. Un joli cadeau, hein ?

Je n'avais pas prévu de programmer mon accouchement, mais je vis que Patrick faisait le sourire le plus adorable que j'aie jamais vu.

— Le plus beau des cadeaux, dit-il.

— Très bien. Vous pourrez déterminer la date avec Amelia en partant. Avez-vous d'autres questions à me poser ? Des inquiétudes ?

Le rendez-vous se termina par les courtoisies habituelles, puis Patrick me raccompagna jusqu'à la maison de naissance pour ma journée de travail. À mi-chemin, il s'arrêta.

— Nev, j'ai bien réfléchi.

Je me retins de blaguer car son expression était grave.

— Vas-y, je t'écoute.

— Toutes ces maladies héréditaires dont Lorraine nous a parlé, c'est très important, tu sais. Je m'occupe tous les jours d'enfants nés avec des maladies génétiques. C'est horrible, surtout quand ça prend par surprise. Avoir ce genre d'informations à l'avance change tout, pour la préparation psychologique, les traitements préventifs, ce genre de choses.

— Ce bébé n'aura pas de maladie génétique.
— En es-tu vraiment certaine ? me demanda-t-il, les mâchoires serrées. Connais-tu bien le père ?
— Oui. Je le connais très bien.
Il pâlit visiblement et je lui pris la main.
— C'est toi le père, Patrick. Par tous les aspects importants.
Ce n'était pas la réponse qu'il attendait. Ou peut-être que si. J'avais l'impression qu'au cours des semaines que nous avions passées ensemble, Patrick s'était attaché à mon secret, lui aussi. Il était bien plus facile d'accepter l'idée qu'il n'y avait pas de père que celle d'un inconnu pouvant revenir à n'importe quel moment et semer le chaos dans nos vies.

D'un air résigné, Patrick me fit un baiser sur la joue et nous repartîmes. Malgré ce que j'avais éprouvé quelques minutes plus tôt, je ne ressentais plus cela comme une victoire. Il ne faudrait pas longtemps avant que le sujet remonte à la surface. Un jour, nous devrions tous deux admettre la vérité.

23

Grace

Neva et Maman étaient assises sur des tabourets dans la cuisine tandis que je passais des filets de limande dans la chapelure. J'avais attendu avec impatience notre dîner mensuel. Robert n'avait pratiquement pas dit un mot de la semaine, trop absorbé par ses problèmes au travail, et j'espérais avoir la chance de parler à quelqu'un ce soir-là. Mais cela se présentait mal. Maman et Neva écossaient les petits pois silencieusement en regardant le mur et se contentaient de répondre à mes questions à demi-mot, sans vraiment lancer la conversation.

J'avais envisagé de leur révéler mon secret, que j'avais pratiqué des accouchements pendant le déroulement de l'enquête, malgré ma suspension, mais je ne le fis pas. Je dois bien admettre que j'aimais avoir une double vie. C'était ma manière de faire un bras d'honneur à ce médecin arrogant qui m'avait accusée de négligence. Mais cela impliquait de nombreuses difficultés, techniques notamment. J'avais reçu un message d'une future maman deux nuits plus tôt m'annonçant que le travail avait démarré. À 2 heures du matin. Robert s'était réveillé pendant que je m'habillais et j'avais feint une crise de somnambulisme. Quelques minutes plus tard, une fois qu'il s'était rendormi profondément, j'avais attrapé mes clés et étais sortie de chez moi en pyjama.

Ce n'était que quand je m'autorisais à vraiment réfléchir que je m'inquiétais des conséquences si j'étais découverte. Par l'ordre des sages-femmes ou par Robert. Mais chaque fois que ce genre de pensée me venait à l'esprit, je la chassais bien vite. *Le pouvoir de la pensée positive, Grace. La pensée positive.*

— Est-ce que tu as des aversions pour certains aliments, chérie ? demandai-je à Neva pour essayer de lancer la conversation. Quand j'étais enceinte de toi, la simple vision d'un champignon suffisait à me faire courir aux toilettes.

— Je n'aime plus le thon, mais c'est tout, répondit-elle en haussant les épaules.

Je m'interrompis soudain, les mains plongées dans le poisson et la chapelure.

— Et la limande ? demandai-je.

— Ça devrait aller. Je ne le saurai que quand tu auras posé l'assiette devant moi.

J'éclatai de rire, essayant de croiser le regard de Maman. N'importe quelle femme qui avait déjà été enceinte pouvait compatir.

— Est-ce qu'il y avait des aliments qui te dégoûtaient, Maman, quand tu étais enceinte de moi ?

Elle ne leva pas les yeux vers moi, affairée à retirer un fil de sa manche.

— Oui, peut-être.

— Avais-tu des envies étranges ? demandai-je. Lorsque j'attendais Neva, j'aurais pu manger du riz cantonais à tous les repas.

— Oh, je ne sais pas... Il y a si longtemps.

Je trouvais parfois bizarre qu'elle ait si mauvaise mémoire. Il me semblait que même à quatre-vingt-trois ans, ce genre de souvenir devait rester.

La sonnette retentit alors que nous étions sur le point de passer à table.

— Neva, dis-je, ton père dîne devant le match de hockey ce soir. Pourrais-tu lui apporter ce plateau dans le salon ? Et sois gentille, il est de mauvais poil.

Je m'essuyai les mains sur un torchon et allai ouvrir la porte d'entrée. Derrière se tenait une femme pas très grande aux cheveux blonds et courts. Elle tenait le col de son anorak bleu marine pour se protéger du vent.

— Bonjour, que puis-je faire pour vous ?

— Bonjour. Je m'appelle Marie Ableman. De l'ordre des sages-femmes.

Une bourrasque de vent souffla et elle serra son anorak d'une main tremblante.

— Oh, euh... Entrez, dis-je en ouvrant grand la porte. Nous n'avions pas rendez-vous, si ?

— Non. Je voulais vous appeler demain, mais je pensais que ce serait une bonne idée de vous parler en personne. J'espère que je ne vous dérange pas.

— Non.

J'avais menti. Bien sûr que sa visite me dérangeait. Elle m'inquiétait surtout. Les bonnes nouvelles étaient délivrées rapidement, par téléphone ou e-mail. C'étaient les mauvaises qu'on venait donner en personne. Du moins, d'après mon expérience.

— L'enquête est toujours en cours, dit-elle, remarquant probablement mon air inquiet. Nous avons encore besoin de parler à quelques personnes.

— D'accord.

— La raison de ma présence est… ceci.

Elle chercha dans sa poche et en sortit une feuille de papier pliée. La photocopie d'une ordonnance.

— J'ai été surprise d'apprendre que vous aviez prescrit un antidouleur à cette femme le jour de la naissance de son fils. Plus surprise de découvrir qu'elle était l'une de vos anciennes clientes. Et encore plus quand j'ai vu qu'aucun professionnel de santé n'avait signé le certificat de naissance.

Marie Ableman avait l'air de quelqu'un qui s'efforçait à l'impartialité. J'étais certaine qu'elle utilisait régulièrement cette attitude, dans ce rôle en particulier.

— Croyez-le ou non, madame Bradley, je suis de votre côté. Je suis infirmière moi-même. Je sais que c'est une profession difficile et ingrate. Je ne crois pas que vous ayez été intentionnellement négligente ou que vous ayez tenté de nuire à Gillian ou à son bébé. Je suis sûre que vous avez fait ce que vous pensiez être le mieux pour eux. Mais j'ai aujourd'hui des raisons de vous soupçonner d'exercer toujours votre métier malgré votre suspension, ce que je vous ai expressément demandé de ne pas faire. Je veux vous aider, mais si c'est le cas, je ne pourrai rien pour vous.

Le rouge me monta aux joues. J'avais été prise à mon propre jeu, mais j'avoue que je me sentais soulagée. Ce secret avait pesé sur moi probablement plus que je ne m'étais autorisée à le penser. Une part de moi-même avait envie de partager ce fardeau.

— Madame Ableman, je suis désolée...

— Ce n'est pas le cas, intervint Neva qui venait d'apparaître dans l'entrée.

Maman se tenait à côté d'elle et je fus soudain frappée par ces deux femmes, qui, malgré leur petite taille, paraissaient impressionnantes.

— Qu'est-ce qui n'est pas le cas ? demanda Mme Ableman.

— L'ordonnance, dit Neva. Ce n'est pas la signature de Grace, c'est la mienne. Je suis sa fille, Neva.

L'enquêtrice ouvrit de grands yeux surpris.

— Vous avez rédigé une ordonnance pour un antalgique au nom de Jane Harris, l'ancienne cliente de votre mère ?

— Oui. Et je l'ai aidée à accoucher. J'ai proposé à Grace de la remplacer auprès de toutes ses clientes pendant que cette enquête est en cours. Ainsi, au moins, ces femmes auront une continuité dans leur suivi.

— Alors, ceci est... votre signature ? demanda Mme Ableman.

Neva approcha, jetant à peine un regard à la feuille de papier.

— Oui.

Sceptique, son interlocutrice examina la photocopie qu'elle avait à la main et Neva se pencha pour l'examiner de plus près elle aussi. On y lisait clairement « G. Bradley », mais Neva ne perdit pas son aplomb.

— Je venais d'assister à un accouchement qui avait duré quinze heures. Voulez-vous vraiment discuter de mon écriture ? J'étais fatiguée.

Du coin de l'œil, je vis Maman s'avancer. Soudain, nous nous retrouvâmes alignées toutes les trois, Maman, Neva et moi. Mme Ableman nous observa l'une après l'autre puis finit par soupirer. Elle savait qu'elle avait vu juste, mais elle ne pouvait pas le prouver.

— Non, je ne tiens pas à discuter de votre écriture. Je suis ici parce que je veux que les patients aient accès à des soins de qualité. Croyez-le ou non, je ne pense pas que les médecins soient les meilleurs juges de cela. Mais j'ai besoin de votre coopération, dit-elle en regardant Neva. Alors, si vous avez repris les accouchements d'autres clientes de votre mère, assurez-vous de signer les certificats de naissance la prochaine fois. D'accord ?

— Oui, d'accord, répondit Neva. Désolée.

— Et essayez de ne pas vous tromper d'initiale sur les ordonnances.

Neva rougit visiblement.

— Laissez-moi vous ouvrir, dis-je en voyant la visiteuse tendre la main vers la poignée.

— Ce n'est pas la peine, madame Bradley. Je peux le faire toute seule.

Nous la regardâmes partir. Une fois que la porte se fut refermée, je me tournai vers ma fille.

— Merci, chérie. Merci beaucoup.

— Je ne sais pas ce que tu fabriques, Grace, dit Neva en secouant la tête, mais la prochaine fois, il vaudrait mieux que tu me préviennes. D'ailleurs, pourquoi as-tu cette signature aussi lisible ? Bon sang ! tu ne pourrais pas écrire un peu plus comme un...

— Médecin !

Nous nous étions toutes exclamées à l'unisson, et nous éclatâmes de rire, soulagées de notre petite victoire.

— Allez, dis-je en leur prenant le bras. Je crois que je vous dois une explication. Passons à table, je vais tout vous raconter.

— Tu aurais peut-être la courtoisie de tout me raconter à moi aussi ?

Je levai la tête. Robert se tenait en haut des escaliers. Tout à coup, ma petite victoire avait un goût amer.

24

Neva

En arrivant à la maison de naissance, j'étais déjà tendue. Patrick s'était montré étrangement distant ces derniers jours et n'avait pas eu de temps à me consacrer. Il disait qu'il était épuisé après sa semaine de gardes de nuit, et c'était probablement vrai, mais... il me manquait.

J'étais sûrement nerveuse à cause de tout ce qui se passait avec ma famille. Après avoir entendu ce qu'avait dit Marie Ableman de l'ordre des sages-femmes, Papa avait été furieux après Grace. Gran et moi avions essayé de ne pas les écouter pendant que nous mangions notre dîner en silence, mais ils criaient vraiment fort. À un moment, je m'étais levée, décidée à parler à Papa pour remettre les pendules à l'heure. Il était trop dur avec elle ; ce qu'elle avait fait était stupide, certes, mais elle avait agi par gentillesse. Gran m'en avait empêchée. Des personnes bien moins solides que Maman devaient gérer des problèmes bien plus difficiles tous les jours, m'avait-elle dit. Cela les rendait plus forts.

Elle cachait quelque chose, elle aussi, mais je ne savais pas quoi.

Toujours est-il que j'avais vraiment envie de retrouver Susan pour cette garde et d'accueillir une nouvelle vie dans ce monde. C'était probablement ce dont j'avais besoin pour retrouver mon équilibre. Mais Susan était en vacances. J'avais oublié. Et je vis sur le tableau de service que ma partenaire pour la journée était Iris.

Iris était l'aide-soignante que j'appréciais le moins. Certes, elle était patiente et s'entendait bien avec les clientes, mais elle avait aussi l'habitude agaçante de s'adresser à tous ses interlocuteurs comme à des enfants de trois ans, et ce jour-là, elle avait décidé de ne me parler qu'indirectement, en passant par la mère en travail.

— Soufflez bien pendant la contraction, disait-elle à Brianna. Très bien. Lorsqu'elle sera terminée, Neva pourrait vous proposer de prendre un bon bain pour atténuer un peu la douleur. C'est elle qui décide.

Brianna était agenouillée par terre, elle approchait clairement de la phase de transition. Son mari, George, se tenait à ses côtés et lui frottait le dos, l'air complètement dépassé par les événements. Je lus rapidement les notes sur son dossier et vis qu'elle était dilatée de six centimètres au cours de son dernier examen et n'avait pas encore perdu les eaux. Le bain n'était pas une mauvaise idée.

— Et si vous preniez un bon bain ? dis-je d'un air faussement enthousiaste à la fin de la contraction.

Si Iris avait entendu mon ironie, elle n'en montra rien.

— Bonne idée, dit-elle sans me regarder. Je vais le faire couler.

Elle disparut dans la salle de bains. Je la regardai partir. Elle semblait préoccupée, elle aussi. Avais-je fait quelque chose qui l'avait contrariée ?

— Neva, dit Brianna. Ça fait mal.

— C'est le moment le plus difficile, répondis-je en m'agenouillant à côté d'elle. Dans peu de temps, vous allez rencontrer votre bébé. En attendant, l'eau chaude va vous aider à calmer la douleur. Avez-vous apporté votre iPod avec la liste de lecture dont vous m'avez parlé ? Beaucoup de femmes trouvent que la musique les aide à gérer cette partie du travail.

George cherchait déjà l'iPod dans le sac de Brianna. Il semblait content d'avoir quelque chose à faire. Il pourrait nous être utile, après tout.

— Et si je montrais à votre mari les points de pression dans vos pieds, connus pour réduire la douleur de manière significative ?

— Le bain est prêt, annonça Iris en entrant dans la pièce. George, venez vous asseoir au bord de la baignoire pour masser les pieds de Briann.

— Briann*a*, murmurai-je à Iris avec un clin d'œil complice.

Elle m'ignora encore. Bizarre. Quelque chose n'allait pas avec elle. Elle était toujours condescendante, mais cette impolitesse ne lui ressemblait pas.

— Euh... ok, allez-y, dis-je. George, et si vous aidiez Brianna à se déshabiller ? Je dois encore faire quelques préparatifs ici.

Une fois que Brianna fut déshabillée, Iris l'aida à gagner la salle de bains et à entrer dans la baignoire sans un mot. Dans la chambre, j'allumai la couveuse chauffante et préparai mes instruments.

— Brianna voudrait brancher son iPod à la chaîne, dit Iris, m'alertant de sa présence derrière moi. Sais-tu où se trouvent les enceintes ?

— Dans le placard avec les serviettes. Attends... Est-ce que tout va bien ?

— Bien sûr. Pourquoi est-ce que ça n'irait pas ?

— Je ne sais pas. J'ai l'impression que tu m'en veux.

— Oh, je ne t'en veux pas, dit-elle en m'observant d'un air suspicieux. Je suis surprise, c'est tout. Je dois admettre que je m'attendais pas à ça de ta part.

— Iris, pourrais-tu s'il te plaît me dire de quoi tu parles ?

— Très bien, dit-elle. J'ai entendu pour toi et Sean. Que vous avez une liaison dans le dos de Patrick.

Je fus tellement surprise que je restai un moment muette, bouche bée.

— *Quoi ?*

— Alors, ce n'est pas vrai ? demanda Iris en croisant les bras.

— Bien sûr que ce n'est pas vrai ! Qui t'a dit ça ?

— Mes sources sont assez crédibles.

— Iris, où te crois-tu ? Dans une cour de récréation ? Qu'as-tu entendu dire sur moi et Sean ?

Elle pinça les lèvres.

— Que ton bébé est de lui. Que vous avez eu une liaison et que maintenant tu fais croire que ton bébé est de Patrick.

J'essayais toujours de me remettre de ma surprise quand George apparut à la porte de la salle de bains et s'éclaircit la gorge.

— Euh, excusez-moi, mesdames. Brianna dit qu'elle a envie de pousser.

Les semelles en caoutchouc de mes chaussures de sport couinaient sur le sol en linoléum. Je n'avais pas bougé aussi rapidement depuis avant ma grossesse. Le temps d'arriver à l'ascenseur, je courais.

Les portes de l'ascenseur s'ouvrirent sur trois infirmières que je connaissais. À leur expression, je compris qu'elles avaient entendu la rumeur, elles aussi. Elles devaient être ravies. Patrick Johnson serait bientôt disponible. L'une d'entre elles se ferait sûrement un plaisir de lui rapporter elle-même la rumeur. Dieu merci, il ne serait pas à l'hôpital avant ce soir.

Je sortis à l'étage de la maternité, parcourus les couloirs et scrutai l'intérieur de chaque chambre. Sean était peut-être de nuit, lui aussi ? J'étais sur le point de poser la question à la réceptionniste quand je reconnus sa voix. Je me retournai et le vis. Il parlait à un couple portant un bébé dans un siège auto, visiblement en train de quitter l'hôpital.

— Vous feriez bien de commencer à économiser pour l'université, disait-il en riant. Et souvenez-vous, les bébés ne sont ni repris ni échangés. Même si vous avez gardé le ticket de caisse.

Le couple éclata de rire et ils lui serrèrent la main. Tandis qu'ils s'éloignaient, Sean remarqua ma présence.

— Salut, Nev. Qu'y a-t-il ?

— Une rumeur court dans l'hôpital sur toi et moi et le fait que nous aurions une liaison.

— Pardon ?

— C'est Iris qui me l'a dit ce matin. Apparemment, j'ai trompé Patrick avec toi et tu es le père du bébé.

— C'est ridicule ! s'exclama-t-il.

Il parlait avec la même assurance et la même arrogance que d'habitude, un ton qu'il avait parfaitement appris à maîtriser au cours des dernières années, mais je voyais bien qu'il était nerveux.

— Qui a lancé cette rumeur ?

— Iris n'a pas voulu me le dire. Mais je pense que beaucoup de gens l'ont entendue. On me regarde bizarrement à l'hôpital depuis ce matin.

— Merde ! s'exclama-t-il. As-tu dit quelque chose aux filles de la maison de naissance ?

Je ne daignai même pas répondre à sa question. Sean se passa la main sur le visage.

— Personne ne va le croire, dit-il au bout d'une minute. Ce sont des ragots, rien de plus. Nous devrions les ignorer. Les ragots finissent toujours par disparaître. Surtout quand ils sont faux.

— Ils ne le sont pas totalement, Sean.

— Si, répondit-il sèchement avant de baisser la voix. Ils sont totalement faux. Nous *n'avons pas* de liaison.

Je lui pris le bras et l'attirai dans l'escalier. Je n'avais pas envie que Sean et moi alimentions encore plus les rumeurs par une dispute publique susceptible d'être interprétée comme une querelle d'amoureux.

Il repoussa violemment mon bras dès que la porte se fut refermée derrière nous et se mit à faire les cent pas.

— Excuse-moi, je suis énervé. Les gens lancent ces rumeurs pour s'amuser ; ils ne se rendent pas compte qu'ils jouent avec ma vie. Imagine si cela parvenait aux oreilles de Laura.

— Et Patrick, alors ? m'écriai-je.

Sean pouvait être un sale égoïste parfois.

— Ça me concerne moi aussi, tu sais.

Mais il ne m'écoutait pas.

— Putain, on venait d'apprendre que Laura avait une tumeur au cerveau ! Je ne veux pas la perdre maintenant à cause d'une nuit sans importance, qui n'a eu lieu que parce que tu étais ivre morte et que j'étais mort d'inquiétude !

Je lui intimai l'ordre de se taire, mais cette nuit me revenait en mémoire, que je le veuille ou non. Je m'en souvenais étonnamment bien, même si j'étais effectivement ivre morte ce soir-là. Je revoyais très clairement le visage défait de Sean, les yeux dans le vague, assis dans la salle de pause. C'était là que je l'avais trouvé, alertée par des infirmières. Son immobilité indiquait qu'il était ainsi depuis un bon moment.

Laura passait la nuit à l'hôpital avant son opération du lendemain ; j'avais donc appelé Patrick et nous avions emmené Sean au Hip, notre bar préféré, pour boire un verre. Nous pensions que cela l'aiderait à se détendre, à parler, mais une fois là-bas, il avait continué de regarder dans le vague pendant des heures. Il avait un regard vide que je ne lui avais encore jamais vu – ni quand son père était mort, ni quand il avait été confronté à son premier mort-né. Sean et moi avions bu bière sur bière, verre de vin sur verre de vin. Ç'avait été la seule fois de ma vie où j'avais vraiment envie de prendre une cuite, comme si cela pouvait servir à montrer ma solidarité envers Sean. Patrick, qui travaillait de nuit à cette époque, était resté sobre.

À l'heure de la fermeture, il était retourné à l'hôpital pour commencer sa garde. Je lui avais juré que je mettrais Sean dans un taxi, mais, quand nous étions sortis dans la rue, Sean avait soudain commencé à parler. Les mots jaillissaient de sa bouche : l'impuissance qu'il ressentait parce qu'il ne pouvait rien faire pour aider sa femme. Après avoir passé une heure à l'écouter dans le froid, je l'avais ramené chez moi, lui avais préparé le canapé pour la nuit et l'avais même bordé.

« Tu es une vraie amie, Nev », avait-il susurré.

J'avais hoché la tête et continué de le border. J'avais envie de le rassurer, et l'emmailloter dans les draps comme un nouveau-né dans une serviette chaude me paraissait réconfortant. Ou peut-être étais-je bien trop saoule pour savoir quoi faire d'autre.

« Pourrais-tu rester un peu avec moi ? avait-il demandé. Je n'ai pas envie d'être seul.

— Je vais dormir sur la chauffeuse. »

J'avais franchement la flemme d'aller jusqu'à ma chambre et de toute façon, j'avais la tête tellement lourde que je n'étais pas sûre d'y arriver.

« Réveille-moi si tu veux parler. »

Sean avait ouvert le drap que je venais de border autour de lui.

« Pourrais-tu dormir ici ? »

Il était pâle et ouvrait de grands yeux, on aurait dit un petit garçon. Rien à voir avec l'homme arrogant et plein d'assurance que je connaissais. Le canapé avait l'air bien plus douillet que la chauffeuse, alors, à moitié endormie, j'étais allée m'allonger à côté de lui, le dos appuyé contre son torse. Je crois l'avoir entendu marmonner « Merci » avant que son bras ne retombe sur moi lourdement. Et je m'étais endormie dès la seconde où mes yeux s'étaient fermés.

Je m'étais réveillée un peu plus tard avec un étrange sentiment d'urgence en entendant gémir. Il faisait encore noir et même si j'étais collée contre Sean sur le canapé, je m'étais retournée.

« Sean, ça va ? »

Il sanglotait.

« Non, ça ne va pas. Ça ne va pas du tout. Mon Dieu, pourquoi est-ce que ça m'arrive à moi ?

— Je ne sais pas », avais-je répondu en lui tapotant l'épaule maladroitement.

J'essayais de forcer mon cerveau à se réveiller afin de trouver les mots susceptibles d'aider mon ami. Mais mon cerveau était enveloppé d'un épais brouillard. L'un des proverbes préférés de Grace m'était venu à l'esprit : *Les paroles sont les caresses du pauvre*. Les paroles, je n'étais pas en état de les trouver, mais les caresses, je pouvais peut-être y arriver.

Non sans peine, j'avais réussi à passer les bras autour du cou de Sean. Il avait enfoui son visage contre ma poitrine et pleuré un peu plus longtemps. Juste au moment où j'étais en train de sombrer dans le sommeil, il avait parlé.

« Nev ?

— Hum ? »

Lorsque j'avais baissé la tête vers lui, il avait fondu sur moi comme un ouragan : ses lèvres, ses mains, tout. Il m'avait fait rouler sur le dos et soudain, mon désir s'éveilla, violent. Des formes floues dansaient devant mes yeux. Avant que j'aie eu le temps de me rendre compte de ce qui se passait, son corps pesait sur le mien.

Quelque part au fond de moi, je savais que c'était mal. Mais nos bras et nos jambes emmêlés dans le noir m'empêchaient de réfléchir. C'était comme admirer de magnifiques coraux tandis que la pluie tombait à la surface de l'eau, plusieurs mètres au-dessus. Je soupçonnais qu'il y avait quelque chose, là-haut, mais avec tout ce qui passait dans ma vie, je n'avais pas pris la peine de regarder.

Le lendemain matin, Sean était parti et j'en étais heureuse. Me réveiller seule alimentait ma théorie que tout cela n'avait été qu'un rêve.

Je ne vis pas Sean pendant deux semaines après cette nuit-là. Il avait pris un congé pour s'occuper de Laura après son opération. En son absence, il m'était plus facile de nier la réalité de cet épisode.

Et à son retour, nous avions continué de faire comme si de rien n'était. Il avait fallu ma grossesse pour qu'il reconnaisse les faits. Mais maintenant, nous devions réagir.

— Tu ne vas pas la perdre, Sean. Personne ne sait ce qui s'est passé cette nuit-là. Je n'en ai parlé à personne. Cette rumeur a sûrement été lancée par quelqu'un qui nous a vus ensemble au bar en bas, ou en train de blaguer ou...

Une image me revint soudain en mémoire. Sean m'observait d'un air interrogateur.

— Quoi ?

— Marion, murmurai-je en étouffant un juron. Tu te souviens du jour où je suis venue te dire que mon bébé se présentait par le siège ? Tu m'as prise dans tes bras. Et quand tu es parti, j'ai vu que Marion nous observait. Elle a dû mal interpréter ce qu'elle voyait, et comme elle n'était déjà pas fan de toi...

— Et elle adore les rumeurs. Merde ! s'exclama-t-il en agrippant la poignée de la porte. Je vais aller mettre un terme à celle-là tout de suite. Ne me suis pas, bon sang ! Nous n'avons pas besoin qu'on nous voie sortir ensemble de la cage d'escalier.

Il y eut un courant d'air. Sean était parti éradiquer le problème. Et quant au ton sur lequel il m'avait parlé, je n'en avais rien à faire. Du moment qu'il s'occupait de Marion, il pouvait me parler comme il le souhaitait. Je saisis la rampe et mon souffle se coupa.

— Patrick, soufflai-je.

Il se trouvait sur le palier de l'étage du dessous, un oreiller sous le bras, regardant les marches devant lui.

— Je t'ai apporté ça, dit-il. Au cas où tu aurais envie de faire une autre sieste à la maison de naissance.

Il leva vers moi un regard vide, absent.

— Toi et Sean ? Sérieusement ?

J'avais envie de courir vers lui, de me jeter à ses pieds pour implorer sa pitié, mais j'étais enceinte de huit mois, aussi descendis-je prudemment les marches. Arrivée à la dernière, je lui attrapai le bras. Gentiment, il me laissa le prendre jusqu'à ce que mes deux pieds aient atteint le palier. Puis il me lâcha.

— Laisse-moi mettre les choses au clair, dis-je. Il n'y a pas de « moi et Sean ». C'était une rumeur lancée par Marion, du moins, c'est ce que nous pensons. Nous n'avons pas de liaison.

— Mais vous avez couché ensemble ?

Je pris une profonde inspiration et, parce que je n'avais pas le choix, hochai la tête.

— Et ça, dit-il en touchant du doigt mon ventre rond, c'est *son* bébé ?

Il m'observait fixement, attendant ma confirmation. Une larme roula le long de ma joue.

— Oui.
— Quand ?

Je baissai les yeux.

— Quand, Neva ?
— Tu te souviens du soir où Sean nous a parlé de la tumeur de Laura ?

Même si je ne le voulais pas, je soutins son regard. Le visage de Patrick était totalement figé, pas un clignement d'œil ni un tic nerveux. Je me forçai à poursuivre.

— Il ne voulait pas être seul. Je lui ai dit qu'il pouvait venir chez moi et...

— Je vois très bien.

— Non, pas du tout.

Patrick se mit à faire les cent pas et je ne pus rien faire d'autre que le regarder, impuissante. L'angle de sa mâchoire, la courbe de son avant-bras... J'avais du mal à croire que seulement quelques minutes plus tôt, ce magnifique être humain avait été à moi, voulait partager sa vie avec moi. Avec mon bébé. Soudain, je crus que j'allais m'évanouir.

— Neva ?

Son visage apparut devant le mien.

— Oui ?

— Tu vas bien ?

— Oui, oui. Juste un peu... la tête qui tourne. Les murs bougeaient autour de moi.

— Assieds-toi, dit-il.

Je commençais à secouer la tête, mais Patrick me passa la main dans le dos et m'aida à m'asseoir sur le sol en linoléum.

— Respire doucement.

— Je n'ai jamais voulu ça, dis-je tandis qu'il appuyait mon dos contre le mur. Je n'ai jamais voulu te faire souffrir.

— Je sais, dit-il en s'asseyant à côté de moi.

Il avait parlé d'un ton résigné. Je voulais lui en dire plus, mais je n'avais pas de mots. Je me contentais de cela, d'être assise à côté de lui. Après ce que je venais de lui dire, je n'étais pas sûre d'avoir la chance que cela se reproduise.

Quelques minutes plus tard, la porte s'ouvrit et une infirmière que je reconnaissais vaguement apparut en haut de l'escalier.

— Avez-vous besoin d'aide ?

— Oui, Rose, s'il vous plaît, répondit Patrick en se levant d'un bond, comme s'il venait de se réveiller d'un rêve. Neva ne se sent pas bien. Elle est enceinte de trente-six semaines. Inscrite pour accoucher à l'hôpital St. Mary. J'aimerais que vous vérifiiez son rythme cardiaque et sa tension artérielle.

L'infirmière descendit l'escalier.

— Oui, docteur Johnson.

Patrick m'aida à me lever.

— Si tout va bien, pourriez-vous lui appeler un taxi ? demanda-t-il en me regardant. Je ne veux pas que tu rentres à pied par ce temps, OK ?

Il me fallut un moment pour comprendre ce qu'il était vraiment en train de dire.

— Tu… ne viens pas ?

Patrick secoua la tête.

— J'appellerai l'hôpital en rentrant, pour m'assurer que tu vas bien.

Je hochai la tête. Je ne sais comment, mais je parvins même à articuler un merci.

L'infirmière me prit le bras.

— Je vais bien m'occuper d'elle. Dois-je envoyer les résultats à la maternité, docteur Johnson ?

— Merci, Rose. Ça va aller, Neva ? ajouta-t-il en se tournant vers moi.

Je fis mine de ne pas l'entendre et laissai Rose me guider jusqu'en haut de l'escalier. Je n'avais jamais été douée pour les au revoir. Et malgré tout ce que nous avions partagé, je ne voulais pas qu'il me voie pleurer.

25

Grace

Je rentrai juste à temps. Il neigeait de plus en plus, et les routes étaient glissantes ; ce n'était pas un bon jour pour conduire. En me garant, j'entendis annoncer à la radio un accident sur la route de Beavertail, qui était donc fermée dans les deux sens. En temps normal, j'aurais été inquiète qu'une de mes clientes commence le travail, mais étant donné que j'avais arrêté mes accouchements clandestins, personne n'avait besoin de moi.

Je n'avais jamais vu Robert aussi énervé que le jour où il avait appris mon secret. La façon dont il m'avait regardée… C'était cent fois pire que la fois où je lui avais parlé de ma suspension. Il avait parlé de trahison, de malhonnêteté, de déception. Au début, j'étais restée silencieuse. Après tout, je le méritais. Mais lorsqu'il avait continué, répétant à quel point j'étais égoïste, j'avais décidé de réagir.

« Attends une seconde ! m'étais-je écriée. Ce que j'ai fait était mal, je le sais, mais toi ? Tu fais la tête depuis des semaines. *Oh, pauvre de moi, je pourrais perdre mon boulot. Pauvre de moi, des gens ont été licenciés aujourd'hui.* Et si tu disais : *Comme j'ai de la chance d'avoir encore un travail. Comme j'ai de la chance de ne pas m'être fait virer aujourd'hui !*

Il ne t'est jamais venu à l'esprit que j'avais fait ça pour soutenir ma famille financièrement ? J'ai une enveloppe pleine d'argent liquide dans mon bureau...

— Formidable ! Alors maintenant nous fraudons les impôts aussi ? Génial, Grace. Tu as raison. Je devrais être ravi. »

Nous avions fini par arriver dans une impasse et avions fait chambre à part cette nuit-là. Nous ne nous étions quasiment pas adressé la parole depuis et je lui en voulais encore. J'ouvris la porte et entrai dans la chaleur de la maison. Une bonne soupe chaude, voilà ce dont j'avais besoin. Retirant mon écharpe, mon bonnet et mes gants, je me dirigeai vers la cuisine avec les sacs pleins de courses du supermarché dans les bras. J'étais sur le point de passer devant la porte du salon quand j'entendis la voix de Neva. Je reculai et restai hors de vue. Je n'avais pas remarqué sa voiture. J'avais l'impression qu'elle pleurait.

— Tu es sûre que c'est terminé ? demanda Robert.

Neva dut hocher la tête.

— Alors c'est un idiot. Un idiot, et certainement pas un gentleman. T'abandonner alors que tu vas avoir un bébé. Qu'as-tu fait pour mériter ça ?

J'avançai de quelques pas et collai mon oreille contre le mur.

— J'ai couché avec un homme marié, Papa. Un homme qui traversait une épreuve horrible avec sa femme.

Je plaquai une main sur ma bouche, horrifiée. Fidèle à lui-même, Robert ne réagit pas.

— Elle est tirée d'affaire maintenant – sa femme –, et elle ne sait rien sur moi. Tout ça était une énorme erreur.

Je voulais courir vers elle, la prendre dans mes bras, mais quelque chose m'en empêcha. Quelqu'un. Robert.

— Eh bien... tu sais quoi, chérie ? S'il y a une chose que j'ai apprise en étant marié à ta mère, c'est que les erreurs, les mauvais jugements, les échecs sont parfois ce qu'il y a de mieux dans la vie. D'ailleurs, en parlant d'erreurs, je dirais que celle-ci est la meilleure chose que tu aies faite. Créer une nouvelle vie. Me donner un petit-enfant.

Neva éclata de rire et renifla.

— On dirait Maman.

— Elle a déteint sur moi après toutes ces années. Et pour Patrick... il a sans doute besoin de temps. Il reviendra peut-être. On ne sait jamais.

— J'en doute. Pourquoi le ferait-il ?

— Tu peux te flageller si tu veux, passer en revue toutes les raisons pour lesquelles il ne reviendra pas, toutes les raisons pour lesquelles il ne devrait pas revenir. Mais tu sais quoi ? Cela ne changera rien. Tu ferais mieux de te concentrer sur ce que tu as, et c'est un bébé qui va bientôt arriver. Un bébé qui, même sans père, aura énormément de chance de t'avoir comme parent.

Incapable de résister, je jetai un coup d'œil dans le salon. Robert avait passé le bras autour des épaules de Neva et elle avait posé la tête sur son épaule. Je les observai pendant une seconde, reculai d'un pas, puis d'un autre, revenant sur mes pas jusqu'à la porte d'entrée et dans la rue.

Je marchai le long des routes enneigées pendant ce qui me parut des heures. Le sol était couvert d'une épaisse couche blanche, çà et là ressortaient des roseaux trop gelés pour se balancer au vent. Soudain, tout m'apparut très clairement. Pourquoi Neva ne se confiait pas à moi. Pourquoi elle était toujours plus ouverte avec son père. J'imposais tant d'exigences à notre relation. *Aime-moi. Partage tout avec moi. Valide-moi.* Et quand elle ne le faisait pas, je la poussais encore plus dans ses retranchements. Toujours plus loin. La vérité, c'était qu'elle ne comblerait jamais mon manque. Ce n'était pas elle qui avait laissé ce vide en moi. C'était mon père.

Pendant que je marchais, je vis deux voitures déraper dans la neige et passai devant une troisième qui avait terminé contre une barrière. Je poursuivis mon chemin, insoucieuse de l'endroit où il me menait, mais au bout d'une heure environ, je me retrouvai devant la maison de Maman. C'était généralement là que je me réfugiais quand ça n'allait pas.

J'entrai sans sonner et me rendis directement dans le salon, où je m'arrêtai brutalement. Neva était assise à côté de Maman, une tasse de café à la main. Elle pleurait.

— Neva !

Je ne sais pas pourquoi j'étais surprise. J'avais marché suffisamment longtemps pour qu'elle ait pu quitter son père et venir chez sa grand-mère. Je fus d'abord blessée de ne pas faire partie de sa liste de confidents, mais j'effaçai immédiatement cette pensée de mon esprit. Il n'était pas question de moi, mais de Neva. Et je n'aurais plus d'exigences envers elle. Plus jamais.

— Grace ! s'écria-t-elle. Je t'ai cherchée partout.
— C'est vrai ?

Je me sentis rougir. Même si je savais que ça n'aurait pas dû avoir d'importance, cela me faisait un plaisir fou.

— Je vais refaire du café, dit Maman en se levant lentement.

Je rejoignis Neva. Alors qu'elle m'avait semblée en transe une seconde plus tôt, son visage s'illumina puis s'affaissa sous mes yeux. Elle me tomba dans les bras.

— Chut, dis-je. Tout va bien, ma chérie. Tout va bien.

Elle pleurait tant que mes vêtements furent rapidement trempés de larmes. C'était bizarre de serrer ma fille de vingt-neuf ans dans mes bras. Elle me raconta que c'était terminé entre Patrick et elle. Que tout était sa faute. Elle me parla de l'obstétricien et de sa femme qui avait un cancer. Contrairement à Robert, je n'avais pas de paroles sages à lui offrir, seulement de la compassion. De la compassion et de la tristesse aussi, car elle n'était plus une enfant, et je ne pouvais pas faire disparaître sa souffrance comme par magie avec un baiser et de la crème glacée.

Maman revint avec du café peu de temps après.

— OK, dit Neva en se secouant. Je vais aux toilettes et quand je reviendrai, je me serai reprise. OK ?

Je hochai la tête et affichai un air confiant.

— OK, dis-je avec un sourire forcé.

Neva se leva. Elle bougeait lentement, prudemment, les genoux pliés sous le poids de son ventre. Il avait grossi depuis la dernière fois que je l'avais vue, j'avais du mal à croire qu'il lui restait encore un mois avant la date du terme. Tandis qu'elle se dirigeait lentement vers la porte, elle se mit à trembler de la tête aux pieds.

— Ça va, chérie ? Tu te sens bien ?

Elle hocha la tête en grimaçant.

— Oui, ça va. Juste quelques contractions de faux travail, c'est tout.

Elle sortit en se dandinant et je me tournai vers Maman.

— Comment va-t-elle ?

— Elle s'est fourrée dans un sacré pétrin, répondit-elle avec un soupir. Elle me rappelle quelqu'un.

J'éclatai de rire.

— Qui ? Moi ?

— De plus en plus ces derniers temps.

— Qu'elle ne t'entende pas dire ça.

— Trop tard. J'ai entendu.

Neva se tenait à la porte du salon, les jambes légèrement écartées. Une tache mouillée assombrissait la jambe de son pantalon de jogging.

— J'ai perdu les eaux.

Je me levai d'un bond. Elle avait un mois d'avance, ce n'était pas dangereux, seulement un peu tôt. J'observai la tache. Était-il possible qu'il s'agisse d'autre chose ? De nombreuses femmes avaient des problèmes de vessie vers la fin de leur grossesse. Peut-être...

— J'ai entendu quand elle s'est percée, et il y a pas mal de liquide, alors, j'en suis certaine, dit-elle. Et ç'a été immédiatement suivi d'une contraction si forte que je ne pouvais pas parler en même temps.

Maman, toujours réactive, se leva d'un bond.

— Et tu as dit que tu avais eu des contractions de faux travail ? répondis-je. À quelle fréquence et de quelle durée ?

Neva n'eut pas le temps de répondre ; la contraction suivante arriva. Elle se pencha en avant, pliée en deux, respirant lentement comme une femme à un stade avancé du travail. Maman et moi échangeâmes un regard horrifié.

— Elles étaient irrégulières jusqu'à il y a à peu près une heure, dit-elle quand la contraction eut pris fin. Depuis, je ne sais pas. Toutes les cinq minutes ou quelque chose comme ça. Je n'ai pas fait très attention. Je ne pensais pas que j'étais en travail.

Je m'efforçai de garder l'air calme, mais ce n'était pas ce que je ressentais et mon pronostic n'était pas bon. La neige dehors approchait un mètre de hauteur. La seule route jusqu'à l'hôpital était fermée. Et même si je pouvais pratiquer un accouchement à domicile les yeux fermés, ce bébé était prématuré de quatre semaines. Toutes mes clientes qui se mettaient en travail aussi tôt étaient transférées à l'hôpital.

Neva bougeait dans la pièce comme un robot, ramassant son téléphone, son manteau, ses clés.

— Que fais-tu, chérie ?

— Je réunis mes affaires. Nous devons aller à l'hôpital.

Elle fut prise d'une autre contraction. Son visage se tordit de douleur.

— La route de Beavertail est fermée, Neva. C'est le chaos dehors. Je ne mettrais pas mon pire ennemi sur la route.

— Alors que proposes-tu ? dit-elle après une autre contraction. Que j'accouche d'un bébé en siège ici ?

Mon sang ne fit qu'un tour. Avec tout ce qui s'était passé, j'avais oublié que le bébé de Neva se présentait par le siège. Cette pensée me terrifia. Si quelque chose n'allait pas avec le bébé et ma fille…

— J'appelle une ambulance, criai-je en me précipitant vers le téléphone. Maman, pourrais-tu l'examiner ? J'ai besoin de connaître la position du bébé, l'état du col, tout ça…

J'attrapai le combiné et tapai le numéro de toutes mes forces. Les quelques secondes précédant la sonnerie me semblèrent une éternité. Je n'entendais que les battements de mon cœur. Je me mis à faire les cent pas.

— Services d'urgence, comment puis-je diriger votre appel ?

— J'ai besoin d'une ambulance. Ma fille est en travail, son bébé se présente par le siège – elle en est à trente-six semaines. Elle a perdu les eaux, et les contractions sont de plus en plus fréquentes et douloureuses. Elle doit venir à l'hôpital, mais la route est coupée et nous sommes coincés.

— Où êtes-vous, madame ?
— Conanicut Island. À la pointe sud, vers la crique de Hull.

J'entendais taper sur le clavier.

— Elle est dilatée de cinq centimètres, Grace, lança Maman dans l'autre pièce.

— Et votre fille est en travail ? demanda la femme à l'autre bout du fil. Où en est-elle ? Est-elle en train de pousser ?

— Non ! Bien sûr qu'elle n'est pas en train de pousser. Elle est dilatée de cinq centimètres et ses deux dernières contractions étaient à trois minutes d'intervalle. Elle a perdu les eaux. Le bébé est en siège, répétai-je. Elle doit accoucher dans un hôpital.

— Est-elle à terme ?

Je dus me retenir pour ne pas hurler de frustration.

— Non, elle est à trente-six semaines, je vous l'ai dit.

— D'accord, répondit-elle en tapant. Restez en ligne s'il vous plaît, madame.

Je recommençai à faire les cent pas. Dans le salon, Neva était allongée sur un coussin, par terre, en proie à une nouvelle contraction. Maman était agenouillée à côté d'elle, une position difficile pour une femme de plus de quatre-vingts ans, mais elle avait l'air calme. Comme si accoucher d'un bébé en siège à domicile n'avait rien d'exceptionnel...

J'eus une soudaine épiphanie. J'avais complètement oublié. Maman avait mis au monde des bébés en siège au cours de sa formation de sage-femme, en Angleterre, dans des circonstances bien plus difficiles que celles-ci. C'était une pensée rassurante, mais je ne comptais tout de même pas faire naître ce bébé ici ce soir.

— Madame, vous êtes là ?
— Oui.
— J'ai commandé un hélicoptère pour votre fille, mais il y a de nombreuses urgences ce soir à cause du mauvais temps, et il n'arrivera peut-être pas à temps. Je vais demander à un obstétricien de rester au téléphone avec vous pour vous expliquer quoi faire, au cas où. En attendant, je vais avoir besoin que vous me donniez votre nom complet, votre adresse et deux numéros de téléphone pour vous contacter.

Neva recommença à gémir. L'angoisse me tordait le ventre. Il ne s'était pas écoulé plus de deux minutes depuis sa dernière contraction. Le bébé arrivait, et vite. Et ils allaient me passer un obstétricien *au téléphone* ?

— J'ai besoin que quelqu'un vienne *ici*. J'ai besoin d'équipement médical. Je n'ai jamais mis au monde un bébé en présentation par le siège.

Il y eut un silence à l'autre bout du fil.

— Vous avez déjà mis au monde d'autres bébés ?

Je dus me retenir de crier de frustration.

— Bien sûr ! Je suis sage-femme. J'ai mis au monde des centaines d'enfants. Mais c'est le bébé de ma fille. Il se présente par le siège avec quatre semaines d'avance. Nous ne pouvons pas la faire accoucher ici. Il nous faut une ambulance !

— Calmez-vous, madame, répondit-elle en tapant sur son clavier. Vous devez garder votre calme, pour le bien de votre fille. L'hélicoptère est commandé, mais nous devons aussi nous préparer pour le pire des cas. Si vous êtes une sage-femme expérimentée, alors ce scénario n'est pas noir.

Je me pris la tête dans les mains. Ce n'était pas possible. Cela ne pouvait pas arriver. Pas à Neva. Je voulais bien perdre le droit d'exercer mon métier et déclarer que j'étais coupable de négligence à l'ordre des sages-femmes. Je voulais bien me contenter d'un mariage sans sexe avec un mari qui me détestait. Je voulais bien renoncer à toute possibilité d'avoir un jour une relation proche avec Neva. Je voulais même bien oublier le père de son bébé. Mais je refusais de perdre ma fille.

Un cri de douleur aigu me fit revenir à la réalité et je courus dans le salon. Neva était à quatre pattes sur le sol et ne portait plus que son T-shirt. Elle avait le visage déformé par la douleur. Maman était agenouillée à côté d'elle.

— Ils envoient un hélicoptère ambulance dès qu'il y en aura un de libre.

— Ils ne seront pas là à temps, Grace, dit Maman. Le bébé est en train d'arriver.

26

Floss

L'annonce de l'arrivée imminente du bébé eut l'effet d'une onde de choc. Elle fut suivie par quelques secondes de silence, un silence qui se serait éternisé s'il n'avait été interrompu par un gémissement de Neva qui nous ramena toutes à la réalité.

— Tout de suite ? demanda Grace, le teint encore plus pâle que d'habitude. Non. C'est impossible.

— Le bébé arrive, confirmai-je. Et il se présente par les pieds.

Grace laissa tomber le téléphone et se précipita à côté de moi. Elle eut l'air horrifiée en voyant le bébé émerger. En effet, ce n'était pas le fessier qui se présentait, mais un pied. Les choses venaient de se compliquer un peu plus.

— Merde !
— Tu vas devoir mettre au monde ce bébé, ma belle, dis-je.
— Je ne peux pas. Tu as fait des accouchements par le siège, avant…
— Mais jamais par les pieds. Et je n'ai pas pratiqué depuis vingt ans, Grace.
— J'ai envie de pousser, dit Neva entre deux profondes respirations.

Elle jeta un coup d'œil désespéré à sa mère par-dessus son épaule.

— Grace, est-ce que je peux pousser ?

Grace et moi échangeâmes un regard. Neva avait décidé qui allait mettre au monde son bébé, et ce ne serait pas moi.

— Euh...

Grace était déjà en sueur. Elle ferma les yeux, poussa un long soupir et hocha la tête. Lorsqu'elle rouvrit les yeux, son expression était déterminée.

— Bientôt, chérie. Continue de faire le petit chien.

Elle se tourna vers l'escalier et hurla :

— Lil !

Lil apparut en haut de l'escalier.

— Vous m'avez appelée ?

— Oui, répondis-je. Pourrais-tu descendre une seconde ?

— Nous avons besoin de ton aide, dit Grace. Neva est sur le point d'accoucher ici. Nous n'avons pas le temps d'aller à l'hôpital et la route est fermée, de toute façon. J'ai besoin que tu ailles chez moi. Tu trouveras mon sac avec mes instruments sur le banc dans l'entrée. Il est stérile et prêt. Je veux aussi que tu prennes le forceps. Mes clés sont sur la table basse. Dépêche-toi. Nous n'avons que quelques minutes, pas des heures.

Grace avait parlé calmement, mais l'urgence qu'exprimait sa voix se lisait en écho sur le visage de Lil. Elle hocha la tête sans un mot. Malgré son âge, malgré le mauvais temps, malgré ce qui se passait entre nous, elle n'hésita pas une seconde. Je ne l'avais jamais plus aimée qu'à cet instant-là.

— Je ferai le plus vite possible, dit-elle.

Grace s'agenouilla.

— Maman, je vais avoir besoin que tu me guides étape par étape. Parle-moi comme à une étudiante ; fais comme si je ne savais rien. Je ne veux prendre aucun risque pour cet accouchement.

— D'accord, répondis-je. Nous allons avoir besoin de serviettes, d'un couteau et de quelque chose qui puisse nous servir de clamp si Lil ne revenait pas à temps. Neva, essaie de ne pas pousser, chérie. Je reviens tout de suite.

Je me hâtai d'aller dans la salle de bains tandis qu'une nouvelle contraction s'emparait de Neva. Mon cœur battait à toute vitesse. Un accouchement à domicile d'un bébé qui se présentait par les pieds ? Même quand j'étais encore en Angleterre, j'aurais appelé les secours pour un cas pareil. Et il ne s'agissait pas d'une patiente lambda mais de ma petite-fille.

En sortant de la salle de bains, je montai le chauffage. Il devait faire chaud dans la pièce, c'était important. Si le réflexe de surprise du bébé était activé par le froid, il pourrait commencer à respirer in utero et inhaler du liquide amniotique, ce que nous devions éviter à tout prix. Cela, je l'avais appris plus de cinquante ans auparavant, au cours de ma formation de sage-femme. Quels autres souvenirs de cette époque devrais-je faire remonter à la surface aujourd'hui ? Et me reviendraient-ils à temps, quand j'en aurais besoin ?

Le temps de retourner dans le salon, la jambe gauche du bébé était sortie jusqu'au genou. Grace semblait sur le point de paniquer.

— Maman, il me faut des instructions. Que dois-je faire ?

— Le plus important, c'est de laisser cet accouchement progresser spontanément, sans rien faire. Si tu tires, même un tout petit peu, cela pourrait modifier la flexion de la tête ou l'empêcher de tourner complètement. Pire, cela pourrait causer le relèvement des bras, rendant impossible un accouchement par voie basse. Alors, surtout, ne touche pas au bébé. Compris ?

Grace hocha la tête, mais elle avait les mâchoires serrées. Je la comprenais. Ce n'était pas naturel, pour elle ou pour toute autre sage-femme, de voir un bébé arriver et de ne pas pouvoir le toucher. Encore moins quand ce bébé était votre petit-enfant. En silence, nous regardâmes la toute petite jambe sortir du ventre de Neva. Grace avait les mains tendues à quelques centimètres du bébé.

— Et maintenant ? Je ne fais vraiment rien ?

— Tu ne fais rien, confirmai-je. Attends, c'est tout.

La jambe continuait de venir. J'avais un peu la nausée. J'avais déjà mis au monde des bébés par le siège, mais jamais par les pieds. Cela faisait partie de ce qu'on appelait, au cours de nos études, « les accouchements avec complications ». Ce qui était loin d'être idéal, au vu des circonstances. Si quelque chose ne se passait pas comme prévu... alors... je ne pouvais même pas y penser. Le bébé tourna en descendant et Grace et moi regardâmes en silence la fesse gauche apparaître, puis la droite. L'instant suivant – pop ! –, les deux jambes étaient dehors. Pour l'instant, tout allait bien.

— Lorsque tu verras le cordon ombilical, sors-en une petite boucle pour éviter qu'on tire dessus plus tard dans l'accouchement, dis-je à Grace.

Grace obéit. Le corps du bébé était presque complètement sorti, mais le plus difficile restait à faire.

— Avec la prochaine contraction, je veux que tu pousses, Neva, dis-je. De toutes tes forces.

Neva hocha la tête et agrippa le canapé. Et quand la contraction arriva, elle poussa. Je retins mon souffle, et je suis sûre que Grace fit de même. La contraction se termina. Deux autres suivirent. Neva poussa, et poussa encore. Les épaules n'étaient toujours pas sorties. J'étouffai un juron. La panique me gagnait, moi aussi.

— Les épaules ne sortent pas spontanément, tu vas devoir intervenir, dis-je à Grace.

Tout espoir d'un accouchement sans encombre avait disparu. Je n'avais plus qu'à prier pour que la naissance se fasse en sécurité.

— Tu peux extraire le bras antérieur en glissant deux doigts autour du cou du bébé, dis-je, le long de l'humérus jusqu'au coude. Puis tu passes le bras devant le visage et le torse du bébé. Fais la même chose pour l'autre bras.

Si Grace était angoissée, elle ne le montra pas. J'observai, émerveillée, tandis qu'elle faisait sortir les bras du bébé. C'était une technique compliquée, mais on aurait dit qu'elle l'avait pratiquée cent fois.

— Bien, dis-je. Très bien.

Il ne restait plus que la tête.

— Grace, la tête est-elle engagée ?

Son visage était trempé de sueur.

— Je... je ne sais pas.
— Vois-tu les cheveux ?
Elle regarda, puis secoua la tête.
— Non.
Je me penchai pour observer le petit torse soutenu par la main droite de Grace.
— Lâche le bébé.
Grace se tourna vers moi et me regarda comme si j'avais perdu la tête.
— Lâche-le, répétai-je. Si tu laisses le corps suspendu, son poids fera descendre le bébé et, avec un peu de chance, la tête s'engagera.
À contrecœur, Grace lâcha prise et resta immobile. Je ne sais même pas si elle respirait.
— Bien, dis-je. Avec la prochaine contraction, Neva, je veux que tu pousses de toutes tes forces, OK ?
Neva hocha la tête et agrippa le canapé. La contraction était déjà là. Lil n'était toujours pas revenue. Le travail progressait vite, et si quelque chose se passait mal, nous aurions désespérément besoin de ces instruments.
— OK, Grace, dis-je en me retournant. La tête est-elle engagée maintenant ?
Grace regarda, puis secoua la tête. Je serrai les poings.
— Qu'y a-t-il ? demanda-t-elle.
J'hésitai avant de répondre.
— Je suis un peu inquiète du diamètre de la tête.
Je n'en dis pas plus. Si la tête du bébé était trop large pour passer dans le bassin de Neva, elle aurait besoin d'une césarienne. Sinon, ils mourraient tous

les deux. Grace le savait. Et malheureusement, Neva le savait aussi.

— Non ! cria-t-elle. Mon bébé...

— ... ira très bien, chérie, dit simplement Grace. Et toi aussi. Je m'en assurerai.

Neva se calma immédiatement et, bizarrement, moi aussi. Il y avait quelque chose de rassurant dans l'attitude de Grace. Elle semblait contrôler la situation. Grace, qui fonctionnait à l'adrénaline, était en fait parfaitement calme sous pression.

— Maman, me demanda-t-elle. Quelles sont nos options ?

Je me posais exactement la même question.

— Si la tête est coincée, nous arriverons peut-être à la tourner de manière à la faire passer dans le bassin, répondis-je lentement.

Je pris le temps de réfléchir. Oui, cela pourrait marcher. Cette technique augmentait considérablement le risque de déchirure pour Neva, mais nous n'avions pas vraiment d'autre solution.

— Écoute-moi bien, c'est très important. Nous devons aider Neva à se retourner, afin que je puisse exercer une pression sur son abdomen quand elle commencera à pousser.

Neva, un instant plus tôt agenouillée à quatre pattes, était déjà en train de se retourner et de s'asseoir, appuyée en arrière. Grace l'aida. Dans ma tête, je récitai une prière rapide en les regardant faire.

— Maintenant, Grace, place ta main droite sous le bébé... Oui, comme ça. Glisse ton majeur dans sa bouche et tes autres doigts sur ses épaules. Parfait. Avec ton autre main, appuie contre l'arrière de la tête. J'appuierai en même temps sur le ventre de Neva. D'accord ?

La porte d'entrée claqua et Lil apparut à côté de moi, le sac de naissance de Grace à la main. Je l'ouvris et saisis le clamp, le cordon et les gants stériles. J'eus à peine le temps de tout sortir que la contraction suivante arriva.

— Grace, pousse un peu la tête vers le haut, tourne et tire vers le bas. Tu as compris ?

Je regardai Neva.

— Pousse, chérie. Pousse aussi fort que tu le peux.

Neva baissa la tête, posant son menton sur sa poitrine, et poussa de toutes ses forces. En même temps, j'appuyai fort sur son ventre. Les tendons de son cou ressortaient sous l'effort.

— Elle arrive, dit Grace d'une voix à peine plus forte qu'un murmure. La tête. Elle arrive.

À ce moment-là seulement, je me rendis compte que mes joues et mon chemisier étaient trempés de larmes. Je sentis un mouvement sous ma main tandis que la tête du bébé descendait dans le bassin. Grace souleva le torse du bébé et la tête apparut. Il était sorti.

Grace le mit directement dans les bras de sa mère. Le nourrisson à la chevelure noir de jais laissa échapper un petit miaulement.

— Félicitations, chérie, dis-je à Neva au moment même où un intense sentiment de déjà-vu s'emparait de moi. Tu as une petite fille.

27

Neva

La première chose que je reconnus en ouvrant les yeux fut la chaise d'allaitement dans un coin de la pièce. J'étais dans une chambre de la maternité de l'hôpital St. Mary. La deuxième chose que je reconnus fut la personne qui dormait, assise sur la chaise. Patrick.
— Salut.
Ma voix était si rauque que ce n'était guère plus qu'un murmure enroué, mais il ouvrit les yeux immédiatement, se leva d'un bond et s'approcha de moi. Il appuya sur le bouton d'appel.
— Salut, dit-il après s'être éclairci la gorge. Comment te sens-tu ?
Je cherchai du regard un petit lit.
— Où est mon bébé ?
— Dans la nursery, avec ta mère et ta grand-mère. Elle va bien. Ta mère ne l'a pas posée depuis la minute où elle est née. Nous étions bien plus inquiets pour toi. Tu as eu une déchirure du troisième degré et tu as perdu beaucoup de sang. Tu étais évanouie quand ils t'ont amenée ici.
Mon regard le trouva.
— Elle va bien ? Tu es sûr ?

— Je l'ai examinée moi-même. Elle pèse deux kilos sept et est en parfaite santé.

Patrick faisait son numéro de pédiatre rassurant. Je l'avais vu à l'œuvre avec des centaines de parents au cours des années où nous avions travaillé ensemble ; il réussissait toujours à les réconforter. Cela marcha même avec moi. Un peu.

Deux infirmières que je ne reconnus pas entrèrent dans la chambre.

— Nous avons bipé le Dr Hargreaves. Comment vous sentez-vous, Neva ?

— Bien. Je veux voir mon bébé.

— Leila est allée la chercher, répondit l'infirmière qui prenait ma tension. Pendant ce temps-là, laissez-nous vous examiner.

Au nom de Leila, je me tournai vers Patrick. C'était peut-être mon imagination, mais on aurait dit qu'il se retenait de sourire. Il s'assit sur le bord du lit pendant que l'infirmière prenait ma température et lisait ma tension. Lorsqu'il fut temps de vérifier mes saignements, elle se tourna vers Patrick, attendant clairement qu'il quitte la pièce. Mais il n'en fit rien. Je ne voulais pas trop interpréter, mais je m'en réjouis.

— Deux kilos sept, hein ? demandai-je tandis que les infirmières procédaient à leur examen sous le drap.

— Oui, répondit-il. Elle fait une bonne taille.

Surprise, je levai les yeux vers lui.

— Elle était à terme ?

Il hocha lentement la tête et je vis qu'il avait déjà fait ses calculs.

— Elle l'a peut-être même dépassé.

Il me fallut un moment pour digérer cette nouvelle.

— Elle est magnifique, poursuivit-il. C'est ton portrait craché, sauf qu'elle a les cheveux noirs et la peau mate. On dirait qu'elle est... espagnole ou grecque, ou quelque chose comme ça.

— Italienne, murmurai-je, les yeux dans le vague.

— Oui, ou italienne, dit-il. Enfin, je suis content que tu te sentes bien, dit-il. Tu m'as inquiété, tu sais. Ta mère est une héroïne, d'avoir réussi à faire naître par voie basse un bébé qui se présentait par les pieds. Quelqu'un a même suggéré de la nominer pour une récompense.

Cela me fit soudain revenir à la réalité.

— C'est vrai ?

Il hocha la tête.

— Écoute, je suis désolé pour...

— La voilà !

Je me tournai vers la porte. Leila venait d'entrer, poussant un couffin en plastique transparent à travers lequel je voyais une petite touffe de cheveux noirs et une pile de couvertures rayées rose et blanc.

— Je connais une petite fille qui avait hâte de voir sa maman, annonça-t-elle.

Elle prit le tout petit paquet dans ses bras et vint se placer à côté du lit.

— Félicitations. Elle est superbe.

La voix de Leila faisait comme une musique de fond ; je l'entendais, mais l'infirmière était hors sujet, je la remarquais à peine. Je ne voyais qu'une chose : la minuscule personne qu'elle tenait dans les bras. Ma fille. Encore plus parfaite que je l'avais imaginée. Je tendis les bras vers elle. Elle ne pesait pratiquement rien, comme un nuage de barbe à papa ou un bouquet de marguerites. J'avais envie de lui parler, de lui dire quelque chose, n'importe quoi, mais rien ne me venait. Il n'y avait pas de mots.

Je me rendis soudain compte que j'avais eu raison pendant tout ce temps. Lorsque je disais aux mères, pour les rassurer, que la manière dont le bébé venait au monde n'avait aucune importance. À cet instant, j'en étais persuadée. Mon bébé aurait pu m'avoir été envoyé de l'espace, cela m'aurait fait exactement le même effet. Ce moment spécial, je l'avais eu. Ma fille était à moi. Et j'étais à elle.

— Elle a ton menton, dit Patrick.

— Tu crois ? demandai-je en levant la tête. Je n'ai jamais fait très attention à mon menton. Il est joli ?

Il sourit d'un air attendri.

— Très joli.

— Il est *parfait*.

Grace se tenait à la porte de la chambre, un sourire radieux aux lèvres. Elle portait le même pull à col roulé et la même jupe à imprimé cachemire que la veille, tachée d'une grosse trace de sang sur le côté gauche. L'élastique rose fluo de sa queue-de-cheval ne retenait plus que quelques mèches de cheveux. Elle avait l'air épuisée. Et soudain, sans prévenir, de grosses larmes se mirent à couler le long de mes joues.

Grace traversa la chambre en trois grandes enjambées.

— Ne pleure pas, sinon c'est moi qui vais pleurer, dit-elle alors que quelques larmes s'étaient déjà échappées. C'est un jour heureux. Je suis grand-mère.

Nous nous regardâmes en souriant à travers nos larmes, puis baissâmes les yeux vers le bébé.

— Est-ce qu'elle a un prénom ? demanda Grace.

— Pas encore. Je n'avais choisi qu'un prénom de garçon.

— Quel était le prénom de garçon ?

— Robert. Robbie.

— Ton père aurait été ravi. Mais il est destiné à passer sa vie entouré de femmes, on dirait. Alors, pas de prénom de fille ?

— Non.

La vérité, c'est que j'avais plus ou moins choisi Florence quelques mois plus tôt. Je savais que Maman serait peut-être vexée, et c'était peut-être une des raisons de ce choix. Mais depuis, j'avais changé d'avis.

— Nous trouverons bien quelque chose, dis-je.

Je tournai la tête et remarquai que Patrick avait quitté la chambre sans un mot.

— Je veux dire... Je trouverai bien quelque chose.

— Il est sûrement juste allé aux toilettes, chérie.

Je regardai Grace et vis qu'elle m'observait d'un air plein de compassion. Elle hocha la tête pour me rassurer, mais je ne partageais pas son optimisme.

— Neva, dit-elle, je veux te demander quelque chose. Pourquoi ne m'en as-tu pas parlé ? De ta grossesse et du bébé ? Je comprends pourquoi tu ne voulais rien dire à Patrick, ou à tes collègues de l'hôpital. Mais pourquoi pas à moi ? Je ne t'aurais pas jugée, tu sais.

— Oui, répondis-je. Je le sais.

— Alors... pourquoi ? Tu n'es pas obligée de répondre...

— Non, c'est bon, dis-je en soupirant. Ça peut paraître bizarre, mais... j'avais l'impression que si j'en parlais, cela ne m'appartiendrait plus. J'avais déjà du mal à me faire à l'idée, et je savais que si je te le disais, tu voudrais être impliquée. Mais je ne voulais pas partager. Je croyais que si je ne gardais pas ce secret pour moi, je perdrais... non pas le bébé, mais... moi-même. Et je ne voulais pas. Pour mon bébé.

Je levai les yeux vers elle, certaine de l'avoir blessée. Mais ce que je vis sur son visage était tout autre chose. Cela ressemblait plutôt à de la fierté.

— Est-ce que tu comprends ? demandai-je.

Elle posa une main sur les miennes.

— Je comprends parfaitement. Protéger ton bébé, écouter ton instinct... c'est ça, être mère. J'ai l'impression que tu seras une très bonne mère.

— Maman, ne me refais pas pleurer.

C'était la première fois depuis des années que je l'appelais Maman. Et bizarrement, je ne le ressentis pas bizarrement du tout.

Je me souvins soudain que je ne lui avais pas tout raconté.

— Mais, Maman, le bébé était à terme. Ce qui veut dire que Sean n'est pas le père. Le père est un type avec qui je suis sortie un soir, un mois avant qu'il se passe quoi que ce soit avec Sean. Pas marié. Comptable. Un Italien. Qui a maintenant une relation très sérieuse.

Je m'attendais que Maman se mette à crier, insiste pour que je lui en dise plus, ou fasse une remarque extravagante. Mais elle resta muette et attendit.

— Il faut que je lui dise.
— Maintenant ?
— Il est déjà bien trop tard, répondis-je.
— D'accord, dit Grace. Tu as son numéro ?

J'avais du mal à croire que cette femme modérée et raisonnable qui se tenait devant moi était ma mère.

— Oui.
— Je vais chercher ton téléphone portable.

Elle traversa la chambre pour aller le prendre dans mon sac à main puis me le rapporta. Après avoir fait quelques pas en direction de la porte, elle se retourna.

— Tu sais... les enfants sont des petites personnes très tolérantes. Bien plus que les adultes. Certains ont deux mamans ou deux papas. Ils peuvent avoir des demi-frères et sœurs, ou des frères et sœurs adoptés. Ils ne remettent pas les choses en question. Les parents biologiques sont importants, bien sûr, mais moi, je dis que plus il y a de gens pour aimer un enfant, mieux c'est, dit-elle en me regardant droit dans les yeux. Il ne t'a pas quittée, tu sais. Patrick. Il voulait être là à ton réveil.

Il me fallut un moment pour comprendre ce qu'elle disait. Je crois que je n'osais pas la croire. Mais quand, enfin, ses paroles résonnèrent dans mon esprit et firent sens, elle avait quitté la pièce.

28

Grace

Après avoir quitté la chambre de Neva, je parcourus les couloirs à la recherche d'une machine à café. En passant devant la nursery, je ne pus me retenir d'y jeter un coup d'œil. Les nouveaux parents et grands-parents étaient alignés en rang d'oignon devant la vitre, montrant du doigt leur bébé. Je ressentis une petite pointe de tristesse. Le père de ma petite-fille n'était pas là pour faire de même. Il ne savait pas encore qu'elle existait.

J'étais sur le point de gagner la salle d'attente en face de la nursery, quand je remarquai que Patrick faisait partie de la petite foule qui regardait les bébés. J'allai le rejoindre et lui touchai l'épaule.

— Grace, dit-il. Re-bonjour.

— Allez-vous entrer ? demandai-je.

— Non, c'est juste un tour d'observation. Je ferais mieux d'y retourner.

Il souleva son sac vers sa tête. J'ouvris la bouche pour parler, mais il fut plus rapide que moi.

— Félicitations, dit-il. Vous avez une fille magnifique.

Sur le moment, je crus qu'il avait voulu dire « petite-fille ». Mais en y réfléchissant, je n'en étais plus si sûre. Patrick était clairement amoureux de ma fille. Et même s'il était bien plus difficile de lire en Neva, je savais qu'elle l'aimait aussi. J'eus soudain envie de l'attraper par les épaules et de le raccompagner de force jusqu'à la chambre de Neva. Je les obligerais à s'avouer leurs sentiments l'un pour l'autre et ils vivraient heureux pour le restant de leurs jours. Mais je résistai à cette pulsion. C'était leur vie. Ils devaient régler eux-mêmes leurs problèmes.

Je regardai Patrick s'éloigner le long du couloir. Puis, en attendant les cafés, j'envoyai un message à Robert.

Maman et bébé réunis. Tout va bien. xxx G

Une fois qu'on nous eut assuré que Neva et son bébé étaient tirés d'affaire, je l'avais envoyé à l'appartement de Neva pour aller lui chercher des affaires et dans les magasins acheter des pyjamas et des bodys pour le bébé. Cela faisait des jours, des semaines, même, que nous nous parlions à peine, et cela m'attristait. Nous étions devenus grands-parents, et je désirais plus que tout partager cela avec lui. Je continuai de regarder mon téléphone portable, prise de l'envie de l'appeler, mais je décidai finalement de ne pas le faire. Je remis le téléphone dans mon sac et emportai les cafés.

Maman se trouvait dans la salle d'attente des familles, quasiment vide, à l'exception d'une jeune femme qui montrait un vieux livre d'images à un petit garçon. Maman feuilletait un magazine posé sur ses genoux en regardant par la fenêtre. Elle se leva en me voyant entrer.

— Comment va-t-elle ?
— Elle se repose, répondis-je en lui tendant un gobelet.
Elle se rassit.
— Et le bébé ?
— Adorable.
Je m'assis à côté d'elle et nous bûmes chacune notre café en silence.
— Encore plus adorable que tu pourrais l'imaginer. Neva est en train d'appeler le père de sa fille pour lui révéler son existence.
Maman se tourna vers moi d'un air étonné, mais je me contentai de hausser les épaules. Je n'avais pas la force de tout lui raconter en détail. Mais lorsque ses yeux s'éternisèrent sur mon visage, je compris qu'elle ne me demandait pas d'informations. C'était elle qui avait quelque chose à me dire.
— Maman, qu'y a-t-il ?
— Je pensais que… je devrais peut-être prendre modèle sur le courage de ma petite-fille et avouer certaines vérités, moi aussi.
— « Certaines vérités » ? répétai-je en riant. Quand n'as-tu pas dit la vérité ?
Je m'attendais à la voir sourire, mais elle semblait tout à fait sérieuse.
— Maman ?
— Grace, dit-elle. Je sais que cela va être difficile, mais il y a des choses que tu dois savoir à propos de ton père.
Elle prit une profonde inspiration.
— Et de ta mère.

29

Floss

Kings Langley, Angleterre.
1954

Le feu dans la cheminée n'était plus qu'un amas de braises, et il faisait presque aussi noir dans la chambre que dans les champs au-dehors. Elizabeth était allongée, paisible, son visage froid entre mes mains. J'avais l'impression de vivre un cauchemar qui ne se terminerait jamais. Evie tenait toujours le poignet d'Elizabeth, mais je savais que cela faisait longtemps qu'elle ne sentait plus son pouls. Pourtant, j'avais toujours l'impression tenace qu'à tout moment, la main d'Elizabeth bougerait, ou que ses yeux s'ouvriraient soudain. Elle était vivante quelques minutes plus tôt. Elle avait donné la vie quelques minutes plus tôt. Cela ne pouvait pas se terminer ainsi.

« Elle ne peut pas être partie, dis-je en jetant un regard désespéré à Evie. Elle ne peut pas. »

Evie lâcha le poignet d'Elizabeth.

« Cela fait six minutes, Floss. Six minutes que son cœur ne bat plus. »

Elle se leva et marcha jusqu'à la fenêtre. Dehors, on ne distinguait pas la moindre lumière. Il n'y avait pas un bruit à des kilomètres à la ronde, maintenant que le feu ne crépitait plus dans la cheminée.

« L'une de nous deux va devoir aller à la cabine téléphonique », dit-elle.

Ses paroles, prononcées froidement, me firent perdre la tête.

« Non. Non ! Ce n'est pas terminé.

— Si, ça l'est », répondit simplement Evie.

Même si je ne voulais pas savoir, je savais. J'avais beau tout nier en bloc, c'était terminé.

« Qui allons-nous appeler ? demandai-je en essuyant une larme qui coulait sur ma joue. Sœur Eileen ? La police ?

— Les deux. Et Bill. »

Rien que le son de son nom provoqua en moi une réaction physique d'une violence que je n'aurais pas soupçonnée. J'avais l'impression que mon cœur était comprimé par mes côtes, comme un ballon trop gonflé.

« Maudit soit cet homme ! Qu'il pourrisse en enfer ! »

Dans le couffin, le bébé se mit à pleurer et, sans réfléchir, je le pris dans mes bras et le serrai contre ma poitrine. Le corps d'Elizabeth gisait sans vie sur le lit. Mon amie, cette beauté éclatante à la chevelure de feu, était partie. Si maigre et pâle, avec un gros ventre mou. J'aurais voulu lui donner un bain, lui peigner les cheveux et l'envelopper dans une couverture chaude. Mais ce n'était pas ce dont Elizabeth avait besoin de ma part. Elle avait besoin de quelque chose de bien plus important.

« Et Grace ? » demandai-je.

Evie continuait de regarder par la fenêtre.

« Grace ?

— Elizabeth, répondis-je en regardant le bébé dans mes bras. Elle a dit qu'elle voulait lui donner le prénom de sa mère.

— Eh bien, c'est à Bill de décider.

« Certainement pas ! »

Cette fois, Evie se retourna.

« Je ne confierai pas cet enfant à cet homme, Evie. Il faudra me passer sur le corps.

— Quel autre choix avons-nous ? » s'écria-t-elle.

Quand je ne répondis pas, elle fronça les sourcils.

« Que suggères-tu, Floss ? »

Je n'étais pas sûre de ce que j'allais dire. Mais une seconde plus tard, je m'entendis déclarer :

« Nous lui dirons que le bébé est mort aussi. »

Evie me regarda droit dans les yeux.

« C'est de la folie. De la folie pure. »

Mais le ton lent et mesuré sur lequel elle avait parlé trahissait ses sentiments. Elle n'était pas persuadée que ce soit de la folie.

« Je vais l'emmener maintenant, à vélo, répondis-je en parlant très vite. Tu as le certificat de naissance. Écris mon nom sur la ligne « nom de la mère ». Je quitterai la ville ce soir, j'irai dans un autre village, un autre pays s'il le faut. Je dirai que je l'ai eue hors mariage, ou que je suis veuve. Je l'élèverai comme si elle était ma fille.

— Floss...

— J'ai pris ma décision. Tu ne me feras pas changer d'avis. »

Evie resta silencieuse. Je reposai le bébé dans le couffin et, les mains tremblantes, rassemblai mes affaires. Le lait en poudre, la seringue, une couche. Je sentais le regard d'Evie sur moi, mais je ne levai pas les yeux vers elle. Je devais me concentrer sur ce que j'avais décidé de faire. Quand je posai les mains sur la couverture en laine qu'Elizabeth avait tricotée, j'hésitai soudain.

« Prends-la. »

Elle avait parlé si doucement que je n'étais pas sûre de l'avoir vraiment entendue. Lentement, je levai les yeux vers Evie.

« Prends-la, répéta-t-elle. Le temps qu'il rentre, avec un peu de chance, Bill sera bien trop ivre pour se rendre compte que le bébé n'est pas là. Un long trajet t'attend. Couvre-la bien. »

Nos regards se croisèrent.

« Tu as raison, répondis-je en prenant la couverture. Elizabeth m'a dit un jour qu'il ne se rappelait rien quand il avait trop bu. Il aura même probablement oublié qu'il était censé avoir un bébé. »

Je finis de tout empiler dans mon sac. Lorsque je levai la tête, Evie m'observait fixement.

« Qu'y a-t-il ?

— Elizabeth a dit ça ? Que Bill ne se souvenait de rien après avoir bu ? »

Je hochai la tête.

Evie semblait calme et contemplative. J'ignorais à quoi elle pensait. Elle alla chercher son sac et en sortit des papiers, puis s'assit à la table de la cuisine. Je pris Grace dans mes bras et la rejoignis.

« Certificat de naissance, dit-elle en griffonnant sur la page. Je l'ai daté d'il y a deux semaines, pour que les gens ne se demandent pas ce que tu fais dehors avec un nouveau-né. »

Elle était calme, contrôlait parfaitement la situation. Bien mieux que moi. Elle me tendit le papier.

« Que vas-tu faire, Evie ? » demandai-je.

Elle jeta un regard en direction d'Elizabeth, puis du bébé paisible dans mes bras.

« La même chose que toi, répondit-elle. M'assurer que Bill ne mette jamais la main sur ce bébé. »

Il me fallut plus d'une heure pour tout raconter à Grace, qui se contenta de m'écouter sans jamais m'interrompre, s'énerver ou éclater en sanglots. J'aurais préféré qu'elle réagisse, qu'elle fasse quelque chose qui lui ressemblait, qui ressemblait à ma fille, la Grace que je connaissais. Mais bien sûr, elle ne l'était plus.

— Alors, qu'as-tu fait ensuite ? demanda-t-elle. Après avoir quitté la maison ?

Elle avait parlé d'une voix distante, qui ne semblait pas lui appartenir.

— Je t'ai bien emmitouflée, je t'ai installée dans le panier de mon vélo et j'ai pédalé plus vite que je n'avais jamais pédalé de ma vie. Je suis arrivée à la pension juste avant le lever du soleil, j'ai fait mes bagages dans le noir et pris le premier train pour Londres.

— Et ensuite ?

— Je suis allée chez mes parents. Je leur ai dit que je t'avais eue hors mariage. Ils étaient irlandais et catholiques, et je savais que ce serait le seul argument qui les convaincrait de payer mon passage en Amérique. Pour mon père, avoir une fille non mariée avec un bébé était un désastre. Je suis restée chez eux deux semaines, juste le temps d'obtenir un passeport pour toi et moi, puis ils m'ont accompagnée au bateau. Et voilà.

Grace resta longtemps silencieuse, plus longtemps qu'elle ne l'avait jamais été en ma compagnie. Ses doigts glissaient le long de ses jambes et de sa jupe longue.

— Pourquoi Evie n'a-t-elle pas pris le bébé ?... Moi.

Sa question m'estomaqua. Au cours de toutes ces années, cette idée ne m'était jamais venue à l'esprit.

— Je ne sais pas trop. Parce qu'elle était fiancée, j'imagine. Elle n'aurait pas pu revenir avec un bébé du jour au lendemain. Moi, j'étais célibataire. Rien ne me retenait. Personne ne savait que j'avais été chez Elizabeth cette nuit-là. Evie était sa sage-femme, je n'y étais allée que parce que Elizabeth me l'avait demandé. Je suppose que c'était pour ça, dis-je en réfléchissant. Cela doit paraître étrange, mais en fait je pense que pour toutes les deux... Dès l'instant où Elizabeth est morte, il était évident que tu m'appartenais.

Je sentis qu'à ces mots, le moral de Grace s'était légèrement amélioré, mais très légèrement. Nul autre que moi ne l'aurait remarqué. J'aimais à penser que seule sa mère en était capable.

— Que s'est-il passé quand mon père est rentré, a trouvé sa femme morte et n'a pas vu son bébé ?

— Pendant longtemps, je ne l'ai pas su, avouai-je. Il m'a fallu deux ans avant d'oser écrire à Evie. Six semaines plus tard, j'ai reçu sa réponse.
— Et ?

La lettre se trouvait encore dans la poche avant de mon sac à main. Je l'en sortis.

— Cela contient les réponses que tu cherches, ma chérie.

Au cours des années, j'avais appris à deviner ce que pensait ma fille. Mais tandis que le regard de Grace passait de la lettre à moi, cette capacité m'avait soudain quittée. Elle finit enfin par déplier le feuillet. Et j'avais beau connaître son contenu par cœur, je ne pus m'empêcher de la lire en même temps qu'elle par-dessus son épaule.

Très chère Floss,
Après deux ans, j'avais presque abandonné l'espoir d'avoir un jour de tes nouvelles. J'ai été folle de joie de recevoir ta lettre et d'apprendre que toi et Grace allez bien et êtes en bonne santé. J'ai aussi été heureuse d'apprendre que tu es toujours sage-femme. Je n'étais pas sûre de continuer moi-même, après ce qui s'était passé cette nuit-là. Je pensais que chaque nouvelle mère me rappellerait Elizabeth, et que chaque nouveau bébé me rappellerait Grace. Je me suis longtemps sentie coupable de la mort d'Elizabeth. Mais je crois que c'est justement notre métier qui m'a donné la force de continuer, tu ne crois pas ? Il y a quelque chose dans le fait d'aider à amener une nouvelle vie dans le monde qui aide à réparer les vieilles blessures. J'espère que cela t'a autant réconfortée que moi.

Après ton départ, j'ai harcelé ta pauvre mère pendant des mois. Le plus difficile dans le fait de ne pas savoir, c'était de ne pas pouvoir vous imaginer, toi et Grace. Étiez-vous en train de marcher sur une plage quelque part ? De vous balancer sur un rocking-chair sur le porche d'une maison ? De vous débattre dans la neige et le froid ? Je me rends compte, bien sûr, que je ne suis pas la seule à ignorer des choses importantes. Je suis certaine que tu as dû te demander de nombreuses fois ce qui s'était passé après que tu étais partie sur ton vélo dans la nuit avec Grace. Et, même si ce sont des souvenirs que je n'aime pas me rappeler, je sais que c'est nécessaire, afin que nous puissions toutes les deux refermer ce chapitre.

Quand tu es partie, j'ai baigné Elizabeth. Je l'ai coiffée et ai changé les draps et ses vêtements. C'était peut-être bête, mais après ce que Bill lui avait fait vivre, je voulais qu'elle retrouve sa dignité dans la mort. Une voiture est arrivée juste après le lever du soleil. Le gérant du pub avait ramené Bill, et je les entendais chanter dehors. Je m'assurai que mon vélo était devant la maison, là où on pouvait le voir, et sortis par la porte arrière. Une fois que Bill a été à l'intérieur et que la voiture a été partie, j'ai pris mon vélo et ai parcouru les quelques kilomètres qui me séparaient de la cabine téléphonique.

J'ai prévenu sœur Eileen qu'Elizabeth avait accouché d'une petite fille en bonne santé avant de mourir, et que je l'avais laissée dans les bras de son père. Je lui ai aussi dit que Bill était saoul et complètement bouleversé, et que je m'inquiétais du sort du bébé. Sœur Eileen, le Dr Gregory et le sergent Lynch sont venus me chercher à la cabine quinze minutes plus tard. Lorsque nous sommes arrivés à la maison, Bill avait disparu. Des recherches ont immédiatement été lancées, et il a été retrouvé plus tard dans la matinée, ivre mort, endormi dans un fossé au bord de la route à côté de Wharton's Creek. Tout le monde a aussitôt cru que, de chagrin, il avait noyé le bébé. Je crois que Bill lui-même l'a cru, car il n'a jamais nié ma version des faits. Cette fois, son alcoolisme et ses trous de mémoire qui effrayaient tant Elizabeth m'ont bien servie.

Bill a été inculpé, mais pas condamné. Sans un corps ou un témoin, ils n'avaient pas assez de preuves contre lui. Mais tout le monde pensait qu'il était coupable. Il a dû quitter la ville. Battre sa femme était une chose, noyer un bébé en était une autre, surtout dans un petit village comme Kings Langley. J'aime à penser que Bill a eu ce qu'il méritait, mais qui sait ? Le plus important, c'est qu'il n'ait pas eu Grace.

C'est drôle, j'ai probablement vu une centaine de femmes devenir mères au cours de ces deux dernières années. Mais tu dois savoir que rien ne m'a autant marquée que le moment où je t'ai vue le devenir. Je l'ai remarqué immédiatement à la manière dont tu regardais Grace, dont tu la tenais contre ton cœur. C'est peut-être bizarre, mais… j'ai presque l'impression qu'elle avait toujours été tienne.

Vous deux serez toujours dans mes pensées.
Ton amie,

Evie.

— Est-il...

La voix de Grace, très rauque, se brisa, mais elle s'éclaircit la gorge et reprit :

— Bill, est-il toujours en vie ?

— Non, chérie. Evie m'a écrit il y a quelques années pour me dire qu'il était mort.

Grace hocha la tête, sans un mot. Son visage était sec, neutre. De sa part, j'aurais pu accepter n'importe quelle émotion – et je les avais toutes vues –, mais l'absence d'émotion, c'était une autre histoire.

— Pourquoi ne m'as-tu rien dit avant ? demanda-t-elle.

Il y avait plusieurs réponses à cette question. Je m'inquiétais pour elle et pour sa sécurité. Je ne voulais pas qu'il l'approche. J'avais peur des conséquences légales de ce que j'avais fait. Mais aucune de ces réponses n'était la vérité.

— J'avais peur, si je te le disais, que tu ne me considères plus comme ta mère.

Je me sentais bête de lui dire cela, mais attendre qu'elle me rassure me semblait encore plus bête. Pourtant, je ne pouvais m'en empêcher, j'en avais besoin. Je voulais qu'elle me dise, *Tu es ma mère. Tu seras toujours ma mère.* Mais elle ne me rassura pas. Elle ne dit rien. De honte, j'aurais voulu baisser la tête, me cacher le visage dans les mains. Mais je me forçai à soutenir son regard. Il ne s'agissait pas de moi et de mon besoin de sentir que j'étais encore sa mère. Il s'agissait de Grace.

— Suis-je... comme lui ? demanda-t-elle. Comme Bill ?

— Non. Tu es comme Elizabeth, répondis-je malgré l'effort que cela me coûtait. Tu ressembles beaucoup à ta mère.

— C'est vrai ?

— Physiquement, oui, mais dans ta personnalité aussi. Elizabeth était drôle et pleine de vie. Elle était aimante et aventureuse. Une sage-femme, elle aussi. C'est elle qui vous a donné, à toi et Neva, votre magnifique couleur de cheveux.

Grace releva soudain la tête et observa son reflet dans le miroir. Elle tourna la tête d'un côté, puis de l'autre. Comme si elle se voyait pour la première fois.

Ses lèvres se relevèrent légèrement. Ce n'était pas un sourire, pas exactement. Mais pas non plus cet air perdu et vide que j'avais vu sur son visage quelques instants plus tôt. Je me demandai si Lil n'avait pas raison. Ce n'était peut-être pas le manque de père qui avait tant fait souffrir Grace. C'était peut-être le secret.

30

Neva

Mark se tenait à la porte de la chambre, hésitant visiblement à entrer. Il n'avait pas changé. Grand. Brun. Propre sur lui. Pourtant, je faillis ne pas le reconnaître tant il avait l'air froid et incrédule.

— Entre, dis-je.

Il observa la pièce. Mark n'était pas bête. J'étais assise sur le lit, bien droite et relevée par plusieurs oreillers. Ma fille dormait dans mes bras. Pas besoin d'être un génie pour comprendre qu'on n'appelait pas un ancien amant avec qui on n'avait eu qu'un seul rendez-vous pour venir vous rendre visite à la maternité si on n'avait pas à lui annoncer une nouvelle qui lui ferait l'effet d'une bombe.

Il entra dans la chambre prudemment, comme si à chaque pas, il risquait de marcher sur une mine. Son regard trouva immédiatement le bébé.

— Est-ce que c'est un garçon ou une fille ?

— Une fille.

— Et je suis son père ?

— Oui.

Il étouffa un juron et se retourna violemment.

— Pourquoi ne m'as-tu rien dit ? s'écria-t-il.

— Je ne pensais pas que tu étais le père. Mais elle est née hier soir... et elle est à terme. Une bonne capacité pulmonaire, une taille normale. Les cheveux noirs. Elle est de toi, c'est clair.

Il fit quelques pas en direction de la porte, mais il se retourna abruptement.

— Tu ne prends pas la pilule ?

— Non, répondis-je. J'ai une maladie, des ovaires polykystiques, donc très peu de chances de tomber enceinte spontanément. C'était juste...

Mais en regardant ma fille, je ne pouvais pas parler de malchance. Je laissais ma phrase en suspens, et Mark ne sembla pas le remarquer.

— Mais tu es sage-femme ! s'exclama-t-il. Comment as-tu pu mal calculer la date et te tromper d'un mois ?

— À cause de mon problème, j'ai rarement mes règles. Je me suis basée sur la taille du bébé... En fait, elle était petite.

Mark avait l'air désespéré. Il alla se tenir devant la fenêtre embuée et plaça les deux mains sur le rebord.

— Et l'autre type, celui que tu croyais être le père ? Lui as-tu annoncé la bonne nouvelle ?

— Je ne lui ai jamais rien dit. Il était marié et... c'était compliqué. Je pensais qu'il n'avait pas besoin de le savoir.

— Il a bien de la chance, dit Mark en me lançant un regard furieux. J'ai demandé à Imogen de m'épouser la semaine dernière. Nous sommes fiancés. Et puis, comment suis-je censé savoir si tu dis la vérité ou si tu mens ?

C'était une bonne question. Après tout ce que je lui avais fait, comment pouvait-il me croire sur parole maintenant ? Il me connaissait mal, et tout ce qu'il savait de moi était que j'étais une menteuse qui venait de bouleverser sa vie pour toujours.

— Nous allons sûrement devoir faire un test de paternité, dis-je.

— Oui, répondit-il.

Nous restâmes silencieux plusieurs minutes. J'avais envie de lui parler, de le supplier de me pardonner, de me jeter à ses pieds et d'implorer sa pitié. Mais ce qui comptait, ce n'était pas moi.

— Est-ce que je peux la prendre dans mes bras ? demanda-t-il.

Instinctivement, je serrai mon bébé un peu plus fort contre moi. Mais je me forçai à relâcher mon étreinte. Mark était son père ; il avait parfaitement le droit de la prendre. Il avait même bien d'autres droits en tant que père, et je les lui avais tous reniés jusqu'à présent. Et pourtant, il était là devant moi, attendant patiemment ma permission.

— Oui, dis-je. Bien sûr.

Je lui tendis le bébé et il ouvrit de grands yeux, comme s'il ne pouvait pas croire que j'aie accepté. Il la prit dans ses bras avec une prudence et une douceur incroyables, sans oser faire le moindre mouvement. On aurait dit un enfant portant une tasse de café chaud.

— Elle ressemble à ma mère, dit-il à voix basse.

— C'est vrai ?

Il hocha la tête sans quitter le bébé du regard.

— Elle est morte il y a deux mois.

Je fermai les yeux. Une personne de plus qui avait souffert à cause de moi. Au plus profond de moi, je sentis que j'avais pris une décision grave.

— Comment s'appelait-elle ? Ta mère ?
— Mietta.
— Mietta, répétai-je. Oui, ça me plaît.

Mark leva la tête une fraction de seconde. Puis il baissa vers le bébé des yeux embués de larmes.

— Est-ce que c'est ton prénom ? demanda-t-il à la petite. Mietta ?
— Si tu es d'accord, j'aimerais l'appeler Mietta Grace, dis-je. Comme ça, elle portera les prénoms de ses deux grands-mères.
— Je suis d'accord, répondit-il.

Nous restâmes ainsi, à regarder notre fille sans un mot, jusqu'à ce que quelqu'un nous interrompe en s'éclaircissant la gorge. Mark et moi levâmes la tête en même temps. Patrick se tenait devant la porte de la chambre. Il portait sa carte d'identification de l'hôpital autour de son cou, probablement pour circuler tranquillement dans la nursery. On ne rigolait pas avec la sécurité dans une maternité.

— Pardon, dit-il. Je ne savais pas que tu avais de la compagnie.
— Pas de problème, docteur, dit Mark. Je ne vais nulle part, alors vous devriez l'examiner maintenant.

Mark avait déjà tourné la tête vers Mietta, il ne remarqua donc pas que les joues de Patrick avaient rosi.

— Oh..., dis-je à voix basse. Non... ce n'est pas le docteur. Enfin, il est docteur, mais en fait il est...

Je ne savais pas quoi dire, alors je ne dis rien.

— Patrick Johnson, dit-il en me regardant. Et vous êtes... ?

Mark fit glisser le bébé un peu plus haut le long de son bras, libérant ainsi une main qu'il tendit à Patrick. Il lui sourit, inconscient de ce qui se passait entre Patrick et moi.

— Mark Bartolucci. Je suis le père du bébé.

Je n'avais jamais vu Patrick bouche bée auparavant. Peut-être son expérience avec les jeunes parents anxieux lui avait-elle appris à savoir quand sourire ou faire une blague, ou juste quoi dire à quel moment. Mais cette capacité l'avait complètement déserté à présent.

Mark leva vers moi un regard confus. Il commençait à comprendre qu'il se passait quelque chose.

— Mark, pourrais-tu nous laisser une minute, s'il te plaît ? demandai-je.

Je crus qu'il allait refuser, ce qui aurait été compréhensible étant donné qu'il venait juste de rencontrer pour la première fois la fille dont il découvrait à peine l'existence. Mais, à contrecœur, il finit par me rendre Mietta.

— Je crois en fait que je vais y aller, Neva. Il faut que je parle à... ma famille. Je t'appellerai demain et nous pourrons euh... nous organiser.

Vaguement, je me rendis compte que je n'avais même pas réfléchi à cela mais je ne voulais pas penser à tous ces détails maintenant.

— OK, dis-je. Nous en parlerons demain.

Je fus étonnée de le voir se pencher en avant et planter un petit baiser maladroit sur le front de Mietta. Il resta penché au-dessus d'elle pendant quelques instants, je crois qu'il sentait son odeur, puis murmura « À bientôt ».

— Alors, c'est lui ? dit Patrick après son départ. Il a l'air d'un type bien.

— Il est fiancé, répondis-je sans savoir pourquoi.

Patrick poussa un soupir.

— Alors, que va-t-il se passer maintenant ?

Le projet que Patrick et moi avions formé de nous partager la garde du bébé et de travailler tous les deux à mi-temps me semblait maintenant trop beau pour être vrai.

— Je vais rentrer chez moi, je pense. Commencer ma nouvelle vie avec ma fille.

Il hocha la tête. Je voulais qu'il dise qu'il serait là. Que tous les projets que nous avions faits ne changeraient pas, et que ce n'était que le début pour nous. Mais il ne le fit pas.

— Tu seras une très bonne mè…

— Patrick ?

Les mots quittèrent ma bouche avant que j'aie eu le temps de savoir ce que j'allais dire.

— Oui ?

Soudain, j'étais perdue. Que voulais-je lui dire ? Reste ? Remontons le temps et recommençons de zéro, comme s'il ne s'était rien passé ? Je sais que ce que j'ai fait était impardonnable, mais… peux-tu me pardonner ?

— Pourrais-tu rester un petit moment ?

En réfléchissant bien, c'était la seule chose que je pouvais lui demander. Il refuserait peut-être, mais cela, je pouvais l'accepter. Je ne pourrais pas accepter qu'il dise non à une vie avec ma fille et moi.

Un léger sourire se dessina sur son visage.

— Oui. Je peux rester un petit moment.

31

Grace

C'était la journée des lettres.

Lorsque je rentrai de l'hôpital, une lettre m'attendait sur la table de l'entrée. Je n'avais pas besoin de mes lunettes pour reconnaître l'en-tête sur l'enveloppe. Elle venait de l'ordre des sages-femmes. J'attendais la poussée d'adrénaline, de joie ou de peur. L'anticipation. La trépidation. Mais rien. J'avais du mal à croire que, rien qu'un jour plus tôt, toute ma vie ne tenait qu'au contenu de cette lettre. J'avais toujours envie d'exercer mon métier de sage-femme. Je le voulais plus que tout. Mais, d'une certaine manière, la lettre que j'avais maintenant dans mon sac à main avait tout remis en perspective.

Dans le salon, je me laissai tomber sur un fauteuil et ouvris l'enveloppe. La lettre avait été tapée dans une police de petite taille, et une grande signature bleue était inscrite au bas de la page. J'enfilai mes lunettes et commençai à lire.

Chère Mme Bradley,
Concernant la plainte déposée contre vous pour négligence dans la gestion du travail de Mme G. Brennan, nous vous écrivons pour vous faire savoir

que nous avons conduit une enquête approfondie et consulté toutes les parties impliquées dans ce dossier. Nous sommes heureux de vous informer que nous n'avons pas trouvé de preuves pour étayer ces allégations, par conséquent cette enquête est close. Aucune charge n'ayant été retenue à votre encontre, votre dossier est donc vierge de toute accusation.
Sincèrement,

Marie Ableman
Ordre des sages-femmes

Je relus la lettre. C'était tout. Un paragraphe, et tout était terminé. Je n'allais pas perdre ma licence. C'était une bonne nouvelle, et pourtant, je ne pouvais m'empêcher d'être déçue. Peut-être parce qu'il me restait tant de questions sans réponses. Robert me pardonnerait-il ? Parviendrions-nous à nous retrouver après tout ce qui s'était passé ? Tant de mes relations restaient suspendues, dans l'incertitude. Pourtant, je ne m'étais jamais sentie aussi calme de toute ma vie.

— Grace, dit Robert en apparaissant à la porte du salon. Tu es à la maison. Je ne t'ai pas entendue entrer.

— Vraiment ? J'ai l'impression d'avoir les jambes en plomb.

Je vis son regard s'arrêter sur la lettre que je tenais dans la main.

— Oh, dis-je en la tendant vers lui. L'ordre des sages-femmes a abandonné les poursuites contre moi. Je ne suis pas coupable.

Robert tapa le dos du canapé et poussa un cri de joie.

— C'est tout ? s'exclama-t-il d'un air surpris. C'est comme ça que tu me l'annonces ? Pas de mégaphone ? Pas de cris ?

— Est-ce que j'ai l'air d'avoir suffisamment d'énergie pour crier ?

Il s'assit sur le fauteuil en face de moi.

— Eh bien, c'est génial.

— Mmm mmm. On dirait que c'est la journée des nouvelles.

— Ce qui veut dire ?

— C'est une longue histoire.

Robert poussa un soupir. Vêtu d'un polo et d'un jean, il avait l'air jeune et insouciant. Je marquai soudain un temps d'arrêt. Un polo ? Un jean ? Pour un mardi ?

— Robert, pourquoi n'es-tu pas au travail ?

Il s'enfonça un peu plus dans son fauteuil.

— J'ai reçu une lettre, moi aussi, hier. Elle disait que je n'avais pas besoin d'aller au travail aujourd'hui. Ou demain, ou après-demain...

Je me redressai d'un bond.

— Ne... Ne t'inquiète pas, dit-il. Ce n'est pas la fin du monde. Ce n'est qu'un boulot. Pas aussi important que notre fille. Ou notre petite-fille.

Il se pencha en avant et posa sa main sur la mienne.

— Ou toi.

— Mais...

— Grace, tu m'as impressionné hier. Tu m'as émerveillé. Avant, je me moquais de toi intérieurement quand tu disais que ton métier était magique. Mais tu as sauvé la vie de notre fille et de notre petite-fille. Ça, c'est magique. Je comprends que tu ne puisses pas arrêter de le faire, dit-il avec un petit sourire qui me donna des papillons dans le ventre. Alors que mon métier à moi n'a rien de magique. Ce ne sont que des chiffres.

— Mais c'est important. Robert, nous avons besoin de cet argent. Nous ne pouvons pas survivre uniquement avec de la magie.

— J'ai eu quelques mois de salaire en guise d'indemnités de licenciement. Et si je ne trouve rien d'autre, eh bien nous vendrons la maison, dit-il d'un air indifférent. Ce n'est qu'une maison, après tout.

Je n'en croyais pas mes yeux. Était-ce le même homme qui avait à peine fermé l'œil ou mangé depuis des semaines en se plaignant de son travail et en s'inquiétant pour notre avenir ? Feignait-il cette décontraction pour me rassurer ?

— Rob, est-ce que tu es sûr que ça va ?

— En fait, c'est un soulagement, répondit-il. C'est même mieux comme ça. On ne m'a pas laissé le choix, je ne peux donc qu'accepter. L'incertitude – le fait de ne pas savoir était bien pire.

J'éclatai de rire.

— C'est drôle, je comprends exactement ce que tu veux dire.

32

Floss

Dire la vérité à Neva se révéla encore plus difficile que de la dire à Grace. Elle éclata en sanglots, ce qui était peut-être compréhensible, mais je ne m'y étais pas attendue de sa part. Sa réaction était probablement causée par la chute d'hormones, mais je me disais que ce n'était pas tout. Je m'étais rendu compte que Grace était bien plus forte que je ne le pensais. Et Neva, peut-être bien plus fragile.

Je restai à ses côtés jusqu'à ce qu'elle s'endorme, mais tandis que le ciel s'assombrissait, je pensais à Lil. Je n'avais qu'une seule envie : la voir, lui dire que j'avais une arrière-petite-fille et que j'avais enfin dit la vérité à Grace. J'écrivis un petit mot pour Neva, lui disant de m'appeler quand elle voulait, jour et nuit, et je déposai un petit baiser sur son front. Puis je partis.

De retour à la maison, je venais juste de glisser la clé dans la serrure quand la porte s'ouvrit. Lil se tenait devant moi, chaussons aux pieds, un torchon jeté sur son épaule.

— Tu es rentrée ! s'écria-t-elle. Viens, viens.

Elle se retourna et je la suivis dans l'entrée, refermant la porte derrière moi.

— Tu dois être affamée, dit-elle.

Elle se précipita dans la cuisine avant que j'aie eu le temps de répondre. Deux couverts avaient été mis. Cette vision me réchauffa le cœur. Et même si je n'avais pas faim du tout, j'aurais mangé un cheval avec plaisir si c'était ce que Lil m'avait préparé.

— J'ai fait une salade, dit-elle en rapportant un saladier en verre et en le plaçant au centre de la table. Je me suis dit que tu voudrais sûrement manger léger.

Lil sourit, et une partie de mon cœur, celle qui s'était brisée, se répara instantanément. Une harmonie parfaite.

— Tu as raison, ma chère.

Nous mangeâmes la salade dans un silence confortable, nos sourires exprimant plus que les mots que nous ne trouvions pas. Plus de mensonges. Plus de secrets. À quatre-vingt-trois ans, je comprenais enfin ce que cela voulait dire d'être en paix. Ce sentiment, j'aurais voulu le mettre en bouteille et le partager avec le monde entier. Je n'avais plus rien à craindre.

Tandis que nous finissions notre salade, on sonna à la porte. Une seconde plus tard, ma fille apparut dans la salle à manger.

— Grace ! m'écriai-je en m'essuyant le coin de la bouche. Bonjour.

— Maman, est-ce que je pourrais te dire un mot ?

Je jetai un coup d'œil à Lil. Elle s'était déjà levée et débarrassait les assiettes.

— Bien sûr, répondis-je. Viens dans le salon.

Nous nous assîmes chacune à un bout du canapé. Là, avec ma fille, je me sentis soudain mal à l'aise.

— Je veux te remercier de m'avoir appris la vérité..., dit-elle.

Je sentis tout mon corps se tendre. Je savais ce qu'elle allait dire. Elle voudrait en savoir plus sur Bill. Plus sur Elizabeth. Elle voudrait des arbres généalogiques, des photos de famille. Et c'était bien normal. Elle avait toute une histoire à reconstruire. L'aider était bien le moins que je puisse faire.

— ... mais si cela ne te dérange pas, j'aimerais mieux continuer comme si tu ne m'avais rien dit.

— Pardon ? demandai-je, au comble de la surprise.

— C'est une histoire incroyable. Mais ce que tu as fait pour moi prouve que, même si tu n'étais pas ma mère au début, tu l'es maintenant, dit-elle tout simplement. J'aurais aimé connaître Elizabeth, mais... je ne peux pas dire que je sois mécontente de la manière dont les choses se sont passées. Parfois, elles se passent exactement comme elles le doivent.

— Grace, murmurai-je, le souffle court. C'est vrai ? Je croyais en te le disant que tu déciderais de partir pour l'Angleterre sur-le-champ pour... je ne sais pas... aller trouver des réponses. Je comprendrais que tu le fasses. Tu es sûre que tu ne veux pas ?

— Il ne faut jamais dire jamais. Mais pour l'instant, je préfère le statu quo. J'ai enfin une relation normale avec ma fille. J'ai une adorable petite-fille. Je suis mariée à un homme formidable. Et j'ai une mère qui est littéralement allée en enfer et en est revenue pour me protéger, ajouta-t-elle, presque timidement.

Grace pleurait, et je me rendis compte que je pleurais aussi.

— Fais comme tu veux. Mais si tu changes d'avis et que je peux t'aider, n'hésite pas, demande-moi tout ce que tu veux.

Je me tournai vers le couloir une seconde avant que Lil fasse son apparition. Après toutes nos années ensemble, je pouvais deviner le moindre de ses mouvements.

— Je vais aller me coucher pour vous laisser toutes les deux en privé, dit-elle. Bonne nuit, Grace.

— Non, m'écriai-je en me levant soudain. Ne pars pas. J'aimerais beaucoup que tu restes.

Lil se tourna vers Grace, qui s'était levée elle aussi et hochait vigoureusement la tête.

— Oui, Lil. Reste, s'il te plaît.

— Non, répondit-elle d'un air déterminé. Vous avez besoin de temps toutes les deux. Vous n'avez pas besoin que je sois là...

Mais Grace l'avait déjà rejointe. Elle l'attrapa par le bras et la fit asseoir sur le canapé. Je remarquai que les joues de Lil avaient légèrement rosi.

— Balivernes, dit Grace. Tu es de la famille. Et dans une famille, on n'a pas de secrets.

— Non, renchéris-je en prenant l'autre main de Lil. Plus maintenant.

33

Neva

Avant ma sortie de l'hôpital, Mark vint de nouveau me rendre visite, cette fois, accompagné d'Imogen. J'avais été surprise – et, au début, pas franchement ravie – quand il m'avait demandé s'il pouvait venir avec elle à la maternité. L'idée qu'un tiers touche ma fille, la tienne dans ses bras... c'était trop tôt. Mais il ne s'agissait pas de moi. Mark avait absolument le droit de présenter sa propre fille à sa fiancée. Plus important encore, Mietta avait le droit de les connaître tous les deux.

— Elle ressemble à Maman, tu ne trouves pas ? demanda Mark à Imogen.

Celle-ci rejeta sa longue chevelure en arrière et haussa les épaules d'un air indifférent.

— Oui, peut-être un peu.

Cela faisait une demi-heure qu'ils étaient dans la chambre, et Imogen ne m'avait toujours pas regardée dans les yeux. Peut-être pensait-elle que si elle m'ignorait avec suffisamment de conviction, je disparaîtrais totalement. Je ne pouvais pas lui en vouloir. Jusqu'à présent, je n'avais même pas pensé à Imogen et à la façon dont cette situation pourrait l'affecter. Plus maintenant. Le monde qu'elle avait connu venait d'être transformé, mais elle était là et faisait de son mieux.

— Veux-tu la prendre dans tes bras ? lui demanda Mark.

— Non. Je ne devrais pas, répondit-elle en secouant la tête.

— Cela ne me dérange pas, dis-je, un peu à contrecœur. Vas-y.

Mark rapprocha le bébé.

— Allez. Porte-la.

Elle observa Mietta quelques instants avant de céder.

— D'accord. Pourquoi pas ?

Imogen prit soin de s'installer sur le fauteuil d'hôpital, puis regarda Mark, les bras tendus.

— Je suis prête.

Je résistai à l'envie de leur donner des instructions – *attention, allez-y doucement, tenez-lui la tête*. Ils étaient tous les deux adultes et responsables. Et pour quelqu'un qui n'avait pas d'enfants (à ce que je savais), Imogen semblait remarquablement à l'aise. Elle était même assez maternelle. C'était difficile à regarder. Je ne voulais pas d'une autre figure maternelle dans la vie de ma fille. Mais en même temps, j'étais contente de voir que les sentiments que j'inspirais à Imogen ne semblaient pas s'étendre à Mietta. J'avais même l'impression, à la façon dont elle lui souriait, que si je n'étais pas là, Mietta serait sûrement la bienvenue dans sa famille.

— Imogen, je suis désolée, dis-je sans réfléchir. Je sais à quel point tout cela doit être difficile pour toi. Et ce n'est pas juste. Rien de tout cela n'est ta faute.

— Je le sais, répondit-elle sans me regarder. C'est *ta* faute.

Elle avait envie de me faire souffrir, et elle ne s'en privait pas, mais je l'acceptais.

— Oui.

Ma réponse sembla quelque peu l'apaiser, car après un moment de silence, elle finit par soupirer d'un air résigné.

— Mais c'est la fille de Mark et je dois bien faire avec, dit-elle en se tournant vers son fiancé, debout à côté d'elle. C'est ce qu'on fait quand on aime quelqu'un. On reste avec lui et on le soutient, même quand la vie vous apporte... le bébé d'une autre.

Imogen et Mark se sourirent. J'eus la nette impression que ses paroles étaient destinées à Mark, plutôt qu'à moi, mais j'étais contente de les avoir entendues, moi aussi. Cela me fit penser à Patrick et à la manière dont, malgré ce que la vie nous avait apporté, il était resté à mes côtés.

Mon jour de sortie était enfin arrivé. Pour la première fois depuis plusieurs jours, j'étais habillée normalement et je portais des chaussures. J'attendais, assise sur le fauteuil, Mietta dans mes bras, humant son odeur délicieuse. Ma parka était drapée sur mon bras.

— Toc, toc.

Un fauteuil roulant apparut à la porte, poussé par Susan. Elle le gara à côté du lit et vint vers moi, ses yeux brillants, un contraste frappant avec son expression terre à terre.

— Ah... Regardez cette toute petite chose, dit-elle avec un grand sourire. C'est une vraie beauté.

— Merci, Suse.
— Ton père et ta mère viennent te chercher ? demanda-t-elle.
— Non, répondis-je. Il n'y a que nous. Je rentre chez moi.

Maman avait un peu insisté pour que j'aille m'installer chez elle avec Mietta pendant quelque temps, mais je ne pense pas qu'elle s'attendait à ce que j'accepte. Je voulais me débrouiller toute seule. Du moins, c'était ce que je lui avais dit. Mais finalement, je me sentais bien moins courageuse que ce que je voulais montrer. C'était probablement une histoire d'hormones, mais j'avais été au bord des larmes toute la matinée.

— Toute seule ? demanda-t-elle, l'air soudain inquiet. Mais comment vas-tu rentrer chez toi ?
— En taxi, répondis-je. Ne t'en fais pas pour nous, nous nous en sortirons très bien.
— Tu ne peux pas ramener ton bébé chez toi toute seule en taxi ! Attends, je vais chercher mon manteau...
— Ce n'est pas la peine, Susan. Je suis là.

Nous sursautâmes toutes les deux et vîmes Maman dans l'encadrement de la porte, simplement vêtue d'un pull à col roulé et d'un jean. Elle qui avait l'habitude de faire des entrées théâtrales, cela ne lui ressemblait pas. Cette arrivée discrète était plutôt dans mon style. Grace ne portait ni ballons, ni fleurs, ni bannière. Ses vêtements étaient simples, ainsi que sa coiffure : elle avait tiré ses cheveux en arrière et dégagé son visage. Je la reconnaissais à peine.

— Maman.

— Je sais que tu voulais te débrouiller toute seule, mais...

Les larmes que je retenais depuis des heures finirent par déborder de mes paupières.

— Je suis contente que tu sois là.

— Alléluia ! s'écria Susan.

Elle alla chercher le fauteuil roulant, marmonna qu'elle était contente de ne pas être obligée de sortir par ce temps, puis tendit les bras vers Mietta.

— Je peux ?

Je hochai la tête. Elle prit le bébé et le tendit à Maman.

— Tenez, prenez votre petite-fille. Voilà, parfait.

Pendant que Susan m'aidait à m'installer dans le fauteuil roulant, ce qui n'était pas nécessaire mais malheureusement obligatoire, je ne pouvais quitter des yeux Maman et Mietta. Maman la tenait tout près de son visage et la regardait droit dans les yeux. J'avais déjà vu Maman avec des bébés avant, elle les adorait. Mais cette fois, c'était différent. Il existait entre elles un lien qui allait bien au-delà du regard. J'aurais parlé auparavant d'une attirance biologique, mais en pensant à ma grand-mère, je n'en étais pas si sûre.

Susan rassembla mes affaires et je dus bien signer une centaine de formulaires avant de pouvoir enfin partir. Dans le hall, quand Mietta eut regagné mes bras, Maman entama la conversation.

— Chérie, j'espère que ça ne te dérange pas, mais ton père est chez toi.

— Ah oui ?

— Oui, eh bien... il y avait certaines choses à faire dans la chambre du bébé. Je sais que tu es très indépendante, mais je ne pouvais pas te laisser rentrer dans ton appartement sans un lit pour le bébé ou...

— C'est super, Maman. Merci.

— C'est ton père qu'il faut remercier. La poussette n'était pas évidente à assembler mais je crois qu'il a réussi.

Brusquement, j'eus de nouveau les yeux pleins de larmes.

— Super. C'est... super.

Susan s'éclaircit la gorge et le fauteuil s'arrêta.

— Bonjour, docteur Johnson.

Je levai soudain la tête. Patrick se tenait devant moi en blouse verte et veste blanche. Il était venu me rendre visite tous les jours pendant mon séjour à l'hôpital. Il avait même tenu Mietta dans ses bras plusieurs fois. Néanmoins, nous n'avions pas parlé de « nous » au cours de ces visites. N'étant pas prête à voir s'éteindre la dernière lueur d'espoir que j'entretenais, je n'avais pas abordé le sujet. Patrick ne l'avait pas abordé non plus, sans doute parce qu'il n'y avait rien à dire. Pourtant, j'avais apprécié ses visites. Et elles me manqueraient.

— Alors, c'est le grand jour ?

— Oui, j'ai du mal à le croire.

— Et comment va-t-elle ? demanda-t-il en se penchant vers Mietta.

Il écarta la couverture dans laquelle elle était emmitouflée d'une manière que je savais instinctive pour lui, en tant que pédiatre. Mais je ne pouvais ignorer la tendresse que je vis dans son regard.

— Elle m'a l'air très en forme, constata-t-il en souriant et en rabattant la couverture.

Je sentis les larmes toutes proches et tentai de les retenir.

— Papa a réussi à assembler la poussette, dis-je.

Pourquoi ? Je n'en avais aucune idée. Peut-être juste pour combler le silence.

— C'est vrai ? répondit Patrick d'un air surpris.

Il avait toujours eu l'esprit de compétition et n'aimait pas qu'on le batte.

À côté de moi, Maman et Susan se regardaient d'un air gêné. Le silence s'installa. Je sentais leurs regards sur nous. Elles attendaient que je mette un terme à la conversation. Mais je ne le fis pas, et, à mon grand soulagement, Patrick non plus.

— Bon..., finit par dire Susan.

Elle s'était exprimée d'un ton énervé, comme si nous étions tous les deux un peu cinglés.

— Nous devrions peut-être y aller, reprit-elle en poussant le fauteuil.

— J'ai un cadeau pour Mietta, dit soudain Patrick, comme s'il venait juste de s'en souvenir. Pourrais-je passer un de ces jours pour le lui donner ? Une fois que tu auras eu le temps de trouver tes marques ?

— Oui, répondis-je un peu trop vite. Oui, on aimerait beaucoup te voir.

— Parfait. Moi aussi.

Il se pencha soudain vers moi, envahissant mon espace vital de son parfum et planta brusquement un baiser sur ma joue.

— Alors, à bientôt, conclut-il.

— Oui, à bientôt, répondis-je.

Maman et Papa passèrent la première nuit dans mon appartement.

Comme tant de mères dont je m'étais occupée au cours de mes années de travail en tant que sage-femme, je ne fermai pas l'œil. Chaque fois que mes paupières s'alourdissaient, la peur s'emparait de moi. Si je ne la surveillais pas de près, se souviendrait-elle de respirer ? Et si elle avait un renvoi et s'étouffait ? Et si ? Et si ? Et si ?

À un moment, je ne pus plus lutter. Juste une seconde, je me reposai les yeux. Juste… une… seconde…

À 3 heures du matin, je me réveillai en sursaut. Il me fallut un instant pour reprendre mes esprits. J'étais à la maison. Avec mon bébé. Immédiatement, je me penchai au-dessus du couffin. Il était vide.

Je parcourus l'appartement à une vitesse telle que la tête me tourna. Maman dormait à poings fermés dans mon lit. Pas de Mietta à ses côtés. Je courus dans le couloir jusqu'au salon et allumai le plafonnier. Papa leva une main pour bloquer la lumière qui l'éblouissait, assis sur le fauteuil à bascule, Mietta était contre son torse.

— Papa ! m'exclamai-je en portant une main à ma poitrine. Tu as failli me donner une crise cardiaque.

J'éteignis le plafonnier et allumai une petite lampe à la lumière plus douce.

— Pardon, chérie. Elle chouinait un peu et tu dormais, alors je suis venu m'installer ici avec elle. Elle s'est calmée.

Je l'examinai pour en être sûre. Elle semblait effectivement aux anges. Une des mains de mon père couvrait ses fesses et l'autre lui caressait le dos. Il m'avait probablement tenue ainsi, autrefois.

— Veux-tu que je la prenne ? demandai-je.

— Non. Va dormir. Mietta et Papy passent un bon moment ensemble.

— Papy, hein ? répondis-je en souriant.

— Oh, Grand-Père, Papy, Pépé, n'importe quoi. Je m'en fiche.

Il l'embrassa sur le front. Mon sourire s'élargit. Ma fille aurait un papy. C'était une relation que je n'avais jamais connue, mais j'avais l'impression qu'elle serait importante.

— Allez, disparais, dit-il d'un air fatigué. Mietta et moi pouvons parfaitement nous en sortir tous seuls.

Avec un dernier regard en arrière, je retournai dans la chambre. Maman ronflait dans la pièce voisine. Ma fille dormait dans le salon. Mon père veillait sur nous. Mes paupières se fermèrent.

La semaine suivante passa à une vitesse incroyable et pourtant, je ne quittai pas mon appartement. Papa et Maman rentrèrent chez eux. Je n'étais pas rassurée de les voir partir et je dus prendre sur moi pour ne pas leur demander de rester, mais, une fois qu'ils furent partis et que Mietta et moi nous retrouvâmes toutes les deux, j'éprouvai un étrange sentiment de contentement. Patrick appela deux ou trois fois, mais généralement, cela tombait quand je dormais ou que j'étais sous la douche. Une fois, il me laissa un message disant qu'il espérait que tout allait bien et qu'il nous verrait bientôt. Une autre, il m'envoya un message me demandant une photo. Je pensais que c'était bon signe, mais j'avais décidé de me protéger.

Mietta et moi passâmes le plus clair de notre temps sur mon lit. Nous dormions, je l'allaitais et lui faisais des câlins. Les hormones avaient dû me remonter le moral parce que même si je pensais encore à Patrick et continuais d'espérer plus que tout que nous avions encore une chance, je savais que mon monde ne s'écroulerait pas si ça ne marchait pas entre nous. Non, mon monde, mon petit monde tout rose, je le tenais contre mon cœur, à chaque instant. J'avais toujours pensé que passer tout son temps attachée à son bébé, comme Maman le prêchait, était un peu exagéré. Dormir dans la même chambre, porter son bébé contre soi sans cesse... franchement, je pensais jusqu'alors que c'était un tas de foutaises pour hippies sur le retour. Mais depuis la naissance de ma fille, je m'étais vite rendu compte que nous étions toutes les deux plus heureuses ainsi. Finalement, Maman savait parfaitement de quoi elle parlait.

Papa, qui était maintenant au chômage, passait nous voir tous les jours, même plus que ma mère. Ma grand-mère et Lil étaient venues deux fois, et m'avaient même apporté un poulet rôti. Je voulais continuer de vivre dans ma bulle encore un peu, mais je savais que je devrais finir par sortir dans le monde réel. Anne avait appelé et m'avait dit que tout le monde, à la maison de naissance, avait hâte de rencontrer Mietta. Bien sûr, je savais que cela me donnerait une chance de croiser Patrick. Même si nous ne pourrions jamais retrouver ce que nous avions perdu, il me manquait terriblement. Et si je le voyais, ne fût-ce qu'en passant, je saurais à quoi m'en tenir.

J'emmenai donc Mietta dans sa nouvelle poussette à la maison de naissance. C'était agréable d'être dehors. Il faisait très beau, le soleil brillait dans un ciel bleu rayonnant. La neige avait fondu et s'était transformée en boue, mais ma poussette de compétition était étonnamment facile à manœuvrer. Avoir passé une semaine enfermée chez moi m'avait donné un teint cadavérique. J'avais donc mis du rose sur mes joues, peigné mes cheveux et avais réussi à enfiler un jean et un poncho en laine bleu vif. Cela m'avait fait un bien fou. Même Mietta semblait plus heureuse de me voir ainsi, et j'espérais qu'elle ne serait pas la seule.

Je décidai d'aller à la maison de naissance en passant par l'hôpital, même si une de ses entrées donnait sur la rue. J'avais beau me dire que c'était pour sortir de la boue plus rapidement, je n'étais pas dupe. Je savais qui j'espérais croiser. Les couloirs étaient relativement déserts. Je vis quelques visages familiers et fis même signe à plusieurs personnes, mais pas de Patrick en vue. Puis, quand je tournai un coin, j'entendis mon nom.

Sean m'adressa un grand sourire.

— Waouh ! Tu as l'air en pleine forme, dit-il en me serrant contre lui. Et laisse-moi voir ta superbe petite fille.

Sean et moi regardions tous les deux Mietta en souriant et, même si c'était probablement l'effet des gaz, Mietta nous souriait elle aussi.

— Ah, tu vois ! Elle a déjà bon goût. Elle reconnaît un bel homme quand elle en voit un.

— Elle pense juste que tu as l'air bizarre, Sean.

Mais son audition sélective fonctionnait toujours aussi bien, et il poursuivit en faisant celui qui n'avait rien entendu.

— Au fait, dit-il, j'ai entendu parler de ton accouchement. Ta mère est une véritable héroïne.

Je ne pus m'empêcher de sourire.

— Oui, je sais.

— Un joli coup de booster pour le métier de sage-femme, hein ? Le Dr Hargreaves est hyper impressionnée, elle veut que ta mère vienne en parler au service d'obstétrique.

— Vraiment ? Je suis sûre qu'elle sera ravie de le faire, répondis-je.

C'était incroyable ! Grace faisant la leçon aux médecins de l'hôpital ? Ce serait le plus beau jour de sa vie.

— Je parie que sa petite entreprise doit être en plein boom. C'est même sorti dans les journaux. « Un bébé en siège né sur Conanicut Island malgré le blizzard ». L'article était très élogieux.

— Je ne sais pas où en est son entreprise. Nous n'en avons même pas parlé. Je crois que depuis sa naissance, nous n'avons parlé que du bébé.

Il sourit. Moi aussi.

Un médecin, de l'autre côté du hall, fit signe à Sean, qui leva un doigt pour lui dire qu'il arrivait.

— Écoute, il faut que je file. J'ai été content de rencontrer ton adorable fille, dit-il en me faisant la bise. Prenez soin l'une de l'autre.
— Oui. Merci, Sean.

Je fus surprise par l'accueil chaleureux qui nous attendait à la maison de naissance. Anne avait préparé des muffins aux pépites de chocolat et quelques sages-femmes étaient venues, même si c'était leur jour de congé. Il n'y avait qu'une seule patiente, dont le travail venait juste de commencer. Nous parvînmes donc à faire une petite fête dans le hall d'entrée.
— Alors, raconte-nous la naissance, me demanda Anne entre deux coups de téléphone. Nous mourons d'envie d'entendre comment elle s'est passée !
Je leur racontai plusieurs fois la venue au monde de Mietta, suscitant des réactions horrifiées. Pour la première fois de ma vie, me trouver au centre de l'attention ne me fut pas désagréable. Surtout à propos d'un sujet que je trouvais particulièrement intéressant. Depuis la naissance de Mietta, j'avais lu tout ce que j'avais trouvé sur les naissances en siège par voie basse et regardé un nombre incalculable de vidéos sur YouTube. J'avais pu accoucher d'un bébé en siège par voie basse sans problème, et je voulais découvrir si d'autres femmes l'avaient fait aussi.
Mietta passa de bras en bras et, pour une fois, j'appréciai le fait d'avoir les mains libres. Parler avec des adultes était aussi un changement agréable. J'en profitai pour discuter avec tout le monde, mais gardai toujours un œil sur la porte.

Susan resta assise à côté de moi tout le temps. Parfois, je lui prenais la main et la serrais entre les miennes.

La petite fête prit fin lorsque deux femmes arrivèrent à des stades de travail avancés.

— Nous nous reverrons bientôt, dit Anne quand le téléphone sonna pour la quinzième fois.

Elle retourna vite s'asseoir au bureau de la réception. Il était temps de partir. Je remis Mietta dans sa combinaison d'hiver. Tandis que j'attendais qu'Anne raccroche pour lui dire au revoir, je sentis... je *sentis* vraiment... arriver Patrick.

Il portait un épais manteau de laine gris sur un jean et un T-shirt et avait un sac en cuir en bandoulière sur l'épaule. Il souriait timidement.

— Salut, dit-il.

Anne raccrocha son téléphone et finit d'écrire un message.

— Voilà. Neva, as-tu besoin d'aide pour sortir ? demanda-t-elle.

— C'est bon, Anne. Je vais l'aider.

Elle releva soudain la tête. Lorsqu'elle vit Patrick, elle ouvrit de grands yeux et jeta un coup d'œil dans ma direction.

— Merci pour la fête, dis-je rapidement. Je ne vais pas traîner, je vois que vous êtes occupées.

Je tendis Mietta vers elle pour qu'elle l'embrasse, ce qu'elle fit sans me quitter des yeux. Je pris soin de garder une expression parfaitement neutre et de ne pas croiser son regard. J'avais l'estomac tellement léger que mes pieds semblaient près de décoller du sol. Un simple regard appuyé d'Anne aurait suffi à me faire complètement paniquer.

Patrick attrapa les poignées de la poussette et lui fit passer la porte d'une seule main. Je le suivis dans les couloirs de l'hôpital puis, par les portes automatiques, dans le soleil froid à l'extérieur. Une fois dehors, pourtant, je ne sus quoi lui dire.

— J'ai une blague..., commençai-je.

Mais Patrick m'interrompit.

— Désolé, m'interrompit-il, je voulais te le dire avant toute chose. Je suis désolé de la manière dont j'ai réagi. Quand tu m'as dit, pour Sean.

J'ouvris la bouche.

— J'étais jaloux, poursuivit-il rapidement d'une voix plus forte. Mais je n'aurais pas dû te laisser dans les escaliers comme ça. Je n'aurais pas dû te laisser croire que cela allait tout changer entre nous.

Il cligna des yeux, puis m'observa d'un air soudain attendri.

— Pourquoi pleures-tu ?

Je levai la main et me touchai la joue, qui était effectivement mouillée. C'était vrai, je pleurais.

— Parce que je t'aime. Et que je ne t'en aurais pas voulu si tu avais changé d'avis...

— Je n'ai pas changé d'avis. Juste pour que les choses soient claires. Et, ajouta-t-il en rougissant, je t'aime aussi.

Une larme coula de mon menton. Je riais. Je pleurais. Je venais de professer mon amour pour un homme. Tout ce que je croyais sur moi-même était en fait un mensonge.

— Oh, j'ai presque oublié, dit-il avec un sourire. Tiens. Je voulais te donner cela.

Il sortit de son sac un paquet emballé dans du papier blanc recouvert de petits hochets jaunes.

— C'est pour Mietta. Je l'avais acheté il y a un moment. Avant que... enfin, tu sais.

Je m'essuyai les joues et pris le paquet.

— Est-ce que... je l'ouvre maintenant ?

— Oui. Pourquoi pas ?

En retirant mes gants, je vis que mes mains tremblaient. Je tentai de défaire un petit morceau de scotch, puis décidai de suivre les conseils de ma mère et de tout déchirer d'un coup. Patrick éclata de rire en me voyant. Ce son débloqua en moi quelque chose que j'avais enfoui profondément pendant trop longtemps.

Un livre à la couverture vert pâle apparut, avec LA PREMIÈRE ANNÉE DE BÉBÉ inscrit en gros dessus. Je l'ouvris. Les pages de couleur pastel me rappelaient les échantillons de peinture que Patrick et moi avions choisi pour la chambre du bébé quelques mois plus tôt, mais cela aurait tout aussi bien pu être une éternité.

— Merci, dis-je. Nous n'en avions pas encore.

— Eh bien maintenant, c'est fait.

Je tournai la première page. Au début, elle me parut vide, puis je remarquai les inscriptions en pattes de mouche le long du côté droit. LE PRÉNOM DE MAMAN EST *Neva*. LE PRÉNOM DE PAPA EST *Patrick.*

Je levai les yeux vers lui et vis qu'il avait rougi.

— Je l'avais rempli avant la naissance de Mietta, mais tu peux remplacer mon nom par celui de Mark si tu veux.

Son expression était restée parfaitement neutre, il avait les mains dans les poches, les épaules baissées. Il était étrangement immobile. Je ne voyais même pas sa poitrine se soulever quand il respirait.

— Eh bien… il y a un peu de place ici, répondis-je lentement en regardant la page. Nous pourrions peut-être laisser ton nom et… ajouter celui de Mark à côté ?

En voyant sa poitrine se remettre à bouger, je compris qu'il avait attendu ma réponse avec inquiétude.

— Bien sûr. Nous pouvons faire comme ça… si tu veux.

À présent, nous souriions tous les deux, un peu timidement. J'éprouvais dans le ventre cette drôle d'impression qu'on a quand on vient juste de gagner une course et qu'on attend l'annonce de son nom au micro. Nous restâmes là quelques instants, un peu hésitants, à sourire comme deux imbéciles.

— Eh bien…, dis-je. Ma grand-mère et Lil doivent venir tout à l'heure. Je suis sûre qu'elles seraient ravies de garder Mietta pendant une heure ou deux. Nous pourrions… je ne sais pas… aller boire un café, ou quelque chose comme ça…

— En fait, j'espérais que nous pourrions aller boire un café *tous les trois*, répondit-il avec un demi-sourire sexy. Toi, Mietta et moi ?

Comment faisait-il pour toujours trouver les mots justes ?

— Au Nellie's ? proposai-je.

Il hocha la tête.

Il repartit en poussant la poussette qu'il n'avait pas réussi à assembler.

— Alors, quelle était ta blague ?

— Ah oui, répondis-je. Deux bébés sont assis dans leurs landaus et l'un demande à l'autre : « Es-tu un petit garçon ou une petite fille ? — Je ne sais pas, répond l'autre. — Comment ça, tu ne sais pas ? demande le premier. – Eh bien, je ne sais pas comment on fait la différence. — Mais moi, oui, répond le premier bébé en riant. Je vais grimper dans ton landau pour voir. » Alors, prudemment, il escalade son landau et passe dans celui de l'autre bébé, puis disparaît sous la couverture. Deux minutes plus tard, il réapparaît en souriant. « Tu es une petite fille et je suis un petit garçon », annonce-t-il fièrement. « Que tu es intelligent ! s'exclame la petite fille. Mais comment le sais-tu ? — C'est facile, répond le petit garçon. Tu as des chaussons roses et moi des chaussons bleus. »

Je souris à Patrick en attendant sa réaction.

— Alors ? Elle est bonne, hein ?

— Non, répondit-il en riant. Elle est nulle.

Il continua d'avancer et je le rattrapai.

— Franchement, tu peux parler.

Une main sur la poussette et l'autre passée autour de ma taille, Patrick nous guida dans la neige jusqu'au Nellie's. Le soleil était dans notre dos, la lumière illuminait le visage de Mietta. Je n'eus pas le temps de baisser la visière de protection que Patrick avait déjà accéléré et s'était placé devant elle pour bloquer le soleil. C'était instinctif, un réflexe. Ce que ferait un père.

Ma grand-mère avait raison. Ce qui constituait une famille, ce n'était pas seulement la biologie. Patrick et moi, Mark et Imogen, Maman et Papa, Gran et Lil formions une véritable famille pour Mietta. Une famille formidable.

Tous les trois, nous tournâmes le coin de la rue qui menait au Nellie's. Qui menait chez nous.

Remerciements

Merci à mon éditrice, Jen Enderlin, pour son intelligence et sa sagesse. Travailler avec elle est à la fois une joie et un privilège. Merci également à toute l'équipe de St. Martin's, tout particulièrement à Katie Bassel, Caitlin Dareff, Angie Giammarino, Elsie Lyons, Lisa Senz, Eliana Torres et Dori Weintraub pour m'avoir fait paraître meilleure que je ne le suis.

À mon agent, Rob Weisbach – merci de m'avoir toujours poussée à aller plus loin.

Un merci du fond du cœur à May Wuthrich pour m'avoir donné ma chance.

À Joan Keaney, pour avoir lu ce manuscrit et fourni son expertise de sage-femme, et à Grace Owen et Clare Ross, qui ont répondu à mes questions sur les accouchements à haut risque : merci. Toutes les erreurs viennent de moi, pas d'elles.

À mes partenaires de critique, Anna George et Meredith Jaeger : merci de m'avoir lue et de m'avoir toujours posé les questions difficiles. Ainsi qu'à mes premières lectrices, Kena Roach, Angela Langford, Inna Spitzkaia et Dagmar Logan : pour vos yeux bienveillants et vos paroles généreuses.

À mes amies – les inspiratrices de ces femmes formidables que je crée : merci de toujours partager vos défauts, ou, comme j'aime les appeler, vos plus belles qualités.

À la famille Carrodus : merci pour vos bizarreries et vos anomalies. Vous m'avez donné suffisamment de matière pour remplir des livres jusqu'à la fin de mes jours.

À Oscar et Eloise – vous m'avez donné les mots pour décrire l'infinitude de l'amour d'une mère. Sans vous deux, ce livre n'aurait pas été écrit.

À Christian, merci d'être mien.

Et enfin, à tous ces hommes et ces femmes qui dédient leur vie à mettre au monde nos bébés : nous oublions peut-être de vous le dire sur le moment... mais merci.

Composition et mise en pages : FACOMPO, LISIEUX

*Achevé d'imprimer par N.I.I.A.G.
en juin 2016
pour le compte de France Loisirs, Paris*

Numéro d'éditeur : 85643
Dépôt légal : avril 2016
Imprimé en Italie